Conor Woodman
Bazar statt Börse

CONOR WOODMAN

BAZAR STATT BÖRSE

MEINE REISE ZU DEN WURZELN DER WIRTSCHAFT

Aus dem Englischen von Ingrid Proß-Gill

HANSER

FSC Mix
Produktgruppe aus vorbildlich bewirtschafteten Wäldern und anderen kontrollierten Herkünften
Zert.-Nr. GFA-COC-001262
www.fsc.org
© 1996 Forest Stewardship Council

Das für dieses Buch verwendete FSC-zertifizierte Papier Munken Premium liefert Arctic Paper Mochenwangen GmbH.

Titel der Originalausgabe:
Around the World in 80 Trades
London, Macmillan 2009

Bibliografische Information der Deutschen Nationalbibliothek
Die Deutsche Nationalbibliothek verzeichnet diese Publikation in der Deutschen Nationalbibliografie; detaillierte bibliografische Daten sind im Internet über http://dnb.d-nb.de abrufbar.

1 2 3 4 5 6 12 11 10 09

Internet: http://www.hanser.de
Lektorat: Martin Janik
Herstellung: Ursula Barche
Umschlaggestaltung: Büro plan.it, München,
unter Verwendung eines Bildmotivs von © Colin Thomas
Karten: Hemesh Alles
Satz: Presse- und Verlagsservice, Erding
Druck und Bindung: Friedrich Pustet, Regensburg
Printed in Germany

ISBN 978-3-446-41957-5

Inhalt

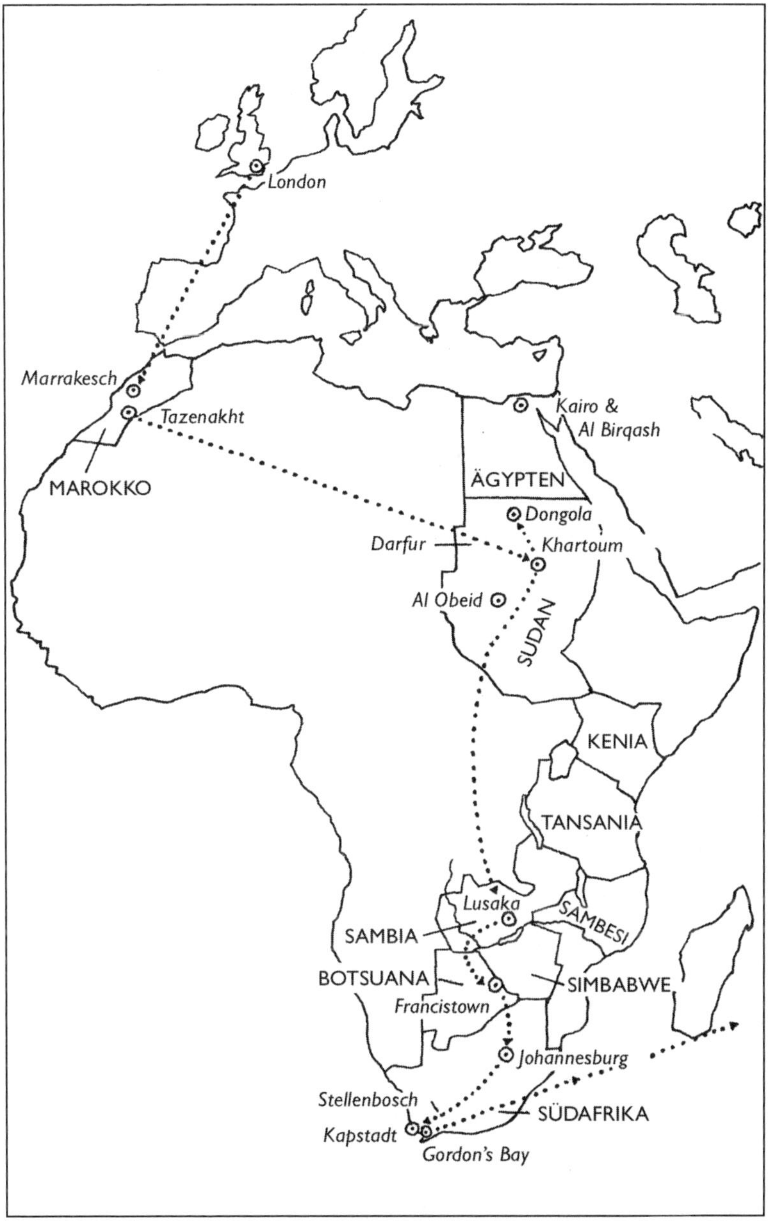
London
Marrakesch
Tazenakht
MAROKKO
Kairo &
Al Birqash
ÄGYPTEN
Dongola
Darfur
Khartoum
Al Obeid
SUDAN
KENIA
TANSANIA
Lusaka
SAMBESI
SAMBIA
BOTSUANA
SIMBABWE
Francistown
Johannesburg
Stellenbosch
SÜDAFRIKA
Kapstadt
Gordon's Bay

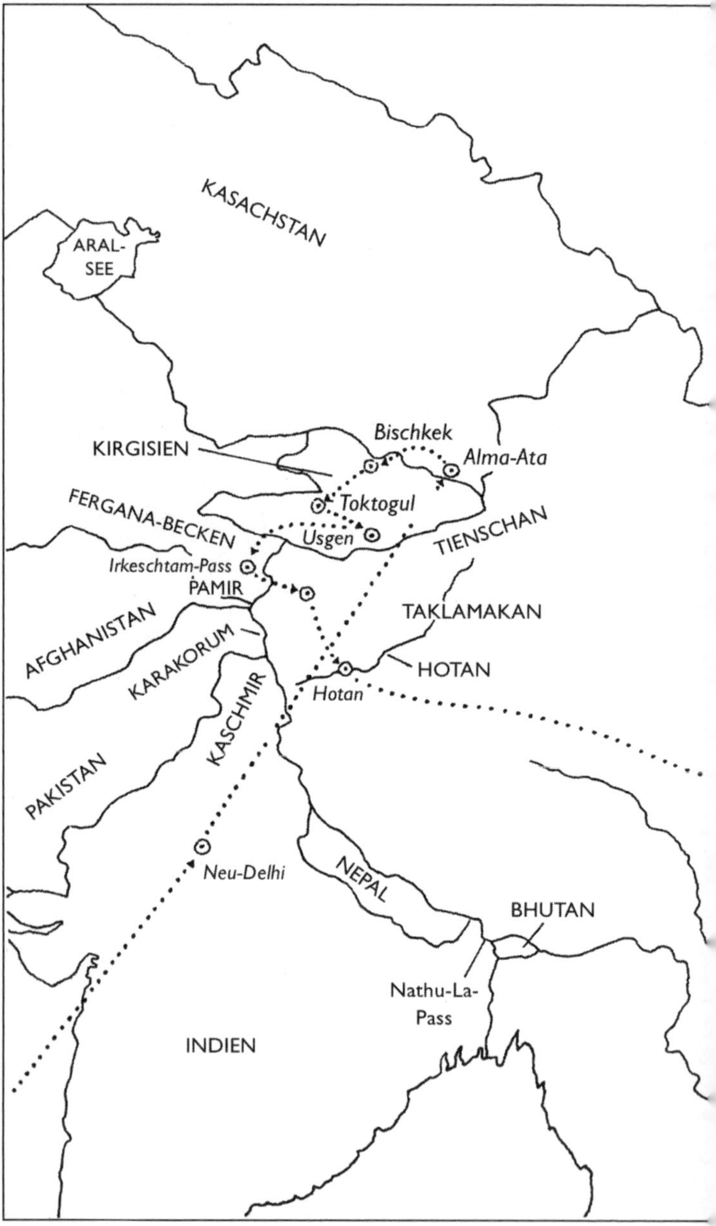
KASACHSTAN
ARAL-
SEE
Bischkek
Alma-Ata
KIRGISIEN
Toktogul
FERGANA-BECKEN
Usgen
TIENSCHAN
Irkeschtam-Pass
PAMIR
TAKLAMAKAN
AFGHANISTAN
KARAKORUM
HOTAN
Hotan
KASCHMIR
PAKISTAN
Neu-Delhi
NEPAL
BHUTAN
Nathu-La-
Pass
INDIEN

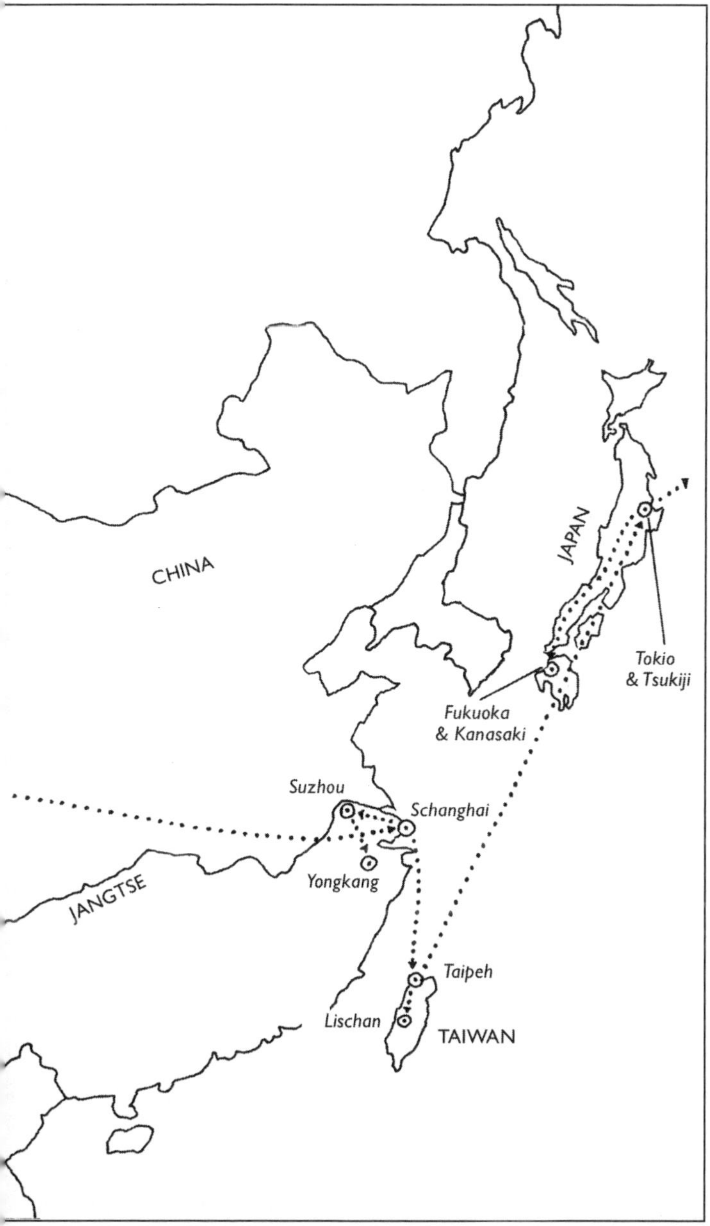
CHINA
JAPAN
Tokio
& Tsukiji
Fukuoka
& Kanasaki
Suzhou
Schanghai
Yongkang
JANGTSE
Taipeh
Lischan
TAIWAN

Rio de Janeiro
N
BRASILIEN
Cuiaba
MATO GROSSO
BOLIVIEN
MEXIKO
Puerto Escondido
Gua-
dalajara
Acapulco
Tequila
Manzanillo

Prolog

Wenn das Gatlang-Tal in England liegen würde, hätte man es längst als „landschaftlich schönes Gebiet“ klassifiziert, ein erfolgreicher Industrieller aus der Viktorianischen Zeit hätte über ihm ein Denkmal aus Stein errichtet und Tausende von Urlaubern würden dort jedes Jahr voller Bewunderung familienweise Wanderungen machen. Es liegt aber im Himalaja (genauer gesagt: im Norden von Nepal), und so fällt es lediglich in die Kategorie „noch ein Tal“ und scheint völlig menschenleer zu sein. Zumindest bis auf Naygar, einen runzligen alten Mann, auf den ich durch Zufall gestoßen war. Der dortige Mönch beschäftigte ihn als Hausmeister für das Kloster, vor dem wir jetzt einträchtig zusammensaßen. Offenbar gehörte es zu Naygars beschwerlichen Pflichten, Klumpen von Yakfleisch zu trocknen, das er gefunden hatte, ein Amphetamin auf Kräuterbasis zu schnupfen, das er aus der Vegetation vor Ort hergestellt hatte, und ein wachsames Auge auf das benachbarte Tibet zu halten. Das rohe Fleisch lehnte ich dankend ab, doch das Kräuterprodukt interessierte mich. Ich hatte eine Nase voll davon genommen, einfach, um nicht ungesellig zu sein. Nun fühlte ich mich leicht berauscht. Ich lauschte dem Klang der Kuhglocken und beobachtete eine Karawane von Händlern, die in der Ferne mit ihren Yaks über die Berge zogen.

„Wohin bringen sie die Yaks?“, fragte ich Ram, meinen Übersetzer und Führer. Nach einer Diskussion mit Naygar, die fast fünf Minuten dauerte, wendete er sich wieder mir zu und antwortete schlicht: „Tibet.“ Ich hatte geglaubt, die

Grenze zu Tibet sei völlig abgeriegelt, um die Genehmigung zu bekommen, sie zu überqueren, müsse man sich mit einer Unmenge Papierkram herumschlagen, ohne jede Garantie, dass man sie dann tatsächlich passieren durfte. Als ich Ram darauf ansprach, folgte noch eine lange Diskussion. Dann lieferte er mir eine etwas ausführlichere Erklärung: „Sie wissen nicht, dass dort eine Grenze verläuft. Sie treiben schon seit Jahrhunderten über diesen Pass Handel."

Das faszinierte mich sofort. Die alten Händler transportierten Teppiche, Felle, Pelze und Gewürze auf Yaks über den Pass und trieben Handel mit Tibetern, die kostbares Salz aus dem Norden brachten. Danach kehrten sie zurück, um ihre Waren auf dem Markt auf der nepalesischen Seite mit Gewinn zu verkaufen. Wie bestimmten sie die Preise für ihre Waren? Verhandelten sie darüber oder gab es feste Preise? Wie sahen die Risiken und Gewinnspannen auf diesem Markt aus? Das sind die Fragen, die ein Ökonom sich stellt, wenn er auf menschliche Verhaltensweisen stößt, mit denen er sich nicht auskennt. Wie die Antworten auf diese Fragen lauten, kann man am besten herausfinden, indem man sich alles selbst anschaut.

„Ich muss Ihnen leider sagen, dass Sie alle mit sofortiger Wirkung entlassen werden. Ihnen steht für jedes Jahr bei diesem Unternehmen eine Abfindung von 200 Pfund zu, allerdings nur bis zu einem Höchstbetrag von 800 Pfund. Außerdem haben Sie das Recht, ab sofort Arbeitslosenunterstützung zu beantragen." Ich hob den Blick von meinen Notizen. 20 verwirrte, wütende, verzweifelte Gesichter starrten mich fassungslos an. Ich wusste jedoch, dass ich nur das machte, was getan werden musste. Das Unternehmen, dem die meisten dieser Arbeiter den größten Teil ihres Berufslebens gewidmet hatten, warf keinen Gewinn mehr ab. Es war einfach meine Aufgabe, es zu einem möglichst hohen Preis zu verkaufen.

Das war 2004, im Sommer. Ich war 30, Single, hatte eine schicke Wohnung im Zentrum von London und einen Job, bei dem ich ein Gehalt in der Höhe bekam, von der die meisten jungen Männer träumen. Leider war mein Arbeitstag aber so lang, dass es in manchen Monaten ein echtes Problem war, etwas davon auszugeben. Ich war Finanzanalytiker bei einer großen amerikanischen Firma und befasste mich gerade mit der Umstrukturierung eines Unternehmens in Nordengland, das Glas herstellte. Es war seinen Verbindlichkeiten in der letzten Zeit nicht mehr nachgekommen. Ich hatte in meinem Büro die entsprechenden Berechnungen durchgeführt – das Unternehmen hatte definitiv keine wirkliche Zukunft. Mein Chef war der Ansicht, dass ich ein bisschen praktische Erfahrung brauchte, und so war ich mit einem kleinen Team losgeschickt worden, um 400 Menschen zu entlassen. Dieser Schritt war notwendig, damit das Unternehmen sein ganzes Potenzial verwirklichen konnte.

Die harte wirtschaftliche Realität ließ sich nicht bestreiten, und dass diesen Leuten für ihre lebenslange Loyalität nur eine Abfindung von 800 Pfund zustand, war keine Verhandlungssache. Doch plötzlich wurde mir klar, dass ich am falschen Ort war. Wie konnte ich solche Nachrichten überbringen? Dafür hatte ich doch nicht Betriebswirtschaft studiert! Ich musste mich von diesem Job befreien, und zwar noch heute. Vorher musste ich allerdings weiteren 380 Menschen die schlechte Nachricht mitteilen.

In jenem vom Zufall bestimmten Augenblick in Nepal, in dem ich versuchte, all dem zu entkommen, setzte sich die Idee in mir fest, dass die Antwort auf meine Krise zu Hause darin lag, alte Märkte zu verstehen. Wie verhalten sich die Leute in einem alten Warenmarkt im Vergleich zur unbarmherzigen Welt der Unternehmensfinanzierung? Sind sie genauso rücksichtslos? Was haben wir vergessen – oder nie gelernt? Und, ganz verwegen: Konnte ich die Kenntnisse, die ich mir als Ökonom und Analyst angeeignet hatte, benutzen, um im Konkurrenzkampf zu bestehen und Gewinne zu machen, oder würde ich schlicht zu weiß, zu grün oder gar zu gelb sein?

Die Wirtschaftswissenschaft befasst sich mit Beziehungen und Interaktionen. Der Handel hat uns schon immer mit Menschen aus anderen Kulturen zusammengebracht. Vor 3 000 Jahren gingen die frühen Händler auf Reisen, um neue Märkte für ihre Waren zu finden, und lernten dabei fremde, aufregende Kulturen kennen. Man hat oft gesagt, die Jagd nach dem Geld sei die Wurzel allen Übels. Ich sehe das ganz anders, denn ohne das Gewinnmotiv gäbe es keinen Handel, und ohne Handel wüssten wir überhaupt nichts über die Welt vor unserer Haustür.

Ich konnte mir keinen besseren Weg vorstellen, um die Welt der Wirtschaft und die Menschen wirklich zu verstehen, als selbst einer jener Händler zu werden, die die Berge und damit die Grenze in der Ferne überquerten, selbst zu erleben, wie sie miteinander umgingen, und neue Beziehungen aufzubauen.

Nach meiner Rückkehr begann ich, mich eingehender mit dieser Idee zu beschäftigen, und erkannte, dass es auf unserem Planeten unzählige Märkte gab, bei denen ich mitmachen konnte. Ich wollte herausfinden, ob ich – anfangs nur mit wenig Geld in der Tasche – um die ganze Welt reisen, mich mit einigen der gerissensten Händler messen und mit einem ordentlichen Gewinn zurückkommen konnte. Zum Glück wusste ich damals noch nicht, worauf ich mich da einließ …

Zu jenem Zeitpunkt wollte ich nur die Theorie testen, dass man die Menschen besser verstehen kann, wenn man Handel mit ihnen treibt, und dass das Auge eines Ökonomen ihm viel darüber verraten kann, wie die Welt funktioniert. Ich stellte mir also eine kleine Aufgabe.

1 Teppiche, die Geschichten erzählen

In den Suks von Marrakesch befindet sich einer der ältesten und halsabschneiderischsten Märkte der Welt. Ich kam zu dem Schluss, dass ich hier anfangen musste, wenn ich mich rund um den Globus als Händler bewähren wollte.

Nach meiner Landung in Marrakesch verschwendete ich keine Zeit mit Marktforschung, um herauszufinden, wie ich hier denn Geld erwirtschaften konnte. Ich hatte beschlossen, die Zukunft meines Projekts davon abhängig zu machen, dass ich die Herausforderung bewältigte, mich auf einem alten Markt zu behaupten. Wenn es mir gelang, hier in Marokko in kleinem Maßstab Erfolg zu haben, würde ich mir überlegen, wie ich den Einsatz erhöhen und die Sache ausweiten konnte. Das Problem war, dass ich mir ein Limit von nur 500 Pfund und drei Tagen gesetzt hatte.

Am Flughafen traf ich Adnan, meinen Übersetzer und Führer. Er sah in seinem Magnum-Outfit aus wie Tom Selleck, bis zu der Wayfarer-Sonnenbrille von Ray-Ban. In Marokko hat sich in den letzten zehn Jahren eine blühende Filmindustrie entwickelt – in der dortigen Wüste wurden Kassenschlager wie Star Wars und Die Mumie gedreht. Adnan ratterte die zahlreichen Filmprojekte herunter, bei denen er mitgewirkt hatte. Für Leute wie ihn lohnt sich das, er verdient in einer Woche mehr als die meisten Marokkaner im Jahr. Ich mochte ihn sofort: Er konnte Englisch, Französisch und Arabisch und kannte sich auch ziemlich gut mit Teppichen aus …

Teppiche sind für Marokko das, was die Kohle einst für das Ruhrgebiet war. In Marokko weiß jeder sehr viel über Teppiche; sein Bruder, sein Onkel, sein Vater und der Nachbar sind alle Experten, jeder scheint aus einer Familie mit einem Geschäft zu kommen, wo die allerbesten Teppiche verkauft werden. Man braucht gar nicht weiter zu suchen, sie werden den Teppich finden, den man haben will, und dann kann man sich bei Pfefferminztee zusammensetzen, während sie ihn einwickeln, verpacken und einem nach Hause schicken (natürlich zollfrei). Das hat einen ganz einfachen Grund: die Touristen. In Marrakesch ist man nämlich auf einen guten Trick gekommen. In Rom wollen ja alle Touristen das Kolosseum sehen – in Marrakesch wollen sie den Suk besuchen und dort feilschen, um ein Schnäppchen zu ergattern. Die Teppichhändler haben es sogar allen Touristen, die Marrakesch auf ihrer Liste abhaken wollen, zur „Pflicht" gemacht, etwas bei ihnen zu kaufen.

Man könnte glauben, angesichts so vieler Käufer müsste es ein Leichtes sein, in Marrakesch einen Teppich zu kaufen und zu verkaufen. Ich war zumindest so vernünftig, mich dieser Illusion nicht hinzugeben. Ich erklärte Adnan, was ich vorhatte, und wir kamen zu dem Schluss, dass der beste Ausgangspunkt der Suk war. Ich wollte möglichst viele unterschiedliche Verkaufsstellen sehen und mit den Händlern sprechen, um herauszufinden, wie die Lieferkette funktionierte und wo man Gewinne machen konnte.

Marrakesch ist eine Festungsstadt mit einer einzigartigen, ökonomisch geordneten Struktur. Im Zentrum liegt die Moschee, von dort verläuft alles nach außen. Zunächst kommt ein Ring von Ständen, an denen Devotionalien (Weihrauch und heilige Texte) verkauft werden. Es folgen die Schneider, dann die Teppichhändler, und so geht es bis zur Stadtmauer weiter. Dahinter verkaufen andere Händler Waren, die die Besucher der Stadt in früheren Zeiten brauchten, wie Viehfutter. Heute ist Marrakesch eine moderne Stadt, doch die Struktur seiner Suks beruht immer noch auf seiner wirtschaftlichen Geschichte. Um zu dem Suk zu gelangen, auf dem Teppiche verkauft werden, muss man sich also durch die Menschenmassen kämpfen und sich bis ins Zentrum durchschlagen. Als wir die dunklen inneren Gassen erreicht hatten, war ich froh darüber, dass ich Adnan dabeihatte; ohne ihn hätte ich eine Spur von Brotkrumen gebraucht, um den Rückweg zu finden.

Die Teppichhändler sitzen alle zusammen. Adnan stellte mich ihnen kurz vor. Dann machte einer der Händler, Faraz, ein dicker kleiner, stark behaarter Mann, sich freudig daran, mir zu erklären, wie ihr Markt funktioniert. Bei den Teppichen, die in Marrakesch angeboten werden, gibt es zwei Kategorien: Die Teppiche, die im Norden des Landes in Fabriken produziert werden, weisen überwiegend grelle Farben und geometrische Muster auf. Sie sind bei den Marokkanern beliebt und werden nur selten von Touristen gekauft. Zum anderen gibt es Teppiche, die von den Berberinnen aus dem Atlas per Hand gewoben werden, aus mit vor Ort hergestellten Naturfarben gefärbter Wolle, und die Geschichte der Frau erzählen, die sie gemacht hat. Das sind die Teppiche, die die Touristen kaufen wollen, und die Händler verlangen dafür einen Aufschlag. Eine andere Eigenart dieses Marktes sind die Preise. Im Suk bringt niemand Preisschilder an seinen Waren an. Man fragt: „Wie viel?“, und der Händler nennt einen Preis, der ungefähr um den Faktor zehn über dem liegt, den er selbst gezahlt hat. Man muss sich also Zeit nehmen und den Preis herunterhandeln. So wird es hier gemacht, und ihrer Argumentationskraft verdanken es manche Händler, dass sie besonders gut sind. Ich wusste bereits, dass ich das richtige Produkt und die richtige Verkaufstechnik brauchte, wenn ich in diesem Markt mitmischen wollte.

Ich saß etwa eine Stunde lang mit Adnan im Suk und unterhielt mich mit Faraz. In dieser Zeit kamen einige Touristen vorbei, doch keiner von ihnen sah sich ernsthaft um und wollte etwas von Faraz oder einem der rund 50 anderen Teppichhändler in der Nähe kaufen. Das beunruhigte mich. Ich fragte Faraz, wie viele Teppiche er gewöhnlich an einem Tag verkaufte. Er erwiderte: „An manchen Tagen keinen einzigen, an anderen drei." Da der Gewinn, den er bei den einzelnen Teppichen erzielte, vom Preis abhing, der ja nicht fest war, wusste er vorher nie, wie viel Geld er in der Woche einnehmen würde. Wenn man einen Monat lang warten kann, ist das ja ganz in Ordnung, doch ich hatte nur drei Tage …

Als wir aus der Medina zu unserem Lieferwagen zurückgingen, fiel mir auf, dass in der Nähe mehrere Busse geparkt waren. Adnan erklärte mir, dass viele Hotels und Reisebüros in Marrakesch Einkaufstouren veranstalteten, bei denen die Busse Gruppen von bis zu 50 Touristen von einem Laden zum anderen brachten. Die Verkäufer lieferten den Touristen das Einkaufserlebnis, von dem sie gehört hatten, und wenn tatsächlich jemand etwas kaufte, bekam der Führer eine Provision. Außerhalb der Medina waren ein paar Geschäfte entstanden, die eine ganz andere Erfahrung boten als der Suk. Das wollte ich mir unbedingt mal ansehen.

Bouchaib ist das Harrods von Marrakesch: schon auf den ersten Blick beeindruckend, ein auf Hochglanz gebrachtes Einkaufserlebnis der Fünfsternekategorie. Hier war der übliche, eher hässliche Anblick der offenen Aushändigung einer Provision an Reiseführer, die Touristen zu einem Laden oder Stand bringen, durch ein vornehmeres, subtileres System ersetzt worden: Frauen mit Walkie-Talkies gaben die Details zu jedem Neuankömmling an ein Büro in einem der oberen Stockwerke weiter. Die Touristen brauchten ja nicht zu erfahren, dass ihre Führer zusätzlich zu dem, was ihnen bereits gezahlt wurde, noch eine Provision erhielten. Während ich auf den Chef, Samir, wartete, wurde eine Busladung von rund 30 Touristen hereingetrieben. Man führte sie zu einer kreisförmigen Sitzgruppe, wo man ihnen, der großen marokkanischen Gastfreundschaft entsprechend, sofort ein Schälchen Pfefferminztee anbot, um sie vor dem Hauptereignis in gute Stimmung zu bringen. Ich entdeckte, dass in einem ruhigen, dunklen Raum nebenan ein Team von Verkäufern wartete. Insgesamt sprechen sie alle Sprachen, von Japanisch bis zu Schwedisch, und sie werden für ihre bemerkenswerten Fähigkeiten gut entlohnt. Bei Bouchaib Teppiche zu verkaufen gilt als einer der besten Jobs in Marrakesch.

Bouchaib ist ein perfektes Beispiel für die Anpassung von Marokko an globale Markt- und Handelstrends. Die Händler im Suk haben traditionell größere Gewinne erzielt, indem sie die ursprüngliche Preisforderung für ihre Teppiche nie verrieten. Manchmal haben sie einen guten Tag und können einen Teppich zu einem viel höheren Preis verkaufen, als sie selbst dafür gezahlt haben, doch das hat auch seine Kehrseite: Viele Touristen sind misstrauisch. Während manche gerade auf dem Suk kaufen, weil sie die Herausforderung reizt, einen gerechten Preis auszuhandeln, wendet Bouchaib sich an einen anderen Touristentyp. Hier befinden sich Preisschilder an den Teppichen. Samir geht davon aus, dass die meisten Käufer seiner Teppiche nicht feilschen wollen; sie betrachten das als anstrengend und zahlen sogar einen höheren Preis dafür, dass sie nicht feilschen müssen. Er hat in seinem Markt eine Nische gefunden und macht genau dasselbe wie wir im Westen.

Ich merkte aber, dass der Prozess dem westlichen noch nicht ganz glich. Man bietet den Touristen immer noch die Vorstellung eines mehrsprachigen Virtuosen. In diesem Fall war Rashid der Verkäufer, der auserwählt wurde, ein eifriger junger Mann in einem frisch gebügelten weißen Hemd. Er legte sofort los. Ein Teppich nach dem anderen wurde zu Füßen der Touristen ausgebreitet; Rashid erklärte jeweils, woher der Teppich kam, nannte dann sein Alter und erzählte seine Geschichte. Den ersten hatte eine Frau angefertigt, um deren Feld sich ein Zaun zog, was Rashid zufolge in der Borte beim Muster zum Ausdruck kam. Der nächste stammte von einer schwangeren Frau, die bereits drei Kinder hatte – daher die drei Sterne im Gewebe. So ging es immer weiter. Rashid präsentierte rund 50 Teppiche und konnte die individuelle Geschichte jedes einzelnen erzählen. Die Touristen wurden nicht einfach aufgefordert, einen Teppich zu kaufen – sie sollten eine Geschichte kaufen.

Ich fragte mich, wie Rashid, Samir oder sonst jemand so sicher sein konnte, dass diese Geschichten wahr waren. Als ich dann mit Samir sprach, achtete ich aber darauf, ihn nicht zu beleidigen, denn ich wollte ihn um einen Gefallen bitten. Er lachte jedoch nur darüber, dass ich annahm, dass all die Geschichten zutrafen; natürlich stimmte das nicht, und sie erwarteten definitiv nicht, dass die Touristen ihnen jede einzelne glaubten. Es ging einfach darum, die Muster zu erklären, und sie hatten früher das widergespiegelt, was im Leben der Frauen passierte. Jetzt war die Teppichherstellung ein großes Geschäft geworden und es konnte keine Garantie mehr dafür geben, dass ein Teppich mit einer Borte tatsächlich von einer Frau stammte, um deren Feld sich ein Zaun zog.

Ich witterte jedoch eine Gelegenheit, eine Möglichkeit, in diesem Markt Geld zu erwirtschaften. Dafür musste Samir mir allerdings erlauben, seinen Laden einen Nachmittag lang zu benutzen. Ich erklärte ihm, dass ich in den Atlas fahren und mit einem Teppich zurückkehren würde, den ich verkaufen wollte. Wenn er mich seine Räumlichkeiten ein paar Stunden lang dafür benutzen ließ, würde ich ihm 20 Prozent meines Gewinns zahlen. Er erwiderte, das sei nicht nötig, denn ich würde es mit Sicherheit nicht schaffen. Stattdessen schlug er mir eine Wette vor: Ich dürfe seinen Laden benutzen. Wenn ich den Teppich in der Zeit verkaufen konnte, die mir blieb, sollte der gesamte Gewinn mir gehören; wenn aber nicht, sollte er den Teppich bekommen.

Er hatte mir den Fehdehandschuh hingeworfen. Jetzt musste ich losziehen und mir einen Teppich suchen.

Die Teppiche, die mir bei Rashids Vorführung am besten gefallen hatten, kamen alle aus der Region um Tazenakht. Sie liegt im Süden von Marokko, im Hohen Atlas, wo die Berber beheimatet sind. Dort wollte ich einen Teppich kaufen. Adnan besorgte uns einen Fahrer, der den Dialekt der Berber sprach, und am nächsten Tag fuhren wir in aller Frühe los. Es wurde eine lange Fahrt durch die Wüste, als wir die Berge erreichten, war es schon dunkel.

Nach einer heißen, schweißtreibenden Nacht in einem stickigen Hotelzimmer stellte ich fest, dass ich mich in einer staubigen alten Stadt hoch oben in der trockenen, dürren Landschaft des Atlas befand. In diesem Teil der Welt bestehen sämtliche Gebäude aus dem dort vorkommenden Sandstein – die Dörfer und Städte sehen aus, als wären sie aus dem Boden gewachsen, was ein bisschen unheimlich wirkt. Die Häuser sind alle von Mauern umgeben, das Familienleben findet traditionell ausschließlich innerhalb dieser Mauern statt. Berberinnen verlassen ihr Zuhause nur zweimal im Leben: An ihrem Hochzeitstag ziehen sie aus dem Haus ihres Vaters in das ihres Mannes, das sie dann erst wieder verlassen, wenn man sie zu Grabe trägt. Sie gehen nicht einmal auf den Markt, um Lebensmittel zu kaufen – das machen alles die Männer. Ich wollte nun unbedingt mit einer dieser Frauen sprechen, ihr direkt einen Teppich abkaufen und ihre wahre Geschichte hören.

Unser Fahrer, Barak, fragte einige Leute in der Stadt, wo wir einen in der Gegend hergestellten Teppich kaufen konnten. Sie waren sehr hilfsbereit und schickten uns in ein Dorf, das nur ein paar Kilometer entfernt war. Nach diesem scheinbar ermutigenden Anfang musste ich jedoch feststellen, dass das Dorf mir bereits einen Schritt voraus war. Man hatte dort eine Genossenschaft gegründet – alle Frauen aus dem Dorf hatten sich zu einer Gruppe zusammengeschlossen und ließen sich durch einen lokalen Agenten vertreten, sodass ihre Verhandlungsposition jetzt viel besser war. Es gab einen „Ausstellungsraum“ im Zentrum, wo Interessenten sich die Teppiche ansehen konnten, und die Gewinne wurden zwischen der Frau, die den Teppich angefertigt hatte, und den anderen geteilt, sodass nie jemand Hunger leiden musste. Für das Dorf war das natürlich wunderbar, doch so hatte ich keinen Spielraum, um einen guten Preis auszuhandeln, und konnte vor allem nicht das bekommen, was mir so wichtig war: eine wahre Geschichte. Ich musste mir über Adnan und Barak Zugang zum Haus einer Berberfamilie verschaffen.

Wie kommt man denn ins Haus einer Berberfamilie? Das ist eine einfache Frage, und die Antwort ist genauso einfach: indem man an die Tür klopft. In Großbritannien haben wir uns angewöhnt, die Leute wegzuschicken, ob es sich nun um die Zeugen Jehovas handelt oder um Vertreter. Die Berber sind es jedoch nicht gewohnt, dass Fremde bei ihnen anklopfen und sie fragen, ob sie vielleicht Teppiche haben, die sie gern verkaufen würden. Daher erwischte ich sie damit ein bisschen auf dem falschen Fuß. Obwohl Barak mir ständig versicherte, dass das nie funktionieren würde, fanden wir schon nach wenigen Versuchen einen Berber, der zwar etwas misstrauisch, aber durchaus interessiert war. Ich wundere mich nie darüber, wie anpassungsfähig die Leute sind, wenn es Geld zu verdienen gibt, und bei diesem Mann war das nicht anders. Er war bereit, mir einen der Teppiche aus seinem eigenen Haus zu verkaufen, und ließ uns unglaublicherweise sogar herein. Ich war begeistert, Barak konnte es nicht fassen. So weit, so gut.

Nach dem üblichen Schälchen Pfefferminztee im Innenhof und Erklärungen meinerseits, weshalb ich hier war (in einem Gemisch aus Englisch, Berberdialekt und Arabisch), wies der Mann seine beiden Söhne an, alle Teppiche aus dem Haus zu holen, die sie besaßen. Es war so, als würden sie sich auf einen wirklich gründlichen Frühjahrsputz vorbereiten. Schon nach kurzer Zeit lagen rund zehn Teppiche ordentlich nebeneinander auf dem Boden im Hof. Sie waren alle von den Frauen aus der Familie auf dem Webstuhl im Haus angefertigt worden, doch es gab mehrere unterschiedliche Stile. Bei der Frage, was sich in Marrakesch verkaufen lassen würde, verließ ich mich auf meinen eigenen westlichen Geschmack und auch auf Adnans Fähigkeit, große Kunstfertigkeit zu erkennen. Das letzte Stück, das aus dem Haus gebracht wurde, legten sie in die Mitte des Hofes – einen wundervoll dezenten, in Schwarz und Weiß gehaltenen geometrischen kleinen Teppich mit einer zarten safrangelben Borte, den ich mir auch selbst gern in die Wohnung gelegt hätte. Ich dachte: „Wenn damit eine gute Geschichte verbunden ist, kommen wir vielleicht ins Geschäft."

Die Berber beginnen schon in der Sekunde, in der sie das Licht der Welt erblicken, zu verhandeln. Ich kann mir gut vorstellen, dass sie als Kleinkinder den unvermeidlichen Prozess des Abstillens hinauszögern, indem sie ihren Müttern anbieten, brav zu sein. Ich wusste also, dass ich im Nachteil sein würde, sobald ich Interesse an dem Teppich bekundete und nach dem Preis fragte. Man fängt nicht an, mit einem Berber zu feilschen, wenn man nicht entschlossen ist, die Sache bis zum bitteren Ende durchzuziehen. Samir hatte mir gesagt, für einen Teppich von 1,80 mal 1,20 solle ich nicht mehr als 300 Euro zahlen (man spricht hier oben Französisch, zahlt also auch in Euro). Der Berber forderte 600 Euro.

Das sei der letzte Teppich, den seine Mutter in ihrem Leben gemacht habe, das Einzige, was ihm als Erinnerung an sie geblieben sei, eine ihrer besten Arbeiten … Ich dachte: „Mein Gott, wann hört das denn mal auf? Genug!“ Er drückte ganz schön auf die Tränendrüsen. Ich vermutete aber, dass er mich dadurch weichklopfen und mich davon abhalten wollte, einen niedrigeren Preis zu verlangen. In der westlichen Welt sind wir entweder zu höflich, um nach einem Preisnachlass zu fragen, oder wagen das nicht. Da wir uns in der Kunst des Verhandelns nicht mehr auskennen, reisen die Touristen in Länder wie Marokko und bezahlen für alles, was sie dort kaufen, viel zu viel. Die Marokkaner lachen sich auf dem ganzen Weg zur Bank ins Fäustchen. Doch ich konnte es mir nicht leisten, höflich zu sein.

Es gibt eine klassische Verhandlungstechnik, die aus drei Schritten besteht und in der Wirtschaftsliteratur oft beschrieben wird. Viele Theoretiker und Dozenten geben ihr einen einprägsamen Namen und verkaufen sie als ihre eigene einzigartige Erkenntnis, doch im Grunde läuft es immer auf dasselbe hinaus. Erstens sollten Sie sich, bevor Sie sich auf Verhandlungen einlassen, immer klarmachen, wo Ihre Ober- oder Untergrenze liegt – mit mehr beziehungsweise weniger dürfen Sie sich nie zufriedengeben. Falls es so aussieht, als wird das nicht möglich sein, sollten Sie gehen. Zweitens sollten Sie das Ihrer Ansicht nach wahrscheinliche Ergebnis der Verhandlung im Kopf behalten. Es kann Ihnen nämlich als Maßstab dafür dienen, wie gut die Verhandlung gelaufen ist. Drittens sollten Sie sich überlegen, wie Ihr „Best-Case-Szenario“ aussieht. Dazu sollte natürlich der Preis gehören, doch es könnte noch andere Elemente wie Lieferung frei Haus oder eine ausgefallene Verpackung umfassen, und das sollte sich in Ihrer Eröffnungsposition widerspiegeln. Sie sollten sich nicht scheuen, sie von Anfang an zu fordern.

Ich kam zu dem Schluss, dass 400 Euro der Punkt waren,

an dem ich gehen würde. Wenn ich mehr bezahlte, konnte ich in Marrakesch einfach keinen anständigen Gewinn machen. Ich hielt es für wahrscheinlicher, dass ich 300 bis 350 Euro zahlen würde, und mein Best-Case-Szenario lag näher bei 200 Euro. Mit dieser Summe würde ich also beginnen, aber erst, wenn ich den Berber ein bisschen nach unten gedrückt hatte. Es lohnt sich immer, der anderen Partei bei Verhandlungen die kalte Schulter zu zeigen. Als er 600 Euro als Preis nannte, wusste ich sofort, dass es zu schwierig sein würde, ihn auf den Preis zu drücken, der meiner Ansicht nach am Ende der Verhandlung stehen sollte. Daher sagte ich gar nichts. Ich forderte ihn einfach auf, mir ein besseres Angebot zu machen. Das ist nicht die Art der Berber und brachte ihn aus dem Konzept. Er hatte ein Gegenangebot erwartet, doch ich hatte mich geweigert, bei seinem Spiel mitzumachen. Unser Spiel hatte aber zweifellos begonnen – es gab kein Zurück.

Der Berber, Adnan und Barak sprachen weiter in einem Gemisch aus Arabisch und dem Berberdialekt über meine Position. Adnan fragte mich immer wieder nach meinem Preis, doch ich blieb fest: Ich würde ihn erst nennen, wenn ich ein faires Eröffnungsangebot bekommen hatte. Schließlich gab er nach: 450 Euro – 25 Prozent weniger, ohne dass ich ihm dafür irgendetwas geboten hätte. Jetzt war ich bereit, zu kontern. Ich bot ihm 200 Euro, was ja meinem Best-Case-Szenario entsprach. Das löste eine weitere Runde von Verhandlungen auf Arabisch, Berberdialekt und Englisch aus. Die Preise gingen hoch und runter, und schließlich schlug ich ihm vor, mit seiner Frau darüber zu sprechen.

Später erfuhr ich, dass es sich dabei um einen gefährlichen Zug handelte. Er hätte ihn als Beleidigung betrachten können, da Berber ihre Frauen bei geschäftlichen Angelegenheiten nie zurate ziehen. Dieser Berber tat dann aber genau das. Ich habe keine Ahnung, was sie zu ihm sagte, doch er kam mit seinem letzten Angebot zurück: 350 Euro. Das lag in der Nähe des Ergebnisses, das ich erwartet hatte, und er hielt eisern daran fest, dass es keinen Spielraum für weitere Verhandlungen über den Preis gab. Ich musste mir also etwas einfallen lassen, um mehr Nutzen aus dem Geschäft ziehen zu können.

Als die Familie mir den Teppich zeigte, hatte mich die Geschichte fasziniert, dass ihre Großmutter dafür die Wolle ihrer eigenen Schafe verwendet habe. Solche Details würde ich brauchen, um den Teppich meinerseits verkaufen zu können. Daher erbat ich mir jetzt noch einen Sack Wolle und ein Foto von uns allen. Gebongt! Wir schüttelten uns die Hände. Ich hatte nun einen Teppich, einen Sack Wolle und Beweise dafür, dass meine Transaktion authentisch war – für die fürstliche Summe von 350 Euro. Jetzt brauchte ich den Teppich nur noch zu verkaufen.

Bei Bouchaib wartete ich dann gespannt auf Samir. Der erste Test dafür, wie ich in dem Berberdorf abgeschnitten hatte, würde sein Urteil sein – nicht nur über die Qualität des Teppichs, sondern auch über den Preis, den ich gezahlt hatte. Ein besseres Gutachten würde ich nicht bekommen, und daher war seine Meinung mir sehr wichtig. Er begrüßte mich mit seinem üblichen warmen, charmanten Lächeln. Man konnte leicht sehen, wie dieser Mann sein Geld im Verkauf verdient hatte: Man musste ihn sofort mögen, und er war enorm scharfsinnig. Jetzt war er sehr gespannt auf meinen Teppich.

Ich beobachtete seine Reaktion, als ich den Teppich vor ihm ausbreitete. Er schien beeindruckt – der Teppich war „gut". Der entscheidende Punkt war aber: Wie viel hatte ich dafür bezahlt? Ich zögerte. Das wollte ich ihm nicht sagen, ich wollte wissen, was er bezahlt hätte. „300 bis 500 Euro." Bingo! Ich war nicht über den Tisch gezogen worden. Samir wäre sogar selbst froh gewesen, wenn er den Teppich für

350 Euro bekommen hätte. Ich hatte den ersten Teil meiner Aufgabe bravourös erledigt und konnte nun 600 Euro verlangen. Das würde mir einen Gewinn in der Größenordnung bringen, die Samir erzielt hätte.

Wenn ich mir aussuchen könnte, ob ich Käufer oder Verkäufer sein will, würde ich mich immer für die Rolle des Käufers entscheiden. Das Kaufen ist die Seite des Prozesses, die sich leichter beherrschen lässt; man sitzt dann selbst am Steuer, da man Optionen hat. Man kann ja immer gehen und sich woanders umsehen. Natürlich ist es wichtig, ein gutes Geschäft zu machen, und das kann sorgfältige Verhandlungen erfordern. Im Vergleich zu dem Druck, den man verspürt, wenn man etwas verkaufen muss, ist das aber keine große Belastung. Man ist in der günstigeren Position und muss alles daransetzen, die Kontrolle zu behalten. Der Verkäufer ist mit der Person vergleichbar, die sich die Landkarte ansieht: Er muss den Fahrer dazu bringen, ihm zu vertrauen, und ihn dann dorthin lotsen, wo er seiner Meinung nach hin will. Ein gutes Produkt ist dabei sehr von Vorteil, denn es gibt einem das, was man am dringendsten braucht: Zuversicht. Ich war sicher, dass mein Teppich von guter Qualität und der Preis vernünftig war. Das hatte Samir mir ja gesagt. Jetzt musste ich allerdings einen Menschen, der mir völlig fremd war, davon überzeugen.

Meine ersten Versuche, französischen Touristen meine Wolle und die Fotos der Berberfamilie, von der ich den Teppich gekauft hatte, zu zeigen, scheiterten. Da diese Leute sich nicht von der Geschichte angesprochen fühlten, packten mich allmählich Zweifel. Ich kam überhaupt nicht weiter und wusste, woran das lag: Ich konnte meine potenziellen Kunden nicht mit meiner Leidenschaft für den Teppich und seine Geschichte anstecken. Die Führer brachten Busladungen von Touristen herein, doch mein Teppich und ich wurden immer wieder ignoriert. Da wurde mir klar, dass ich zwar einiges über Wirtschaft und Geschäfte wusste, mir jetzt aber ganz schnell die Leichtigkeit eines geborenen Verkäufers aneignen musste, wenn ich nicht mit einem Teppich – oder vielmehr einem hübschen Geschenk für Samir – und dem bitteren Geschmack der Niederlage dastehen wollte.

Es gab nur eine Möglichkeit: Theater zu spielen. Ich hatte früher doch des Öfteren mit Amateurgruppen auf der Bühne gestanden … Also holte ich tief Luft und setzte ein Gesicht auf, wie Samir. Zuerst fiel mir das sehr schwer. Es war nicht leicht, die Aufmerksamkeit der ernsthaften Interessenten zu erregen, und da der Tag bereits seinem Ende entgegenging, kamen jetzt kaum noch neue Touristengruppen. Ich bekam allmählich Angst, denn ich hatte ja nicht die Möglichkeit, es am nächsten Tag noch einmal zu versuchen. Bei diesem Test ging es doch gerade darum, zu zeigen, dass jemand aus einer Stadt wie London in einem traditionellen, schwierigen Markt im Ausland Geschäfte machen und dann weiterziehen konnte. Wenn ich ernstlich erwartete, das auf der ganzen Welt zu schaffen, musste ich Waren innerhalb weniger Tage kaufen, transportieren und mit Gewinn verkaufen können, ob es sich dabei nun um Teppiche handelte oder um Kamele. Ich stand also unter großem Druck – doch von einem nervösen Verkäufer will niemand etwas kaufen.

Plötzlich entdeckte ich auf der anderen Seite des Ladens einen Mann und eine Frau, die wie ernsthafte Käufer aussahen. Sie hatten bereits zwei Teppiche zur Seite gelegt und schauten sich weitere an. Ich konnte aus ihrer Unterhaltung heraushören, dass sie Italiener waren. Also schnappte ich mir einen Verkäufer, der Englisch und Italienisch sprach, und ging mit meinem Teppich unter dem Arm zu den beiden. Jetzt musste ich meinen ganzen Charme spielen lassen, und ich merkte schnell, dass man Menschen durch ein Lächeln und zuversichtliches Verhalten für sich einnehmen kann. Nun hatte ich die Ausstrahlung, die zu meiner Ware und ihrer Geschichte passte. Durch die Bilder von der Familie konnte ich im Handumdrehen das Interesse des Paares wecken: eine echte Berberfamilie, deren Mutter diesen Teppich vor 40 Jahren, kurz vor ihrem Tod, gewebt hatte! Sie konnten sogar die Wolle der Schafe, die der Familie gehörten, anfassen. Diese Geschichte war echt; ihr Erbe war keine Interpretation von Symbolen, sondern das wahre Leben, etwas, was sie ihren Freunden erzählen konnten, wenn sie sie zu Hause in Italien besuchen kamen, ein echtes Stück Marokko, an dem sie sich noch lange nach dem Ende ihres Urlaubs erfreuen konnten.

Als ich meinen Auftritt beendet hatte, entspann sich eine Diskussion auf Italienisch, von der ich kein Wort verstand. Ich hatte das Gefühl, nichts mehr tun zu können, um diese monumentale Entscheidung zu beeinflussen – die Entscheidung, die mich aus meinen Qualen erlösen konnte. Ich dachte immer wieder: „Kauft den Teppich!“, während ich weiter lächelte und zur Bestätigung mit dem Kopf nickte. Aus der Debatte wurde deutlich, dass die Entscheidung ganz bei der Frau lag, doch ich zeigte ihrem Mann noch einmal die Bilder vom Haus der Berberfamilie, in der vagen Hoffnung, dass er zum ersten Mal in seiner Ehe (vielleicht sogar in seinem Leben) eine Entscheidung über die Innenausstattung seines Hauses treffen würde. Schließlich kehrte mein Übersetzer ins Englische zurück und übermittelte mir das Urteil: Sie verstanden das alles, sie waren meiner Meinung, das Muster gefiel ihnen, durften sie die Wolle behalten, durften sie die Fotos mitnehmen, welchen Preis verlangte ich, sie würden den Teppich gern zur ursprünglichen Preisforderung kaufen, also für 600 Euro.

Es passierte in Sekundenschnelle. Eben war der Teppich noch mein Augapfel gewesen, ich hatte meine ganze Energie darauf gerichtet, ihn zu kaufen; im nächsten Augenblick hatte er sich in einen Klotz an meinem Bein verwandelt und ich hatte mich mit Leib und Seele darauf konzentriert, ihn wieder loszuwerden. Jetzt gehört er jemand anders und ich halte stattdessen ein paar Geldscheine in der Hand. In gewissem Sinne fehlt er mir sogar. Er hat mir gefallen, sobald ich ihn sah, ich wollte, ich musste ihn haben; als ich ihn dann aber hatte, musste ich ihn unbedingt verkaufen. Ein Händler kann es sich nicht leisten, sein Herz an das zu hängen, was er verkauft. Ja, es ist wichtig, dass er sich gute Produkte wünscht, denn dann kann er davon ausgehen, dass sie sich verkaufen lassen. Er muss sich aber davor hüten, das Gefühl zu entwickeln, dass seine Ware einen hohen emotionalen Wert hat, einfach, weil sie ihm gehört. Das ist noch eine Lektion, die ich lernen muss, wenn ich mir diese Sache zur Gewohnheit machen will.

2 Kamele und Kredite

INVESTITIONEN: 0 Dollar
AUF DER BANK: 50 000 Dollar

Ich habe eine Freundin, die wir Sarah nennen wollen. Es macht ihr sicher nichts aus, wenn ich Ihnen sage, dass sie schlicht der am schlechtesten organisierte Mensch ist, den ich kenne. Sie hat es sogar mal geschafft, zu spät zum Flughafen zu kommen und dort festzustellen, dass sie in Wirklichkeit einen Tag zu früh dran war. Als sie nach Hause zurückkehrte, entdeckte sie, dass sie das Bügeleisen angelassen hatte. Das ist typisch für ihr Glück. Wenn sie ihren gebuchten Flug erwischt hätte, wäre ihre Wohnung vermutlich ausgebrannt. Und wenn sie Sudanesin wäre, würden sie sie wahrscheinlich zur Planungsministerin machen, oder sogar zur Staatspräsidentin. Na ja, zur Staatspräsidentin wohl doch nicht, denn dieses Amt steht Frauen im Sudan nicht offen.

Es gibt auch sonst viel, was man im Sudan nicht machen darf. Sehr viel. Das ist mir schon seit einiger Zeit bewusst – genauer gesagt, seit ich in England einen Sudanesen kennengelernt habe, den mir ein weit gereister Freund empfohlen hatte. Er erklärte mir, es sei unmöglich, im Sudan irgendetwas zu organisieren, wenn man nicht dort sei. Als ich ihm erzählte, ich wolle in Handelsgeschäften um die Welt reisen und im Sudan damit anfangen, überzeugte er mich davon, dass es am besten war, wenn ich ihn dafür bezahlte, vor mir dorthin zu fliegen und sich um die nötigen Genehmigungen zu kümmern. Daher ist es schon eine Enttäuschung für mich, dass er bei meiner Ankunft im Sudan nicht da ist.

Ich bin wieder in Nordafrika, um dort weiterzumachen, wo ich in Marokko aufgehört habe. In der Zwischenzeit ist aber einiges passiert. Zunächst habe ich meine Wohnung verkauft. Ich habe alles, was ich besitze, eingelagert, 25 000 Pfund von dem Erlös genommen und einen Plan entwickelt. Marokko war ein Test, eine Herausforderung, sogar eine Übung, die mir bewiesen hat, dass es möglich ist, in neuen Märkten in fremden Ländern Gewinne zu erzielen. Jetzt habe ich Appetit auf mehr – wir könnten sagen, dass ich den Einsatz erhöhen will.

Ich möchte als Händler um die Welt reisen. Ich habe meine 25 000 Pfund in 50 000 Dollar umgetauscht, die ich nun in Produkte investieren will, mit denen ich meiner Ansicht nach Gewinne machen kann. Außerdem habe ich ein Flugticket für eine Weltreise gebucht, die mich von Nord- nach Südafrika führen wird, dann durch Indien, Mittelasien und China nach Taiwan und Japan, über den Pazifik nach Mexiko, von dort aus nach Brasilien und schließlich wieder nach Hause. Diese Länder habe ich mir ausgesucht, weil es sich dabei bis auf Japan um ehemalige Entwicklungsländer handelt, die inzwischen aufgeblüht sind. Ich bin der Ansicht, dass sich mir dort die besten Chancen für neue Geschäfte bieten werden. Ich will in Länder reisen, wo die Leute genug verdienen, um Geld ausgeben zu können, sodass die ganz armen nicht infrage kommen, interessiere mich aber andererseits nicht für die fortgeschritteneren Länder, wo alle guten Geschäfte schon in festen Händen sind.

Ich gehe davon aus, dass ich in fünf Monaten rund um die Welt reisen und mein Kapital dabei verdoppeln kann (ohne Berücksichtigung der Reisekosten), sodass ich bei meiner Rückkehr 100 000 Dollar auf dem Konto habe. Ich habe festgelegt, welche Länder ich besuchen und wann ich dort eintreffen werde, aber noch nicht, womit ich handeln werde. Wenn ich richtigliege, werden sich mir unterwegs nämlich neue Chancen eröffnen. Ich werde hier im Sudan anfangen und immer Waren auswählen, mit denen ich in den Ländern an meiner geplanten Route Handel treiben kann. Ich habe schon ein bisschen recherchiert und ein paar Ideen entwickelt. Nach dem Handel mit Kamelen im Sudan will ich nach Süden reisen, auf dem Weg nach Kapstadt afrikanischen Kaffee kaufen und von dort aus vielleicht gefrorenen Curry nach Indien exportieren. Was danach kommt, steht noch in den Sternen. Ich bin mir selbst nicht ganz sicher, dass meine Pläne auch nur teilweise funktionieren werden. Im Augenblick weiß ich nur, dass meine Reise begonnen hat. Und mein erstes Ziel ist Khartoum.

Eines muss ich dem sudanesischen Kontaktmann meines Freundes lassen: Er hatte völlig recht. Es ist wirklich unmöglich, im Sudan irgendetwas zu organisieren, wenn man nicht dort ist. Zumindest ist er nicht hier, und es ist nichts organisiert worden. Ich darf zwar ins Land einreisen, muss am Vormittag aber beim Informationsministerium vorsprechen und mir die Genehmigung besorgen, im Sudan als Journalist zu arbeiten. Ich bemühe mich, zu erklären, dass ich kein Journalist bin, aber in den Augen der Beamten bin ich einer; daher muss ich mich am Morgen ins Ministerium begeben. Noch eine Randbemerkung: Die Flasche mit dem edlen, 20 Jahre alten Whisky, die ich mitgebracht habe, weil ich gehört hatte, der Sudan sei ein „trockenes" Land, wird am Zoll beschlagnahmt. Es stimmt nämlich: Der Sudan ist tatsächlich ein trockenes Land.

Die Skyline von Khartoum, der Hauptstadt des Sudans, besteht aus einer seltsamen Mischung von Minaretten und Satellitenschüsseln, die die islamische Religion und den europäischen Fußball verbreiten. Mir fällt auf, dass ausnahmslos alle Fahrzeuge auf den trockenen, staubigen Straßen weiß sind. Die Temperatur liegt bei schier erstickenden 48 Grad Celsius und es regt sich kein Lüftchen. Smog hüllt die Stadt wie eine Decke ein und treibt die Temperatur noch höher. Ein Auto mit einer anderen Farbe wäre schlicht ein Backofen.

An dieser Stelle fließen der Weiße und der Blaue Nil zusammen. Das ist der Grund dafür, dass Khartoum einst Hauptstadt wurde. Heute bleibt es die Hauptstadt, weil die meisten Sudanesen sich dort sicher fühlen. Dieses Bedürfnis nach Sicherheit muss einen von drei Sudanesen dazu getrieben haben, zur Armee zu gehen, und die beiden anderen, zur Polizei. Sie behalten sich Tag und Nacht genau im Auge, und über sie alle wacht das nie erlahmende Auge Allahs.

Derzeit wird der Einfluss der Araber, die jetzt schon seit über 1 000 Jahren in Nordostafrika sind, im Sudan immer stärker. Die Straßen von Khartoum sind voll von improvisierten Märkten: Decken werden in den Staub gelegt und zur Darbietung von Waren benutzt. Manche Leute tragen lange weiße arabische Dschellabas, andere modernere westliche Kleidung wie Jeans und T-Shirts. Es gibt eine deutliche Bewegung zum Islam hin, auch wenn sich ihm noch nicht jeder ganz verschrieben hat. Man könnte leicht glauben, dass Khartoum von zwei unterschiedlichen Rassen bewohnt wird, doch in Wirklichkeit sind hier alle Sudanesen.

Mein Arabisch ist zwar ein bisschen eingerostet, doch es gibt einen Ausdruck, den jeder, der neu in den Sudan kommt, schnell aufschnappen wird: inschallah. Das lässt sich in etwa so übersetzen: Im Hinblick auf morgen ist nichts gewiss, es wird nur das passieren, was Gottes Wille ist, und auch das bloß, wenn man es schafft, nicht verhaftet zu werden.

Der Tag nach meiner Ankunft in Khartoum ist ein Dienstag. Ich habe vor, in den Süden des Landes zu reisen und mich im Kamelhandel zu betätigen. Viele Kamele aus dem Süden (auch aus der vom Krieg geplagten Region Darfur) werden auf dem Markt in Al Obeid an Händler verkauft, die sie dann in den Norden transportieren, zum Birqash-Kamelmarkt in Kairo. Dank der Recherchen, die ich von zu Hause aus durchgeführt habe, habe ich eine grobe Vorstellung von der finanziellen Seite. Unten im Süden bringt ein gutes Kamel 300 bis 600 Dollar, in Kairo jedoch 700 bis 1 000 Dollar. Diese Reise über mehr als 1 600 Kilometer wird traditionell als „Tour der 40 Tage“ bezeichnet, weil sie zu Fuß so lange dauert. Angesichts der Tatsache, dass draußen 48 Grad herrschen und ich beim letzten Mal, als ich an einem Tag 40 Kilometer gelaufen bin (beim Walkathon in Birmingham, damals war ich 13), am nächsten Tag definitiv nicht in der Verfassung war, das zu wiederholen, kommt mir das ein bisschen zu optimistisch vor. Jetzt bin ich längst nicht mehr so fit und kann das mit Sicherheit nicht anderthalb Monate lang Tag für Tag machen. Daher will ich einen Kamellaster mieten und die 1 600 Kilometer stattdessen in vier Tagen fahren. Die Transportkosten werden kein großes Loch in meinen Beutel reißen, da ich bar zahlen werde.

Der sudanesische Kamelhandel ähnelt im Augenblick dem Bankensektor im Westen – es gibt dort eine Art Kreditklemme. Üblicherweise funktioniert er so, dass ich Ihnen ein Kamel abkaufe, Ihnen aber noch kein Geld dafür zahle. Ich bringe das Kamel zu einem nördlicher gelegenen Markt und verkaufe es an einen Mann, der mir auch noch kein Geld dafür gibt. So geht es weiter, bis der letzte Käufer es auf dem großen Markt in Ägypten verkauft und Geld dafür bekommt. Er kehrt dann nach Hause zurück und zahlt dem Mann, von dem er das Kamel gekauft hat, sein Geld aus; dieser Mann kehrt dann ebenfalls nach Hause zurück und bezahlt den Mann, von dem er das Kamel gekauft hat. Schließlich wird der erste Mann bezahlt und gibt mir mein Geld. Manchmal gelangt das Geld allerdings nicht bis zum Anfang des Weges zurück.

Die Ähnlichkeit mit dem globalen Finanzsystem ist direkt unheimlich. Die Banken gewähren sich ständig gegenseitig Kredite und erwirtschaften über die Zinsen Gewinne. Die Bank, die den Kredit vergibt, macht dadurch einen Gewinn; die Bank, die ihn bekommt, macht dann einen Gewinn damit, dass sie jemand anderem Geld leiht, vielleicht Ihnen, in Form einer Hypothek. Jeder leiht jedem Geld, und solange die zweite Bank sich darauf verlassen kann, dass Sie Ihre Hypothekenraten jeden Monat zahlen, kann die erste Bank damit rechnen, dass sie ihr Geld ebenfalls zurückbekommt. Das System arbeitet wie eine gut geölte Maschine, und das Geld fungiert dabei als Öl. Das Problem ist: Wenn die Erwartungen sich verändern, wenn die Überzeugung, dass das Darlehen zurückgezahlt werden kann, untergraben wird, werden die Leute nervös und gewähren nicht mehr so bereitwillig Kredite; das Öl trocknet ein, die Maschine läuft sich fest. Ob es nun um Kamele oder um Kredite geht – das System hängt von dem Glauben ab, dass der Nächste in der Kette zahlen wird.

Zurück zur Tour der 40 Tage: Die auf der Hand liegende Lösung wäre, dass die sudanesischen Händler ihre Kamele selbst bis nach Kairo bringen, doch das ist nicht die sudanesische Art. In diesem Land gibt es keine Reisekultur, und es gilt immer noch als unüblich, Reisen zu unternehmen. Da die Kamele überwiegend zu Fuß transportiert werden, müssen die Männer ihre Frauen und Kinder zurücklassen, um sie zum Markt zu bringen. Die Zeit schränkt die Strecke ein, die sie zurücklegen können, und damit auch den möglichen Gewinn. Ich hoffe, dass ich mir bestenfalls diese systemimmanente Verzögerung und schlimmstenfalls große Schulden zunutze machen kann, unter Anwendung einer alten Technik, die als „Barzahlung im Voraus“ bezeichnet wird. Ich werde alle Zwischenhändler umgehen, als wäre ich die erste Bank und würde direkt Hypothekendarlehen vergeben. Ich werde die Kamele den ganzen Weg bis nach Kairo transportieren, und wenn ich mich bei den Verhandlungen gut schlage, sollte die Sache mir einen ordentlichen Gewinn bescheren.

Falls die Zahlen, über die ich mit meinem ursprünglichen Kontaktmann gesprochen habe, ein halbwegs guter Anhaltspunkt sind (unter den gegebenen Umständen ist das ein ziemlich großes „Falls“), werde ich in Al Obeid 4 000 Dollar für acht Kamele ausgeben und weitere 1 000 Dollar für den Transport und für Futter, insgesamt also 5 000 Dollar. Wenn es mir gelingt, die Kamele alle heil nach Kairo zu bringen, könnten sie 8 000 Dollar wert sein. Ich kann auf meiner ganzen Reise 25 000 Pfund investieren, was im Augenblick 50 000 Dollar entspricht. Dabei handelt es sich nicht um Spielgeld, sondern um Mittel, die ich eigentlich für meine Zukunft zurücklegen sollte. Ich sollte sie in eine Immobilie oder Rente oder etwas anderes Sinnvolles stecken, doch ich werde sie in Kamele investieren.

Beim ersten Schritt bin ich vorsichtig, da ich mich mit Kamelen nicht wirklich auskenne. Der Kamelhandel ist riskant, ich muss darauf vorbereitet sein, dass dabei etwas schiefgeht, und möchte dann noch genug Geld übrig haben, um meine Reise fortzusetzen. Sollte alles glattgehen, wird das natürlich ein guter Start sein. Im Idealfall möchte ich Ägypten mit einem hübschen zusätzlichen Sümmchen auf der Bank und einem großen Sack Selbstvertrauen verlassen.

Leider geht mein schöner Plan schief. Den Dienstag verbringe ich im Informationsministerium, um mir die Genehmigung zu besorgen, mich im Sudan aufzuhalten. Das Gebäude sieht eher wie ein halb fertiges Parkhaus aus als wie der Sitz einer wichtigen Behörde. Draußen ragen noch Stahlstäbe aus dem Beton, drinnen muss ich mich um mehrere Trittleitern herumdrücken – die Wände werden gerade in jenem glänzenden hellblauen Farbton gestrichen, von dem wir uns in Großbritannien schon in den 1970er-Jahren verabschiedet haben. Wenn ich das nächste Mal in den Sudan reise, muss ich unbedingt eine Lastwagenladung Farbe mitbringen …

Man führt mich ins Büro des Ministers. Osma hat einen sehr großen Schreibtisch. Er ist zwar leer, aber sehr groß – fast so groß wie sein Schnurrbart, der wiederum fast so groß ist wie seine riesige rechte Hand, mit der er meine bei der Begrüßung zerquetscht. Auf dem Fernseher in der Ecke läuft auf irgendeinem arabischen Sender à la MTV die neueste sudanesische Hitparade, in der gegenüberliegenden Ecke sitzt ein blasser, müde wirkender Amerikaner, der mir erzählt, er arbeite für die LA Times. Er kommt jetzt bereits seit drei Wochen jeden Tag zu Osma, und ich vermute, dass er das nicht tut, weil die beiden gern Zeit miteinander verbringen. Der arme Kerl tut mir leid, doch zum Glück wird mir dieses Schicksal erspart bleiben – ich habe ja Adam.

Adam ist ein kleiner Mann mit einem großen Schnurrbart und einem pausbäckigen Gesicht, in dem sich Grübchen bilden, wenn er lächelt. Ich habe ihn als Ersatz für meinen ursprünglichen sudanesischen Führer engagiert. Sein Englisch ist grottenschlecht und über Kamele weiß er etwa so viel wie der durchschnittliche Sudanese über Whisky. Er ist aber zumindest da. Ich kann meine Frustration (langsam) ins Arabische übersetzen lassen, und Osma scheint sich für mich viel mehr zu interessieren als für den unglücklich aussehenden Amerikaner, der sich in der Ecke die Musiksendung anschaut.

Es dauert nur vier Stunden, bis wir die Schwierigkeiten im Zusammenhang mit dem Missverständnis am Flughafen gelöst haben. Das Problem lag offenbar darin, dass sich die Anforderungen für Visa im Sudan in den letzten drei Tagen geändert haben und die Botschaft in London das nicht wusste. Ich bekomme einen „Journalisten"-Pass, den Osma mit einem Stempel versieht. Dann schickt er mich über den Flur, damit ihn noch jemand anders abstempeln kann. Das macht schließlich ein anderer Mann hinter einem großen Schreibtisch – und zeigt den Flur hinunter, auf ein weiteres Büro. Nachdem der Pass viele Male von verschiedenen Leuten hinter großen, leeren Schreibtischen abgestempelt worden ist, werde ich aufgefordert, zu Osma zurückzukehren. Allmählich kommt mir der Verdacht, dass im Sudan überhaupt niemand wirklich arbeitet – dass jeder nur so tut, als würde er arbeiten, weil er der (falschen!) Ansicht ist, dass alle anderen arbeiten, und befürchtet, dass man ihm Papierkram aufladen wird, wenn er nicht ebenfalls zu arbeiten scheint. Und Sie können mir glauben – das ist kein Weg, den man im Sudan beschreiten möchte.

Osma segnet seinen eigenen Stempel mit einem weiteren ab und erläutert mir, ich sei jetzt berechtigt, im ganzen Land mit Kamelen zu handeln. Außerdem darf ich überall, wo ich das möchte, alles darüber schreiben, was ich will. Man hat mir den Schlüssel zum Sudan überreicht! Jetzt muss ich nur noch ins Ministerium für Bewegungen gehen und mir die Genehmigung besorgen, mich an diese Orte zu begeben. Damit muss ich allerdings bis morgen warten, denn heute hat es schon geschlossen.

Während der Tag sich einem enttäuschenden Ende entgegenneigt, erfahre ich etwas noch Unerfreulicheres: Adam teilt mir mit, dass der Kamelmarkt in Al Obeid nur dienstags und samstags stattfindet – nicht donnerstags, wie man mir ursprünglich gesagt hatte. Vielleicht denken Sie jetzt, das hätte ich doch selbst überprüfen können, bevor ich hergekommen bin, oder ich hätte es mir leicht durch eine andere Quelle in Khartoum bestätigen lassen können, doch da irren Sie sich. In den meisten Situationen gibt es keinen Ersatz für Erfahrungen vor Ort, und beim Sudan trifft das doppelt zu. Das Problem ist, dass die Leute dort nicht viel reisen und daher kaum etwas darüber wissen, was in anderen Teilen des Landes passiert. Wenn ich in Khartoum jemanden fragen würde, wie der Markt in Al Obeid abläuft, wäre das etwa so, als würde ich im London vor der industriellen Revolution einen Briten nach dem Eierpreis in Derby fragen.

Jetzt bin ich in einer schwierigen Lage, da meine weiteren Termine schon festliegen. Ich habe mein Ticket ab Kairo bereits gebucht und bis zum Abflug nur eine Woche Zeit. Daher kann ich einfach nicht noch eine Woche hier im Sudan warten. Ich muss meine Kamele bis spätestens Dienstag kaufen und über die Grenze bringen. Das wacklige Kartenhaus, auf dem mein Rückflug von Rio de Janeiro aus basiert, könnte also bereits vom ersten heißen Wüstenwind umgeblasen werden.

Am nächsten Tag gehe ich mit Adam ins Ministerium für Bewegungen. Dort fordert man einen Bürgen von mir, den man an meiner Stelle foltern kann, falls ich mich zum Beispiel als Spion erweise. Das ist leider kein Witz! Im Ministerium stellt sich heraus, dass Adam seine Ausweispapiere vergessen hat, und ohne sie kann er nicht mein Bürge werden. Deshalb sorgt er dafür, dass ein Freund das für mich machen wird. Dieser Freund wird in einer Stunde hier sein.

Während wir warten, möchte ein hilfreicher Beamter meinen Journalistenpass sehen und erkundigt sich, wohin ich fahren will. Ich erkläre ihm, dass der Kamelmarkt im Süden aus zeitlichen Gründen nicht mehr für mich infrage kommt, und er schlägt mir vor, stattdessen zum Kamelmarkt von Khartoum zu gehen. Dieser Markt ist zwar nicht ganz so billig, aber auch gut und wird mir niedrigere Transportkosten bescheren. Das ist die beste Neuigkeit, die ich seit meiner Ankunft gehört habe. Der Beamte weist mich allerdings darauf hin, dass mein Journalistenpass nicht für den Teil von Khartoum gilt, wo der Kamelmarkt abgehalten wird. Ich muss also noch einmal ins Informationsministerium gehen und mir die entsprechende Genehmigung besorgen, damit das Bewegungsministerium mir meine Dokumente aushändigen kann.

Also eilen Adam und ich quer durch die Stadt zu Osma zurück, der noch immer an seinem großen Schreibtisch beschäftigt ist. Der amerikanische Journalist von der LA Times sitzt auf seinem Platz, der Schreibtisch ist leer – es ist so, als wäre ich gar nicht weg gewesen. Ich erkläre Osma schnell die Situation. Er hält den Kamelmarkt in Khartoum auch für eine gute Alternative. Dann nimmt er meinen Journalistenpass und sieht ihn sich genau an. Er gilt auch für den Bereich, wo der Markt stattfindet! Er versichert mir, dass das so ist, und besteht darauf, dass ich warte, bis sein Sekretär mir ein Begleitschreiben getippt hat, in dem dieser Bereich und die Tatsache, dass ich dorthin fahren darf, ausdrücklich erwähnt werden. Unterdessen ruft mein neuer Bürge Adam aus dem Bewegungsministerium an. Wo bleiben wir denn? Er ist extra ins Ministerium gekommen, um für mich zu bürgen, und jetzt sind wir gar nicht da! Er ist wütend, und das ist ja auch verständlich. Ich würde am liebsten gleich losgehen, doch Osma ist dafür, dass ich mich nicht von der Stelle rühre, bevor mein Brief fertig ist. Mein Bürge kann aber nicht warten. Er kann allerdings nach dem Mittagessen wiederkommen. Noch ein verschwendeter Vormittag …

Die nächsten sechs Stunden sind von weiterem Warten und Hin und Her erfüllt. Noch mehr Leute verdächtigen mich, ein Spion zu sein, noch mehr Männer hinter großen leeren Schreibtischen fordern mich auf, Platz zu nehmen und zu warten, während sie die Ventilatoren auf ihren Schreibtischen in die optimale Position rücken. Mein Pass geht auf eine geheimnisvolle Reise durch die heiligen inneren Bereiche des Ministeriums und kehrt schließlich bescheinigt, gestempelt und genehmigt zurück. Ich habe die Erlaubnis, mich im Sudan zu bewegen, dort zu schreiben und Kamele zu erwerben, zu transportieren und zu verkaufen. Jetzt kann ich das, was von meinem Plan noch übrig ist, endlich in die Tat umsetzen.

Da der Kamelmarkt in Al Obeid nicht infrage kommt, sieht der von Khartoum wie die beste Alternative aus. Adam ist sich sicher, dass ich dort gute Kamele finden kann. Obwohl es schon recht spät ist, haben wir noch genug Zeit für einen Erkundungsrundgang. Also machen wir uns auf den Weg zum Markt, der ein bisschen außerhalb der Stadt liegt. Ich bin zum ersten Mal seit meiner Ankunft optimistisch.

Es wäre leicht gewesen, die ganze Sache als hoffnungslos zu betrachten, das Gefühl zu haben, dass kein Happy End in Sicht war, aufzugeben, dem Sudan den Rücken zu kehren und irgendwo anders neu anzufangen. Dann wäre ich aber um eine wichtige Erkenntnis gekommen, die ich gewann, als wir den Kamelmarkt endlich gefunden hatten.

Leider verfahren wir uns völlig. Obwohl Adam nur acht Kilometer von den vertrauten Bereichen entfernt ist, hat er nicht die geringste Ahnung, in welche Richtung wir fahren müssen. Gleich hinter dem Stadtrand beginnt eine Gegend, die man nur als öde Wüste bezeichnen kann. Die einzigen Anhaltspunkte sind kleine Ansammlungen mit Mauern umgebener Sandsteinhäuser. Fairerweise muss man also sagen, dass es nicht viel gibt, woran Adam sich orientieren könnte. Nachdem wir immer wieder angehalten und nach dem Weg gefragt haben, erreichen wir nach Adams Ansicht den Kamelmarkt. Hier scheint tatsächlich ein Markt stattzufinden: Mitten in der Wüste parken Hunderte von Autos. Ich nehme an, dass es sich dabei um den Parkplatz handelt, frage mich aber, wie um alles in der Welt man sein Kamel dann in seinem Auto nach Hause bringen soll. Es wird ja wohl kaum in den Kofferraum passen … Wir steigen aus und hören uns um – und erfahren, dass wir in Wirklichkeit auf dem größten Gebrauchtwagenmarkt in Khartoum gelandet sind. Der Kamelmarkt liegt acht Kilometer entfernt.

So seltsam das klingt – auf einem Gebrauchtwagenmarkt in der Westlichen Wüste hat Adam zwei Männer getroffen, die er kennt. Sie tragen weiße, fließende Gewänder und Turbane und sehen aus, als kämen sie direkt vom Drehort für Lawrence von Arabien. Sie stammen aus Adams Dorf in Darfur und sind Viehhändler. Adam erklärt ihnen, dass wir den Kamelmarkt suchen; sie geben sich nicht damit zufrieden, uns einfach den Weg zu beschreiben, sondern steigen zu uns ins Auto. Sie machen definitiv den Eindruck, Bescheid zu wissen, und als wir in die Wüste hinausfahren, bekomme ich allmählich das Gefühl, dass wir den Kamelmarkt vielleicht tatsächlich noch heute finden werden, inschallah.

Auf dem Kamelmarkt von Khartoum gibt es keinen Parkplatz, dafür aber zahlreiche Kamele. Selbst zu dieser späten Stunde zeigen ein paar Händler ihre besten Tiere. Unsere Freunde aus Darfur erklären uns, dass es hier morgens viel mehr Kamele gibt, die meisten Leute aber inzwischen nach Hause gegangen sind. Wahrscheinlich kann ich morgen wiederkommen, doch da ich nun einmal hier bin, will ich mir möglichst viele Informationen über die Preise und ihre Abhängigkeit vom Alter, vom Geschlecht und von der Größe beschaffen. Der entscheidende Punkt ist, dass die Händler nicht wissen dürfen, was ich vorhabe. Daher führe ich ein Strategiegespräch mit Adam. Ich hoffe, dass ich ihm deutlich machen konnte, wie wichtig es ist, dass wir uns nicht in die Karten schauen lassen. Dann gehen wir zu einer Gruppe von Händlern, die zusammensitzen.

Es dürfte schon viele Situationen in meinem Leben gegeben haben, wo ich mehr Aufmerksamkeit erregt habe, doch im Augenblick fällt mir keine ein. Vielleicht war es ein langer Tag, vielleicht läuft der Verkauf um diese Jahreszeit schlecht – jedenfalls kommt jeder, wirklich jeder Händler auf dem Markt sofort herüber, um herauszufinden, was ich vorhabe. Wir werden von einer Traube von Männern umringt, die alle auf Arabisch etwas rufen, und Adam fängt an, zurückzuschreien. Anfangs schmeichelt mir diese Aufmerksamkeit, doch dann frage ich mich besorgt, was Adam da wohl so lange schreit. Ich bahne mir einen Weg zu ihm, rufe mehrmals seinen Namen und kann ihn schließlich dazu bringen, innezuhalten. Ich frage ihn, was los ist. Er erwidert: „Sie wollen wissen, was Sie hier machen." „Und was rufen Sie die ganze Zeit?" „Ich erkläre ihnen, dass Sie aus England kommen und Kamele kaufen wollen, um sie nach Ägypten zu bringen." Als er mir das erzählt, spüre ich, dass meine Karten mir eine nach der anderen aus der Hand gerissen und in den Wüstensand geworfen werden, wo sie jeder sehen kann. Was für eine Chance habe ich jetzt denn noch?

Das erste Kamel, nach dem ich mich erkundige, ist ein vier- oder fünfjähriger Hengst. Meinen Recherchen zufolge könnte ich so ein Kamel in Kairo für um die 1 000 Dollar verkaufen. Um angesichts der Transport- und Futterkosten einen Gewinn damit machen zu können, dürfte ich für dieses Kamel im Sudan nicht mehr als rund 500 bis 550 Dollar bezahlen. Das ist der Preis, für den man Kamele dieser Größe und Verfassung meinen Informationen zufolge im Süden kaufen kann. Der Händler bespricht sich auf Arabisch mit einigen Kollegen und fordert Adam dann auf, mir zu sagen, dieses Kamel koste 900 Dollar. Was für eine Chance? Gar keine! Meine Deckung ist völlig ruiniert, ich bin aufgeflogen. Selbst wenn ich morgen zurückkommen würde, hätte sich die Nachricht verbreitet, es gebe da einen komisch aussehenden Mann von außerhalb, der im Geld schwimmen und nur darauf warten würde, ausgenommen zu werden.

Mit dem Markt in Al Obeid hat es also nicht geklappt, und jetzt ist es auch mit dem Kamelmarkt von Khartoum nichts geworden. Daher bin ich etwas niedergeschlagen. Ich fange an, daran zu zweifeln, dass ich überhaupt irgendwo im Sudan ein Kamel mit einem vernünftigen Preis finden werde. Der entscheidende Punkt ist, dass ich jemanden brauche, der mich zuverlässig in die richtige Richtung führt. Adam sieht ebenfalls niedergeschlagen aus, denn ihm ist inzwischen klar geworden, dass sein Pokerspiel ein bisschen eingerostet ist. Er kann mir aber einen Vorschlag machen. Seine Freunde kennen einen Mann in Dongola, im Nordwesten des Landes, der sehr geachtet sein soll. Er ist für die Exportpapiere für alle Kamele, die über die Grenze nach Ägypten gebracht werden, zuständig, ich müsste ihn also ohnehin aufsuchen. Offenbar gibt es in Dongola auch einen Kamelmarkt, und Mohammed Emieri wäre bestens dafür geeignet, mir zu helfen.

Also rufe ich Herrn Emieri an. Ich möchte vor allem wissen, ob es in Dongola tatsächlich einen Kamelmarkt gibt und wie er beim Angebot und bei den Preisen gegenüber dem von Khartoum abschneidet. Eins ist klar: Dieser Anruf wird den Mann in tiefe Verwirrung stürzen. Was soll das heißen – Sie kommen aus London und sind daran interessiert, eine Partie Kamele zu kaufen? Er scheint aber sehr froh darüber zu sein, dass es in Dongola tatsächlich einen Kamelmarkt gibt, und hat noch eine wirklich gute Nachricht für mich: Dieser Markt ist fast so groß wie der von Khartoum und die Preise sind auch so ziemlich dieselben. Er sagt sogar, an meiner Stelle würde er die Kamele gleich in Khartoum kaufen, wo ich doch schon mal dort bin. Er hat leicht reden – er müsste sich ja schließlich nicht mit Adam herumschlagen …

3 Inschallah

INVESTITIONEN: 0 Dollar
AUF DER BANK: 50 000 Dollar

An jenem Abend in Khartoum bekam ich einen Anruf von einem Londoner Freund, der auf einer Hochzeit in Simbabwe einen in Kapstadt lebenden Amerikaner kennengelernt hatte. Er sagte, ich solle mich doch mal über das bizarre Forschungsprojekt dieses Amerikaners informieren, denn es könne sich zu einer wirklich innovativen Geschäftsidee entwickeln. Der Amerikaner hieß Loki und bei seinem Projekt ging es um die Rettung von Elefanten.

Da mir noch immer Kamele im Kopf herumspukten, lagen Elefanten mir eher fern, doch genau für solche Dinge wollte ich auf dieser Reise offenbleiben. In südafrikanischen Ländern wie Sambia und Botsuana gibt es Elefanten in rauen Mengen. Ich hatte gehört, sie seien dort eine Bedrohung für die Bauern. Das machte mich traurig, denn viele Gegenden auf der Welt hätten ihnen doch sicher gern ein paar Elefanten abgenommen. Meiner Ansicht nach würden Dartmoor und der Peak District sich durch ein paar herumlaufende Elefanten ungemein verschönern lassen. Genauso traurig ist die derzeitige Lösung des Problems: Man erschießt die Elefanten einfach.

Wenn Sie ein südafrikanischer Farmer wären, auf einer kleinen Farm Mais oder Obst anbauen würden und ein Trupp Elefanten beschließen würde, über Ihr Land zu ziehen, hätten Sie kaum eine Möglichkeit, sie aufzuhalten. Und wenn sie erst auf Ihrem Land wären, würden sie Ihre Pflanzen mit Sicherheit bis zum letzten Halm und Blatt verspeisen oder zertrampeln. Daher würden die Elefanten Ihnen nicht so am Herzen liegen wie dem durchschnittlichen Safaritouristen. Ich konnte es den Farmern nachfühlen, dass sie keinen anderen Ausweg sahen, als die Elefanten zu erschießen, nach dem Motto „sie oder ich" …

So verständlich das auch sein mag, scheint es dabei doch ein erhebliches Problem zu geben: Sind Elefanten denn nicht international geschützt? Gehören sie nicht zu den gefährdeten Arten? Ist der Handel mit Elfenbein nicht verboten worden, um sie zu schützen? Leider nicht. Offensichtlich nicht. Überall im Süden Afrikas ziehen Unmengen dieser lästigen Riesen umher. Sie zerstören die Farmen und die Staaten schreiten nicht ein, wenn sie getötet werden.

Zum Glück gibt es immer noch ein paar Leute, in deren Augen die Elefanten wundervolle Tiere sind, denen wir Achtung entgegenbringen sollten. Unter diesen weitherzigen Verrückten sind auch intelligente Menschen wie Loki. Er hatte eine noch genialere Methode zum Schutz der Elefanten ersonnen als ihre Deportation nach Dartmoor. Er hatte sogar einen Weg gefunden, mit seiner Idee Geld zu verdienen, und suchte jetzt neue Geschäftspartner. Mein Freund glaubte, dass ich genau der Richtige dafür sein könnte.

Ich rief Loki aus Khartoum an und fragte ihn, ob wir uns treffen und über seine Idee sprechen könnten, wenn ich in Sambia war. Ich wollte in knapp einer Woche von Kairo aus dorthin fliegen. Loki war gerade in Mosambik, doch er sagte, sein Geschäftspartner Mick würde in ein paar Tagen nach Sambia zurückkehren und mich gern über alles informieren. Sollte ich danach noch Fragen haben, könnte ich ihn in ein paar Wochen in Kapstadt aufsuchen. Das hörte sich alles großartig an – ein bisschen unwirklich nach einem Tag auf dem Kamelmarkt, aber trotzdem großartig. Ich sagte, ich würde Mick anrufen und einen Termin mit ihm vereinbaren. Vorher musste ich allerdings noch ein paar Kamele finden.

Wir sind schon früh auf. Ich wartete dann auf Adam, der mit dem Auto kommen soll, das wir am Vorabend für die Fahrt nach Dongola gemietet haben: einem Landrover, für den konkurrenzfähigen Preis von 100 Dollar. Dazu sollen wir kostenlos einen Fahrer bekommen. Schließlich taucht Adam auf, aber ohne den Fahrer – und auch ohne den Landrover, der offenbar erst repariert werden muss. Hat da gerade eine Alarmglocke in Ihrem Kopf geläutet? In meinem hätte jedenfalls eine losgehen sollen, aber das passiert leider nicht. Wir fahren also in einem Taxi quer durch die Stadt, warten ein paar Stunden vor der Werkstatt, bis das Auto fertig ist, und können schließlich gegen drei am Nachmittag aufbrechen. Der Mann von der Verleihfirma versichert uns, das sei gar kein Problem, die Fahrt würde ja nur fünf Stunden dauern. Wir müssten also immer noch rechtzeitig zum Abendessen dort sein, inschallah.

Wir sind in Hochstimmung, weil wir jetzt endlich unterwegs sind, lassen Khartoum weit hinter uns und fahren in Richtung Dongola. Die Straße dorthin zieht sich durch den Ostrand der Sahara. Unsere Fahrt wird häufig durch Polizei- und Militärkontrollpunkte unterbrochen, wo mein Pass immer wieder überprüft wird – vermutlich, weil den letzten 20 Leuten, die ihn sich genau angesehen haben, die Seite entgangen sein könnte, auf der in dicken Großbuchstaben SPION steht. Inzwischen lässt mich das, wie die meisten Sudanesen auch, ziemlich kalt. Ich habe mich daran gewöhnt, mit Misstrauen zu leben, und komme mir fast so vor, als wäre ich wieder in der Schule.

Die Straße verläuft gerade und flach. Die Landschaft ist eine öde, ebene, braune Leere, die nur hin und wieder durch ein paar Felsen am Horizont unterbrochen wird. Wir legen

Kilometer um Kilometer zurück, ohne auch nur einen Baum zu Gesicht zu bekommen. Diese Reise ist wie geschaffen für den iPod oder ein gutes Buch. Leider habe ich keins von beiden mit.

Wir scheinen so gut voranzukommen und ich langweile mich angesichts der Eintönigkeit der Landschaft so, dass ich unseren Fahrer Dahil bitte, anzuhalten, als ich einen Kamelzüchter sehe, der eine Gruppe Kamele durch die Wüste führt. Ich möchte ein bisschen Marktforschung betreiben. Der Mann bringt seine acht Kamele zu einer Wasserrinne auf der anderen Seite der Straße.

Eins ist ganz klar: Ich kann auf gar keinen Fall schon hier ein Kamel kaufen, denn ich habe keine Möglichkeit, es zu transportieren. Aber das braucht der Mann ja nicht zu wissen, und ich möchte erfahren, was seine Kamele kosten sollen. Also frage ich ihn danach. Er sagt, sie seien nicht zu verkaufen, doch ich lasse einen Versuchsballon steigen und biete ihm 200 Dollar für eines seiner Tiere. Der Himmel möge mir beistehen, wenn er Ja sagt! Das tut er aber nicht. Stattdessen erklärt er mir, sie seien auf dem Markt jeweils mindestens 300 Dollar wert; wenn er sie selbst kaufen würde, würde er eher nur 275 Dollar für sie bezahlen wollen; und wenn er jemals in Betracht ziehen würde, mir eines zu verkaufen, würde er keinesfalls weniger als 400 Dollar akzeptieren, aus Prinzip, weil ich ja Ausländer sei. Charmant – aber informativ!

Im Auto diskutieren Dahil und Adam über mein Gespräch mit dem Kameltreiber. Die Sonne geht unter, der Himmel über der Wüste färbt sich erst orange, dann rosa. Dahil ist aufgefallen, dass die Kamele alle Stuten waren. Er sagt, da Stuten billiger seien, müsse ich damit rechnen, dass Hengste mich mehr als 300 Dollar kosten würden. Der Himmel wird dunkel, eine Million Sterne tritt hervor. Ich bin noch nie an einem Ort mit so wenig störendem Licht gewesen; über uns scheint es sogar mehr Weiß als Schwarz zu geben.

Wir halten an einer Lkw-Station, wo wir ein knorpeliges Schmorgericht und altbackenes Brot bekommen. Ich habe nicht die geringste Ahnung, was für Fleisch in dem Schmorgericht ist, und bin dankbar dafür, dass die Tische so schlecht beleuchtet sind, dass ich nicht genug sehen kann, um eine Vermutung anzustellen. Dafür kann ich allerdings etwas anderes sehen: Lastwagen. Um genau zu sein: Lastwagen für den Transport von Kamelen.

Bis dahin war die Idee, Kamele zu kaufen, einen Laster zu mieten, um sie nach Ägypten zu bringen, und sie dort zu verkaufen, nur ein theoretischer Plan. Jetzt habe ich endlich unwiderlegbare Beweise dafür gefunden, dass das nicht nur graue Theorie ist, dass es tatsächlich passiert. Ich möchte wieder möglichst viel über dieses Geschäft herausfinden. Natürlich kann man sich vornehmen, die Zwischenhändler zu umgehen, doch viele von ihnen schlagen sich durch, indem sie eine entscheidende Information in der Kette ausnutzen. Wenn ich auf sie verzichten will, muss ich das wissen, was sie wissen, zum Beispiel, was ein Laster kostet und wie man einen mieten kann.

Einer der Lkws fährt gerade los. Ich renne hinterher und ziehe mich ins Führerhaus. Der Fahrer ist recht erstaunt, als ich mich neben ihn fallen lasse. Ich möchte wissen, wohin er fährt. Er sagt, nach Dongola, um seine Ladung dort abzuliefern; danach wolle er Kamele zur ägyptischen Grenze bei Argeen bringen. Volltreffer! Ich frage ihn, wie lange diese Fahrt dauert und wie viel er dafür verlangt. Sie dauert rund 18 Stunden und würde für mich und alle Kamele, die ich transportieren lassen will, 500 Dollar kosten. Das kommt mir teuer vor, doch ich bitte ihn sicherheitshalber trotzdem um seine Telefonnummer und lasse ihn dann seiner Wege ziehen.

Dem Autoverleiher zufolge sollte Dongola jetzt nur noch eine Stunde entfernt sein. Daher haben wir es alle ein bisschen satt, als wir uns drei Stunden später immer noch mitten in der dunklen Wüste befinden. Dahil hatte am Morgen in seinem steifen weißen Leinenhemd und seiner schicken Sonnenbrille wirklich cool ausgesehen. Jetzt, nach mehreren Stunden hinter dem Steuer, mache ich mir jedoch allmählich Sorgen wegen seines Fahrstils.

Ich merke, dass er eine Routine entwickelt hat. Zuerst fällt sein Tempo auf rund 50 Stundenkilometer. Dann beginnt er, auf die andere Seite der Straße zu driften. Schließlich greift er in eine kleine Plastiktüte in seiner Tasche und holt eine Prise Kat heraus, das er rollt und sich in die Backe schiebt. Kat ist eine Art pflanzliches Amphetamin, das von den Männern in ganz Afrika als Stimulans benutzt wird. Die Blätter werden gerollt und dann in die Backe gesteckt. Sie erzeugen ein Hochgefühl, das etwa eine Stunde anhält, und schlechten Atem, der noch viel länger zu riechen ist. Wenn Dahil sich den Mund wieder vollgestopft hat, beschleunigt er auf etwa 130 Stundenkilometer; dann lässt das Hochgefühl nach und er driftet wieder auf die andere Straßenseite.

Jedes Land hat seine eigenen inoffiziellen Regeln dafür, wie die Scheinwerfer nachts benutzt werden sollten. In der sudanesischen Wüste besteht die Technik offenbar darin, sie auszuschalten, bis man ein entgegenkommendes Auto fast erreicht hat, und sie dann voll einzuschalten, um den anderen Fahrer zu blenden. Weshalb die Leute das machen, ist mir völlig unerfindlich. Ich weiß aber, dass Dahil uns angesichts dieser Verhältnisse umbringen wird, wenn er weiter nach drüben driftet.

Jetzt fahre ich! Ich lerne schnell, wie man den Gegenverkehr am besten blendet, und erkenne allmählich auch den Grund dafür: Es macht Spaß! Nach einiger Zeit gibt es allerdings keinen Gegenverkehr mehr, den ich blenden könnte, denn außer uns ist niemand unterwegs. Kein Wunder – es ist drei Uhr nachts. Und immer noch kein Zeichen von Dongola ... Plötzlich fällt mir auf, dass die Temperaturanzeige des Landrovers sich im roten Bereich befindet. Ich bitte Adam, Dahil zu wecken und ihn zu fragen, ob sie vielleicht nicht funktioniert. Ich kann mich nicht daran erinnern, dass mir das vorher schon aufgefallen wäre, und bin etwas beunruhigt. Dahil ist auch beunruhigt. Wir halten am Straßenrand, damit er Kühlwasser nachgießen kann. Dann fahren wir weiter, doch schon nach wenigen Kilometern läuft der Landrover erneut heiß, und schließlich streikt er ganz. Wir warten, lassen ihn abkühlen und versuchen dann mehrmals, ihn anzuschieben – ohne Erfolg. Er hat seinen Geist aufgegeben. Keiner von uns hat Handyempfang, und wen hätten wir denn auch anrufen sollen? Erinnern Sie sich an die Alarmglocken, von denen ich vorhin gesprochen habe? Ich kann sie immer noch ganz deutlich hören.

In der Wüste zu übernachten klingt viel grandioser, als es ist. Die triste Wirklichkeit sieht so aus, dass ich alle weichen Kleidungsstücke aus meiner Tasche nehme, um mir auf ein paar großen Steinen am Straßenrand ein provisorisches Bett zu bauen. Ja, der Wüstenhimmel ist tatsächlich atemberaubend, man sieht überall am Horizont Sterne ... Doch dies ist kein romantischer Augenblick, den Adam und ich gemeinsam genießen könnten. So lebhaft war Adam sogar in der ganzen Zeit noch nicht. Er ist über diese Unannehmlichkeit ernstlich erbost und schimpft wie ein Rohrspatz über den Autoverleiher, der uns so eine Schrottkiste angedreht hat. Morgen – falls wir hier überhaupt wieder wegkommen, inschallah – wird er ihn anrufen und verlangen, dass er uns unser Geld zurückgibt oder einen Ersatzwagen schickt. Bis dahin schlafen wir erst einmal ein paar Stunden.

Am Morgen geht Adam die Wüstenstraße entlang, bis er mit seinem Handy telefonieren kann. Ein Anruf bei Herrn Emieri ergibt, dass wir jetzt nur noch eine Stunde von Dongola entfernt sind. Er bietet uns sogar an, zu kommen und uns zu retten. Ich fange schon an, ihn zu mögen. Vielleicht ist das der Punkt, an dem diese Reise sich endlich zum Guten wendet? Schlimmer kann es ja wohl nicht mehr werden. Und ich bin fester entschlossen denn je, dieses so wichtige erste Geschäft zu einem Erfolg zu machen. Ich darf dabei einfach nicht scheitern! Irgendwie werde ich mir ein paar Kamele besorgen, die ich nach Ägypten bringen kann. Ich bin doch nicht so weit gekommen, um mich geschlagen zu geben!

Außerdem habe ich Zeit gehabt, mir über die Situation klar zu werden. Nehmen wir zum Beispiel die Behauptung des Autoverleihers, Dongola sei fünf Fahrstunden entfernt, während es in Wirklichkeit eher 13 Stunden sind. Was bedeutet das? Eine Möglichkeit wäre, dass er uns loswerden wollte, damit wir nicht zu viel Wirbel wegen der Verzögerung bei dem Landrover machten. Vielleicht wusste er es auch einfach nicht und dachte sich deshalb etwas aus. Ich glaube, dass beides zutrifft. So wurde er uns ja wirklich los und war zu dem Zeitpunkt, als wir die Wahrheit erkannten, weit genug entfernt, um sich unsere Beschwerden nicht anhören zu müssen. Es scheint außerdem zu dem Mangel an zuverlässigen Informationen hier im Sudan zu passen. Er war vermutlich noch nie in Dongola, kennt auch niemanden, der dort war, und hat deshalb etwas erfunden.

Herr Emieri fährt in einem blitzenden neuen Toyota Land Cruiser vor. Sein Assistent ist ein 1,90 Meter großer Nubier, der stumm zu sein scheint und der stärkste Mann sein dürfte, den ich je gesehen habe – er nimmt zwei 40-Liter-Fässer Diesel vom Dach des Landrovers und wirft sie auf das Dach des Land Cruisers. Wir setzen uns alle nach hinten und die Fahrt geht los. Herr Emieri sagt, der Markt sei übermorgen, sodass wir uns heute Abend ein bisschen ausruhen können. Morgen können wir dann eine Strategie für den Markt austüfteln.

Wie alle Städte im Sudan genießt auch Dongola Militärschutz. Da es keine Stadtmauer gibt, könnte man einfach von der Wüste aus hineingehen, doch die Straße wird durch eine Schranke versperrt. Es handelt sich um die Form, die man oft an der Einfahrt in ein Parkhaus vorfindet; in Großbritannien sind sie gewöhnlich rot und weiß gestrichen, im Sudan bestehen sie aus Ästen. Neben der Schranke sitzen die Soldaten in einem Zelt, das ihnen Schutz vor der brennenden Sonne bietet. Wir werden aufgefordert, auszusteigen und ins Zelt zu gehen.

Die Soldaten tragen Uniformen, aber normale Schuhe – für Stiefel ist offenbar kein Geld da. Da sie alle unter 20 und ihre Uniformen eine bunte Mischung sind, ist schwer zu sagen, wer der Ranghöchste ist. Einer von ihnen hat allerdings ein Gewehr über der Schulter hängen, also wird er es wohl sein. Sie starren mich voller Argwohn und zugleich mit einer erschreckenden Naivität an. Der Junge, der an einem Holztisch sitzt, überprüft meinen Pass, ohne ihn sich richtig anzusehen, und reicht ihn mir wortlos zurück. Wir verlassen das Zelt und steigen wieder in den Land Cruiser. Einer der Soldaten hebt die Schranke, wir können weiterfahren.

An der „Meldestelle" müssen wir gleich wieder halten. In einem einstöckigen Betonbau ohne Tür schläft ein junger Mann. Auch er sitzt hinter einem großen Schreibtisch. Ich sage laut: „Klopf, klopf!", um ihn zu wecken. Er richtet sich rasch auf, um zu betonen, wie wichtig er ist, und streckt die Hand aus. Ich vermute, dass ich ihm meinen Pass geben soll. Er muss die Angaben zu meiner Person schriftlich erfassen, doch die Schubladen seines großen Schreibtischs sind leer. Also leihe ich ihm einen Kugelschreiber. Er geht in den Laden nebenan, um sich einen Zettel zu borgen, und schreibt meinen Namen und die Nummer meines Passes auf. Dann gibt er mir meinen Kuli zurück und legt den Zettel in eine der leeren Schreibtischschubladen. Er schließt sie sorgsam und erinnert mich daran, dass ich ihm Bescheid geben muss, bevor ich die Stadt wieder verlasse. Wahrscheinlich soll ihn das in die Lage versetzen, seine Akten auf den neuesten Stand zu bringen.

Da ich nun einen freien Tag habe, beschließe ich, joggen zu gehen. Das mache ich gern, wenn ich Zeit dafür habe, denn es hilft mir, mich zu entspannen, und manchmal auch, meinen Kopf durchzulüften und auf gute Ideen zu kommen. Bei 48 Grad hilft es mir außerdem, auch den allerletzten Tropfen Feuchtigkeit aus meinem Körper zu schwitzen. Dongola besteht aus nur vier Straßen, die wie die Linien bei Tic Tac Toe angeordnet sind. Die Gebäude sind alle einstöckig und Wohnhäuser; im Zentrum gibt es aber immerhin ein Restaurant. Ich fange an, in der drückenden Hitze durch die Stadt zu stolpern. Ihre Bewohner finden das höchst erstaunlich, sie kommen aus ihren Häusern, um mich anzustarren. Jogging ist hier offensichtlich nicht populär. Als ich den Rückweg antrete, komme ich an einer Zapfsäule für Diesel vorbei, an der einige Kamellaster – genau wie die, die ich auf der Straße durch die Wüste gesehen habe – Schlange stehen.

Jetzt ist es Zeit für meine erste Verhandlung im Sudan. Wenn ich mir nicht im Voraus eine Transportmöglichkeit beschaffe, werde ich in Schwierigkeiten geraten, sobald ich tatsächlich ein paar Kamele mein Eigen nennen kann. Außerdem würde ich mich dann in einer schlechteren Verhandlungsposition befinden. Der Lastwagenfahrer in der Wüste wollte ja 500 Dollar für die Fahrt von hier zur Grenze und zurück. Ich bin jetzt natürlich auf einen besseren Preis aus. Ich frage einige der Fahrer, wem welcher Laster gehört und wer Zeit hätte, am nächsten Tag mich und eine Ladung Kamele zu transportieren. Einer ist dazu bereit, verlangt aber 400 Dollar. Das liegt zwar schon unter dem letzten Angebot, doch ich sage, es sei zu teuer. Er erklärt mir, allein der Diesel werde ihn 150 Dollar kosten und er müsse ja auch wieder zurückfahren. Ich biete ihm 200 Dollar, weil 50 Dollar für zwei Tage seiner Zeit in diesem Teil der Welt viel Geld sind. Er erwidert, dass er drei Tage brauchen wird, 300 Dollar also ein besserer Preis wären. Wir sehen beide, worauf das hinausläuft, einigen uns auf 250 Dollar und besiegeln das Geschäft mit einem Handschlag. Wir verabreden uns für den nächsten Tag, denn dann werde ich ein paar Kamele haben, die er transportieren soll, inschallah.

Am nächsten Morgen holt der Nubier mich in meinem Gasthaus ab. Ich würde ihn gern nach seinem Namen fragen, doch wie könnte er ihn mir nennen? In arabischer Zeichensprache? Ich bin ungeheuer aufgeregt, weil ich jetzt endlich Kamele kaufen kann, ich klatsche immer wieder in die Hände und reibe sie mir, was der Nubier sehr komisch findet, auch wenn er natürlich nichts sagt. Ich bin überzeugt, dass es mir mit Herrn Emieris Hilfe gelingen wird, bis zum Mittag (für diese Zeit habe ich mich mit dem Lastwagenfahrer verabredet) ein paar Kamele zu erwerben. Wenn wir sie schnell einladen, können wir schon morgen Abend an der Grenze sein. Das wird uns einen ganzen Tag Spielraum für ihre Überquerung am Dienstag geben.

Der Nubier und ich lassen uns zufrieden auf dem Rücksitz von Herrn Emieris Lieferwagen durchschütteln. Außerdem ist noch Herr Sayeed dabei, ein großer, dicker, fröhlicher Mann, der eine weiße Dschellaba und einen Turban trägt und zu seinen Kamelen außerhalb der Stadt möchte. Wenn wir ihn abgesetzt haben, werden wir zum Markt fahren.

Herr Sayeed möchte zu einem Platz in der Wüste, wo wir zwei Gruppen von rund 100 Kamelen vorfinden. Eine gehört Herrn Sayeed. Ich werde ein bisschen neidisch, als er mir erzählt, er habe sie billig im Süden gekauft, denn genau das hatte ich ja ursprünglich auch vorgehabt. Ich frage ihn, ob er einen Teil der Kamele auf dem Markt in Dongola verkaufen will, doch er will sie alle nach Ägypten bringen und dort als Schlachtvieh verkaufen. Er erklärt mir, in Ägypten sei der Preis viel höher. Er sei nur nach Dongola gekommen, um sich die Papiere von Herrn Emieri abstempeln zu lassen.

Es gibt mir eine gewisse Befriedigung, dass ich mit einer meiner Vorstellungen recht hatte. Eine Stimme in meinem Inneren würde am liebsten all den Leuten, die hämisch gegrinst, eine Augenbraue gehoben oder missbilligend mit der Zunge geschnalzt haben, als ich ihnen zum ersten Mal von meiner Idee erzählte, zurufen: „Das habe ich Ihnen ja gesagt!" Nehmen Sie diese Befriedigung nun, steigern Sie sie und kehren Sie sie um. Dann ergibt sich etwas, was man Antibefriedigung nennen könnte. Sie ist stärker als die Befriedigung, eine zerstörerische Stimme, die jetzt in meinem Kopf schreit: „So ein Mist!" Immer wieder. Es ist eine klagende, durch die entgangene Gelegenheit verbitterte Stimme, die taub macht. Herr Sayeed erklärt mir frohlockend, was für einen großen Gewinn er in Ägypten einstreichen wird, doch ich kann nur diese Stimme hören.

Während Herr Emieri und Herr Sayeed sich um ihren Papierkram kümmern, reißt eines von Herrn Sayeeds Kamelen aus. An sich bindet man den Kamelen jeweils ein Bein hoch, um das zu verhindern, doch dieses hat sich befreit und läuft jetzt los. Dahil reagiert am schnellsten – er greift sich lässig den Stock eines Treibers und trottet hinter dem Kamel her. Schon nach wenigen Minuten kehrt er mit ihm zurück, was alle sehr amüsiert. Jetzt sind ein paar erklärende Worte angesagt. Dahil erzählt uns, dass sein Vater Kamelhirte war, und er selbst auch, bevor er Darfur verließ und nach Khartoum ging, um dort Landroverfahrer zu werden. Ich war also offenbar die ganze Zeit mit einem Fachmann unterwegs! Da Dahil jetzt ja keinen Landrover mehr hat, den er fahren könnte, frage ich ihn, ob er mich auf dem Markt beraten würde. Das schmeichelt ihm, er erklärt sich gern dazu bereit.

Wir machen uns auf den Weg zum Markt. Ich bin wild entschlossen, die Sache durchzuziehen. Ich will wie Herr Sayeed sein, ich will auch Erfolg haben. Ich will meine Kamele ins ferne Ägypten bringen, über die Grenze, und sie dort mit einem dicken, saftigen Gewinn verkaufen. Es ist mir egal, dass es dabei um ihr Fleisch geht. In meiner Heimat werden ja schließlich auch Rinder und Lämmer wegen ihrer Steaks und Keulen verkauft. Ich will ein paar Kamele, und ich will, dass sie geschlachtet werden!

Wir scheinen einen unplanmäßigen Zwischenstopp einzulegen: Herrn Emieris Lieferwagen hält im Stadtzentrum an einem Gatter voller Tiere. Es handelt sich um vier oder fünf sehr traurig aussehende, räudige Kamele in einer Ecke und etwa 40 Ziegen, die genauso traurig aussehen. Ich springe aus dem Lieferwagen, um mir ein bisschen die Beine zu vertreten und zu sehen, was Herr Emieri vorhat. Ich werfe einen Blick auf meine Armbanduhr, denn ich möchte so früh zum Markt kommen und meine Kamele kaufen, dass ich sie noch heute Abend verladen kann. Es ist schon fast elf! Emieri tritt zu mir und fragt mich, wie viele Kamele ich kaufen will. Ich antworte, sechs bis acht, ich könne mir da aber nicht sicher sein, solange ich die Kamele auf dem Markt nicht gesehen hätte. Dann begreife ich: Das hier ist der Markt!

Dafür hat Herr Emieri mich also durch die halbe Wüste gebracht! Um mich dreht sich alles. Ich versuche, nachzudenken, und Adam fragt mich immer wieder, was ich jetzt machen will. Ich versuche ihm zu erklären, dass ich Herrn Emieri am liebsten den Kopf abreißen würde. Er rät mir vernünftigerweise davon ab, denn ohne die Papiere, die Herr Emieri absegnen muss, kann ja niemand Kamele aus Dongola exportieren. Ich frage Herrn Emieri, weshalb er mir erzählt hat, der Kamelmarkt hier sei der gleiche wie in Khartoum. Er beantwortet mir diese Frage nicht, erkundigt sich aber, ob ich an einem der hier zum Verkauf stehenden Kamele interessiert sei.

Nein, eigentlich nicht …

Mir kommt ein Gedanke. Ich schlucke meine Enttäuschung hinunter, danke Mohammed Emieri höflich dafür, dass er sich die Zeit genommen hat, mir zu „helfen“, und schlage sein Angebot aus, eines seiner altersschwachen Kamele zu kaufen. Dann eile ich an die Stelle zurück, wo ich mich von Herrn Sayeed verabschiedet habe.

Er ist weg. Seine Kamele sind noch da, und inzwischen sind 300 bis 400 weitere dazugekommen, die anderen Händlern gehören. Ich spreche einen der Männer an, die sie hergebracht haben. Er sagt wie Herr Sayeed, er habe keine Kamele zu verkaufen, denn er würde sie morgen alle nach Ägypten bringen. Im Laufe der nächsten 24 Stunden würden zahlreiche andere Händler mit ihren Kamelen herkommen. Bis es Zeit zum Aufbruch sei, würde man ein bisschen Handel treiben, und dann würden sie alle zusammen zur Grenze ziehen. Das sei die sicherste Methode, durch die Wüste zu reisen, da es im Norden Räuber gebe, die kleinen Herden auflauern würden. Seiner Schätzung nach würden hier am nächsten Tag über 1 000 Kamele versammelt sein. Da kommt mir ein Gedanke – nein, es sind sogar zwei. Erstens hat der Ruf, den die Kamelhändler sich auf der ganzen Welt erworben haben – dass sie skrupellose Halsabschneider sind –, offenbar durchaus eine gewisse Berechtigung. Zweitens (ich weiß, dass ich das nicht zum ersten Mal sage) habe ich vielleicht endlich einen Ort gefunden, wo ich ein paar Kamele kaufen kann.

Ich bin schon bei Dämmerung wieder da. Einige der großen Herden, die man mir angekündigt hat, sind bereits eingetroffen – rund 1 000 Kamele, und es kommen ständig noch mehr dazu. Ich erinnere Adam an unsere Strategie, uns nicht in die Karten blicken zu lassen, doch er wirkt abgelenkt. Sein Telefon klingelt mehrmals, er muss immer wieder ein Stück zur Seite gehen und die Anrufe annehmen. Dahil bekommt jetzt auch dauernd Anrufe und geht ständig weg. Ich muss diese Sache klären, bevor wir mit den Verhandlungen beginnen, und hole beide zu mir, um herauszufinden, was das Problem ist.

Der Mann, von dem Adam den Landrover gemietet hat, erweist sich nicht gerade als hilfsbereit. Adam hat ihn, was nach einer Nacht auf dem harten, kalten Wüstenboden ja durchaus nicht unbillig ist, aufgefordert, mir das für das Auto gezahlte Geld zurückzuerstatten. Der Mann sträubte sich erst, erklärte sich dann jedoch bereit, das Geld einem Freund von Adam in Khartoum zu übergeben. Offenbar hat er das dann aber doch nicht getan. Adam scheint sich mit dem Mann seit 24 Stunden darüber zu streiten. Der Autoverleiher hat nun beschlossen, nur die Hälfte der geschuldeten Summe zu zahlen. Allerdings habe ich den Schlüssel für den Landrover immer noch in meiner Tasche, und er hat keinen Ersatzschlüssel. Endlich habe ich in diesem Land mal die Oberhand und bin in der besseren Position! Den Schlüssel bekommt er erst, wenn er das Geld gezahlt hat. Mir macht die Sache jetzt sogar Spaß, und ich sage Adam, er solle sich entspannen; der Mann wird schließlich nachgeben und zahlen müssen – sonst nehmen wir seinen Schlüssel mit nach Ägypten.

In den meisten anderen Ländern, die ich kenne, würde ein Verleiher, dessen Auto seinen Geist aufgegeben hat, sich entschuldigen, eine Rückvergütung anbieten, ein Ersatzfahrzeug stellen und sich auch sonst nach Kräften bemühen, den Kunden glücklich zu machen, damit sein Ruf nicht leidet und seine zukünftigen Geschäfte nicht beeinträchtigt werden. Dieser Mann scheint jedoch der Ansicht zu sein, dass es ihm mehr bringen wird, das Geld zu behalten, das er im Augenblick hat, als darauf zu zählen, morgen Geld zu verdienen. Ich fürchte, das ist die Konsequenz, wenn in einem

Staat kein Vertrauen herrscht, kein Glaube an das Morgen. Sein Verhalten ist völlig rational, falls er tatsächlich glaubt, dass keine Chance für weitere Geschäfte am nächsten Tag besteht – schließlich wird hier ständig der Ausdruck inschallah verwendet. Mir scheint, es gibt ein echtes Widerstreben, zu viel Vertrauen in irgendjemand zu setzen, wenn man doch überhaupt nicht weiß, was morgen passieren wird. Es wäre vermessen, feste Pläne zu machen, da es nicht von uns abhängt, was die Zukunft bringen wird, sondern vom göttlichen Willen Allahs. Ich frage mich, ob dieser ergebene Glaube sich generell nicht mit einer blühenden Wirtschaft verträgt – wenn niemand dafür verantwortlich ist, dass er morgen das liefert, was er heute verspricht, da man sich ja immer auf die wunderbare Rechtfertigung zurückziehen kann, dass Allah es einfach nicht so gewollt hat. Ich bin auch früher schon in moslemischen Ländern gewesen, habe aber noch nie eine so starke Verweisung der Zukunft an eine höhere Instanz erlebt wie hier im Sudan.

Bei der Auseinandersetzung mit dem Autoverleiher sind wir also in eine Pattsituation geraten. Und die Uhr tickt unerbittlich … Adam und ich gehen zu einem Mann, der bei einer Gruppe von Kamelen steht. Ich erkundige mich zunächst, ob das alles seine Kamele sind und ob man sie kaufen kann. Er erwidert, die Kamele würden ihm in der Tat gehören und beim richtigen Preis wäre er durchaus bereit, ein paar von ihnen zu verkaufen, damit er auf dem Weg nach Ägypten Essen für sich und Futter für die übrigen Kamele kaufen könne. Dahil und ich gehen zwischen den Kamelen umher und wählen diejenigen aus, die seinem geschulten Blick zufolge in Ägypten die höchsten Preise bringen werden. Als wir fünf bis sechs vielversprechende Kandidaten gefunden haben, wende ich mich wieder an den Mann, um mit der unvermeidlichen Feilscherei um den Preis anzufangen. Im Sudan sagt man, eine Verhandlung über ein Kamel müsse in der Morgendämmerung beginnen und in der Abenddämmerung enden. Es dürfte also lange dauern, zu einer Einigung über die Preise für sechs Kamele zu kommen. Da ich mich ja noch heute Abend auf den Weg machen muss, erscheint es mir am sinnvollsten, gleich über den Preis für alle sechs zu verhandeln.

Das Feilschen um die Kamele beginnt also. Ich habe ja in Marokko einiges über nordafrikanische Verhandlungen gelernt und möchte dieses Wissen jetzt gut nutzen. Im Atlas hatte der Besitzer eines Teppichs zunächst einen Preis gefordert, der fast doppelt so hoch war wie die Summe, die er tatsächlich für ihn wollte. Als der Kamelbesitzer die Verhandlung jetzt mit einem lächerlichen Preis eröffnet (er liegt noch über dem, den er in Ägypten erzielen könnte), biete ich ihm daher nicht einmal die Hälfte. Er lässt sich davon nicht beirren, sondern kontert mit einem Preis, der nur geringfügig unter seinem ersten liegt.

So geht es hin und her, rauf und runter – Teepause – wieder rauf und runter – noch mehr Tee … Schließlich scheint eine Einigung greifbar nahe zu sein. Genau an diesem Punkt taucht Herr Sayeed wieder auf. Gewöhnlich freue ich mich zwar darüber, ihn zu sehen, doch im Augenblick schreit er – ziemlich viel. Bald schreien auch der Händler, dem ich die Kamele abkaufen will, und Adam. Ich befinde mich gerade in der entscheidenden Phase einer sehr langen Verhandlung und habe zunächst den Verdacht, dass Herr Sayeed versucht, sich in das Geschäft zu drängen, es an sich zu reißen, nachdem es mir durch geschicktes Verhandeln gelungen ist, den Preis so stark zu drücken. Deshalb fange ich ebenfalls an zu schreien. Dann wird mir klar, dass das eine schlechte Taktik ist, da mich ja niemand versteht. Daher ändere ich meine Vorgehensweise. Ich bitte Adam, Herrn Sayeed zu sagen, er möge mit dem Schreien aufhören. Das funktioniert viel besser. „Weshalb schreit er denn überhaupt?“, frage ich Adam.

„Er sagt, dass die Kamele diesem Mann gar nicht gehören. Er ist bloß ein Treiber, der dafür bezahlt wird, sich um sie zu kümmern."

Das kann doch nicht wahr sein! Ich habe fast eine Stunde damit verschwendet, mit einem Treiber über den Preis für die Kamele seines Chefs zu verhandeln, zu deren Verkauf er überhaupt nicht befugt ist. Man hat mir wieder unverfroren ins Gesicht gelogen. Jetzt stehe ich mit dem Rücken zur Wand. Wo ist der Mann, dem die Kamele in Wirklichkeit gehören? Er ist nicht da. Diese Kamele sind nicht zu verkaufen. Sie werden nach Ägypten gebracht werden, aber nicht auf meinem Lastwagen.

Ich frage bei so ziemlich allen der rund 1 000 Kamele nach dem Preis, doch keines von ihnen ist zu verkaufen. Ich spreche die Männer, die sich um die Kamele kümmern, einen nach dem anderen an. Sie geben alle zu, dass sie lediglich Treiber sind, die von den Besitzern dafür bezahlt werden, die Kamele nach Ägypten zu bringen. Die Besitzer sind in der Stadt, in Khartoum, in Ägypten oder sonst wo – jedenfalls nicht hier. Niemand kann Kontakt zu ihnen aufnehmen, und ohne sie kann mir niemand ein Kamel verkaufen. Wie ist das möglich? Wie kann es sein, dass ich sudanesisches Bargeld im Wert von 5 000 Dollar in der Tasche habe, aber niemanden finde, der mir auch nur einen Huf oder eine Fessel, oder wie man den verdammten Fuß eines Kamels nennen mag, verkaufen würde? Ich verliere die Nerven. „Irgendjemand muss mir einfach ein paar verfluchte Kamele verkaufen!" Ich kann immer noch hören, wie ich das – leider vergeblich – in den Wüstenhimmel brülle.

Adams Telefon klingelt zum hundertsten Mal. Es ist wieder unser Freund, der Autoverleiher. Dieses Mal stellt Adam es auf den Lautsprecher. Der gehässige Ton der Stimme am anderen Ende versetzt mir einen echten Schock. Die Verachtung und die Wut darin erkenne ich auch, ohne Arabisch zu verstehen. Adam hört aufmerksam zu und versucht immer wieder, den Mann zu unterbrechen, doch er schafft es nicht und legt schließlich auf. Er sieht nicht zum ersten Mal wie ein kleiner Junge aus, der ausgeschimpft wurde, weil er ungezogen war. Mir wird aber schnell klar, dass die Sache ernster ist. Der Mann hat zu ihm gesagt, er werde die Behörden darüber informieren, dass er mich für einen Spion halte und Adam für meinen Komplizen. In meinen Ohren klingt das einfach lächerlich, doch Adam lebt schon länger hier und weiß, was für Folgen so eine Beschuldigung haben kann.

Adam erklärt mir, er rechne jetzt damit, dass man uns verhaften werde. Mein Heimatland würde sicher dafür sorgen, dass ich ohne allzu große Schwierigkeiten freikommen würde, doch ihn würde man ins Gefängnis stecken und foltern, oder ihm sogar noch Schlimmeres antun. Sein Tonfall lässt keinen Zweifel daran, dass er das tatsächlich glaubt. Ich bitte ihn, den Mann anzurufen und ihm zu sagen, er könne das Geld behalten.

Ich versuche verzweifelt, mir einen neuen Plan auszudenken. Vielleicht können wir ja doch einen der Kamelbesitzer in der Stadt finden, schnell ein paar Kamele kaufen und direkt nach Ägypten fahren? Adam sieht mich ganz fassungslos an. Er zischt: „Niemand glaubt wirklich, dass Sie hier sind, um Kamele zu kaufen, niemand!"

In diesem Augenblick wird mir klar, dass ich gescheitert bin, dass ich schon an der ersten Hürde gestürzt bin. Ich bin in den Sudan gekommen, um es mit den gewieftesten Händlern der Welt aufzunehmen. Ich hatte gehofft, auf einem der ältesten Handelswege der Geschichte Kamele transportieren zu können. Statt im Triumph den Nil hinunterzureisen, wie Tausende von Händlern seit den Zeiten der Pharaonen, habe ich nichts zustande gebracht – aufgrund von Lügen und Täuschungsmanövern, und weil ich zu naiv gewesen bin. Der Sudan ist ein Polizeistaat, seiner Regierung ist es gelungen, die Menschen dort dazu zu bringen, nicht an geschäftliche Beziehungen zu glauben, die nicht nur heute Früchte tragen könnten, sondern auch morgen, sodass sie keinerlei Interesse daran haben, solche Beziehungen zu entwickeln. Sie entscheiden sich lieber dafür, ihre kurzfristigen Ziele zu verfolgen, und erzeugen so eine Umgebung, in der Informationen bestenfalls unzuverlässig sind, schlimmstenfalls bewusst irreführend.

Eine Wirtschaft kann nur blühen, wenn bestimmte Grundlagen existieren, und dazu gehören Informationen, die zuverlässig sind oder sich zumindest überprüfen lassen. Und Verantwortlichkeit. In diesem Land hat man mich mit so vielen unzuverlässigen Informationen überschüttet, dass ich mich jetzt in einer lächerlichen Situation befinde – ich bin von 1 000 Kamelen umgeben, die nominell alle „zu verkaufen" sind, die ich aber nicht kaufen kann. Ich habe Bargeld im Wert von 5 000 Dollar in der Tasche, doch ich kann niemanden finden, der mir glaubt, dass ich es wirklich ausgeben will, und bereit ist, ein Geschäft mit mir zu machen. Die Paranoia ist so groß, dass diejenigen, mit denen ich Handel treiben wollte, mich lieber für einen Spion halten als für einen ernsthaften Kunden. Es ist an der Zeit, diesem Land den Rücken zu kehren!

Der Kamellaster, den ich mir gestern besorgt habe, trifft ein, als wäre er von einem Regisseur herangewunken worden, der in der Kulisse steht. Der fröhliche Fahrer lenkt ihn mitten ins Gewühl und springt erwartungsvoll heraus. Seine Miene sagt alles: „Wo sind Ihre Kamele denn nun?" Was soll ich antworten? Ich kann keine finden? Was für Kamele? Nein, ich brauche definitiv keinen Kamellaster. Mir bleibt nichts anderes übrig, als mich bei dem Fahrer dafür zu entschuldigen, dass er wegen mir einen Tag verschwendet hat, und ihm als Entschädigung 50 Dollar anzubieten. Da er mit vier Tagen Arbeit 100 Dollar verdient hätte, ist das doch wohl eine angemessene Bezahlung dafür, dass er einen halben Tag herumgesessen hat …

Ich weiß, dass es mich nicht hätte überraschen dürfen, dass ich es hätte erwarten sollen, doch ich muss immer noch lachen, wenn ich an seine Antwort denke: „150 Dollar!“

4 Wer hat hier die Aufsicht?

LETZTES GESCHÄFT:

– Transport nicht existierender Kamele: 150 Dollar Verlust

INVESTITIONEN: 0 Dollar

AUF DER BANK: 49 850 Dollar

Ich hatte gewusst, dass es nicht einfach sein würde, in Afrika Geld zu erwirtschaften, doch ich war immer noch davon überzeugt, dass kühne Investoren hier gute Chancen hatten. Es war nicht ganz so, dass ich eine Stecknadel in eine Karte gestochen und beschlossen hätte, dass mein nächstes Ziel nach dem Sudan (oder, meiner ursprünglichen Planung zufolge, nach Ägypten) Sambia sein sollte. Ich hatte jedoch einige Artikel darüber gelesen, dass das Gebiet im Süden Afrikas in der letzten Zeit großzügige Hilfen von der EU erhalten hatte und dass man das Geld klug investiert hatte, in die Infrastruktur und die Bildung.

Jetzt hatte ich eine interessante Idee zu überprüfen, bei der es um Elefanten ging. Ich hatte mit meinem Freund Grant Rattray, der bei einer großen Londoner Firma als Kaffeemakler arbeitet, darüber gesprochen, dass ich eventuell mit afrikanischem Kaffee handeln wollte, und dabei hatte sich eine weitere Chance ergeben. Ich dachte an ein eher kleines Geschäft, mit einem Umfang von ein paar Tausend Pfund. Zunächst hatte ich Grant davon überzeugen müssen, dass ich nicht total verrückt geworden war. Danach war die Sache einfach: Ich musste ihn nur noch dazu bringen, nicht mehr ständig zu sagen: „Damit wirst du dich um dein ganzes Geld bringen!“ Schließlich konnte ich ihn dazu überreden, ernsthaft darüber nachzudenken, wo sich entsprechende Gelegenheiten boten. Er sagte dann nur ein einziges Wort: „Sambia."

Der Kaffee aus Sambia erwirbt sich derzeit international den Ruf, mit dem aus den Nachbarländern Tansania und Kenia konkurrieren zu können. Da er noch nicht so bekannt ist, ist er aber viel billiger. Nachdem ich mir den sudanesischen Wüstensand von den Schuhen gewischt und beschlossen hatte, mit dem Projekt weiterzumachen, rief ich Grant wieder an und fragte ihn, wo in Sambia Kaffeebauern zu finden waren, die auf Qualität setzten. Er nannte mir ein Gut, das nur ein paar Fahrstunden von Lusaka entfernt war, Chumenda – und riet mir, vorsichtig zu sein: „Kaffeehändler machen keine Gefangenen."

Ich dachte: „Ach, das kenne ich ja schon von gewissen Kamelhändlern!"

Sollten Sie je in die ungewöhnliche Situation kommen, vom Sudan aus nach Sambia zu fliegen, wird Ihnen bei Ihrer Ankunft als Erstes auffallen, dass es in Sambia mindestens 15 Grad kühler ist. Das nahm ich sofort als guten Start – das Land gefiel mir schon vor der Zollkontrolle viel besser als der Sudan. Der zweite Unterschied war, dass ich auf dem Flughafen nur lächelnde Gesichter sah. Ich hatte nicht genau gewusst, was von Sambia zu erwarten war, hatte aber vermutet, es könnte eines jener harten, einschüchternden Länder südlich der Sahara sein, in denen Verbrechen, Gewalt und Krankheiten an der Tagesordnung sind. Doch damit lag ich ganz falsch. Ich fand einen Flughafen mit jungen, lebensprühenden Menschen vor, deren Lächeln von einem Optimismus zeugte, der das genaue Gegenteil war. Und wenn man das Glück hat, mit einem irischen Pass zu reisen, braucht man nicht mal ein Visum. Weshalb das so ist, weiß niemand. Ich hatte jedenfalls schon auf dem Flughafen in Lusaka das erwärmende Gefühl, dass ich nach all den Lügen und

Täuschungen im Sudan jetzt unter Menschen war, die auf zivilisierte Weise Geschäfte machen konnten.

Am nächsten Morgen saß ich vor einem Café in Lusaka und trank eine Tasse Nescafé. Ich mag keinen Pulverkaffee, doch anderen hatten sie nicht. Lusaka ist eine kleine, flach hingestreckte Stadt, in der tagsüber reges Treiben herrscht. Überall waren Fahrräder zu sehen. Die Männer trugen Anzüge. Frauen, die in grelle Farben gekleidet waren und nicht selten sogar ein Baby auf der Hüfte trugen, gingen mit ihrem Wocheneinkauf in Körben und Schalen auf dem Kopf durch die Straßen. Ich sah einer jungen Frau zu, die mehrmals versuchte, eine Wassermelone in einen Sarong zu wickeln und ihn sich um den Rücken zu schlingen. Die Melone rutschte immer wieder heraus und kullerte in den Rinnstein. In Sambia tragen die Frauen ihre Kinder nämlich in Sarongs. Sie wickeln ihre Babys in den Stoff und schlingen ihn sich dann mit einer eleganten Bewegung um die Hüfte oder den Rücken, sodass das Kind sicher und bequem an ihrem Körper ruht. Das sah einfach aus, doch die vergeblichen Bemühungen der jungen Frau, die für den Tag übte, an dem ihre Wassermelone ein echtes Baby sein würde, zeigten deutlich, dass das nicht stimmte.

Nachdem ich das abscheuliche Gebräu getrunken hatte, fühlte ich mich energiegeladener und fuhr nach Chulumenda, um mich dort mit dem Besitzer, Craig Shiel, zu treffen. Ich ließ die Stadt schon nach kurzer Zeit hinter mir und fuhr durch die sambische Landschaft. Auf beiden Seiten der Straße spannte sich ein riesiger Himmel über schier endloses trockenes, goldenes Grasland mit langen Halmen, aus dem sich nur hin und wieder mal ein Baum erhob. Am Wegweiser nach Chulumenda bog ich von der Hauptstraße ab, doch es waren dann noch über fünf Kilometer bis zum Tor von Craig Shiels Farm. Auf der Fahrt dorthin wurden die Felder klarer erkennbar, in eingezäunten Bereichen weidete Vieh und in

Kopfhöhe verlief ein riesiges System schwarzer Rohre. Aus ihnen wurde Wasser auf saftige grüne Büsche gesprüht, sodass ein feiner Dunst entstand, der dort, wo das Sonnenlicht im richtigen Winkel auf ihn traf, in kleinen Regenbogen leuchtete.

Am Eingang zur Farm erhob sich ein großes Stahltor mit fünf Stäben. Auf seiner Spitze und auf dem Maschendrahtzaun, der die Farm umgab, erstreckte sich Stacheldraht. Im Hof befand sich das übliche Gemisch von Farmgebäuden, Traktoren und Fahrzeugen mit Vierradantrieb. Von irgendwo schallte Maschinenlärm herüber. Ein großer, lächelnder Mann mit einer Schirmmütze kam aus dem Haus, um mich zu begrüßen.

Craig ist ein typischer sambischer Kaffeefarmer: Er ist kräftig und ein Weißer. Er hat ein dänisches Unternehmen mit an Bord genommen, das seinen Kaffee in Dänemark verkaufen will, und mit dessen Geld aus einer baufälligen alten Kaffeefarm ein modernes, voll bewässertes, 200 Hektar großes Gut gemacht. Auf dem Rest der 400 Hektar, die er landwirtschaftlich nutzt, baut er Weizen, Mais und Soja an, auf einer Seite liegen Weiden für eine Rinderherde, die ihm Fleisch und Milchprodukte liefert.

Der Anbau von Kaffee ist Craigs Leidenschaft. Er ist komplizierter als der Anbau von Weizen, ein bisschen wie beim Wein. Craig muss den Anbau, die Verarbeitung, das Rösten und den Verkauf seines Kaffees beaufsichtigen. Jede dieser Phasen ist ein intellektueller Kampf, und davon sind Farmer wie er begeistert. Ein Weizenfeld würde ihm weder so große Herausforderungen noch solche Belohnungen bieten. Eins ist Craig aber klar: Sollte der Weizenpreis generell weiter so stark anziehen, wird er vielleicht eines Tages aus wirtschaftlichen Gründen eine harte Entscheidung treffen und den Kaffeeanbau aufgeben müssen. Im Augenblick bleibt er aber dabei, wie so viele andere sambische Kaffeefarmer auch.

Als Craig mich in Chulumenda begrüßte, prangte auf all seinen Kleidungsstücken das Logo des Gutes. Ein Verkäufer bei McDonald's könnte auch nicht mehr Firmenzeichen auf seiner Kleidung unterbringen. Craig ist zu Recht stolz auf das, was er hier aufgebaut hat. Er führte mich überall herum und zeigte mir die Dämme, die berieselten Felder und das neue Werk, in dem die Bohnen nach der Größe, Form und Dichte sortiert werden. Das Werk war erst seit zwei Monaten in Betrieb, und Craig bildete seine Leute alle selbst aus – von den Männern, die die Sortiermaschinen bedienen, bis zu den Frauen, die die besten Bohnen von Hand verlesen, nachdem die Maschinen ihre Arbeit getan haben. Craig erklärte mir, dafür nehme er nur Frauen, da nur sie in der Lage seien, gleichzeitig miteinander zu reden und die Bohnen zu sortieren. Er habe das auch schon mal den Männern überlassen, doch sie hätten alle angefangen, sich zu unterhalten, und mit dem Sortieren aufgehört. Während er mir das voller Begeisterung erzählte, wählte er allerdings schneller als alle Frauen, die um ihn herumsaßen, per Hand Bohnen aus.

In Europa wäre diese Form des Anbaus schlicht nicht möglich. Selbst wenn man einen Ort finden würde, wo das Klima sich für den Anbau von Kaffeebohnen hoher Qualität eignet, könnte man für das Pflücken und Sortieren einfach keine Arbeitskräfte bekommen, die billig genug wären. Das Aussortieren der schlechten Bohnen ist enorm wichtig, da selbst bei den ausgefeiltesten Maschinen hin und wieder mal eine durchrutscht. Wenn Afrika sich über Nacht zu dem wirtschaftlichen Tiger entwickeln würde, der er nach Ansicht von uns allen werden sollte, müssten wir beim Frühstück etwas anderes trinken.

Der Gral, nach dem Craig mit all seinen neuen Verarbeitungsmaschinen und der Verlesung per Hand sucht, ist ein gleichbleibender Geschmack. Eine einzige schlechte Bohne im Sack kann das ganze Aroma verderben. Einem Röster, der

Craigs Kaffee kaufen will, muss dessen Geschmack gefallen; vor allem aber muss er sicher sein können, dass er beim nächsten Mal wieder genauso schmecken wird. Bei einem Naturprodukt ist das eine schwierige Aufgabe, denn die Natur neigt dazu, gerade umgekehrt zu arbeiten, möglichst große Vielfalt hervorzubringen. Es grenzt schon an ein Wunder, dass zwei Handvoll von Craigs AA-Bohnen, die ich aus zwei verschiedenen Säcken nehme, tatsächlich gleich aussehen.

Craig hat das Problem, dass er die ganze Woche über rund um die Uhr auf Chulumenda sein muss, um alles zu beaufsichtigen. Bei Firmen, die von ihrem Inhaber geleitet werden, wendet der Verantwortliche ja oft seine ganze Zeit für die Überwachung aller Ebenen auf. Craig ist damit beschäftigt, seine Leute auszubilden, sich um die Bücher, die Qualitätskontrolle, den Vertrieb und die Logistik zu kümmern – und das ist noch längst nicht alles. Er muss also ständig auf dem Gut sein. Daher ging mir eine interessante Frage durch den Kopf, als er mich herumführte: Wer bringt der Firma neue Kunden? Im Inneren wird sie besser, doch wie wächst sie nach außen, wenn derjenige, der am besten dazu geeignet wäre, in die Welt hinauszugehen und ihr davon zu erzählen, die ganze Zeit über so enorm viel anderes zu tun hat?

Ich begann, Craig zu erklären, was ich dachte. Er wurde so davon in Anspruch genommen, seine Farm zu betreiben und zu managen, dass er keine Zeit dafür hatte, seinen Kaffee zu vermarkten. Nach Nordeuropa hatte er gute Verbindungen, nach Südafrika aber noch keine. Dabei entstanden jetzt, insbesondere in Kapstadt und seiner Umgebung, in rascher Folge Kaffeebars, um die wachsende Nachfrage nach Kaffee vonseiten der urbanen, kultivierten jungen Leute zu befriedigen. Ich wollte ihm ein Angebot machen. Wenn der Preis stimmte, würde ich ihm ein paar Tonnen seines besten Kaffees abnehmen, des verarbeiteten, fertigen Kaffees der Güteklasse AA, den Transport nach Kapstadt organisieren und einen Käufer dafür suchen. Craig hatte 1,8 Tonnen, die versandfertig waren. Wenn ich das Geschäft gemacht und meinen wohlverdienten Gewinn eingestrichen hatte, würde ich ihn mit dem Käufer in Kontakt bringen, sodass die Profite aus weiteren Aufträgen ihm allein zufallen würden.

Als ich ihm das erklärte, fragte ich mich, was ihm dabei wohl durch den Kopf ging. Hier war einerseits ein Mann, der ihm völlig fremd war, ein Ausländer, der keinerlei Erfahrung mit dem Kaffeehandel hatte und 1,8 Tonnen seines besten Kaffees zu einem Schnäppchenpreis haben wollte. Falls die Sache nicht klappte, würde er knapp bei Kasse und bei seinem besten Kaffee sein, den er benutzte, um neue Kunden anzulocken. Andererseits gab es hier jemanden, der offenbar bereit war, seinen Kaffee persönlich zu dringend benötigten neuen Kunden zu bringen und ihm einen neuen Markt zu erschließen. Für einen Mann, dessen Zeit ganz vom Betrieb seiner Farm in Anspruch genommen wurde, muss das sehr verführerisch geklungen haben.

Es gibt überall im afrikanischen Kaffeemarkt Händler, die für Leute wie Craig Geschäfte einfädeln wollen. Sie haben Verbindungen zu Röstereien in den Industriestaaten und suchen in den Entwicklungsländern nach neuen Chancen, in der Hoffnung, die nächste große Sache zu entdecken, den nächsten Blue Mountain. Zu meinem Glück ist Afrika ein riesiger Kontinent und ich hatte Craig (vor allem dank des Tipps von meinem Freund Grant) kennengelernt, als sein neues Werk noch nicht lange in Betrieb war, vor den etablierten Marktteilnehmern.

Meine Nachforschungen hatten ergeben, dass ich einen guten AA-Kaffee in Kapstadt für maximal 6,50 Dollar pro Kilo verkaufen konnte, mit dem Preis aber auf ungefähr 5,50 oder sogar fünf Dollar hinuntergehen müssen würde, wenn die Qualität nicht gleichbleibend war. Falls ich mir günstige Transportkosten sichern konnte, würde mir ein Preis, der unter 4,25 Dollar pro Kilo lag, eine ordentliche Gewinnspanne bescheren, bis zu zwei Dollar pro Kilo. Nach dem Desaster im Sudan war es wichtig, dass ich hier Geld erwirtschaftete, damit ich meinem Ziel von 100 000 Dollar endlich näher kam. Wenn ich den afrikanischen Teil meiner Reise zu einem Erfolg machen wollte, musste ich also dafür sorgen, dass ich hier einen guten Preis erhielt.

Craig und ich setzten uns zu den Verhandlungen gegenüber an den großen alten Tisch, der mitten in seinem Büro stand. Ich hatte den Eindruck, dass er sich darauf freute. Er hatte noch eine Kanne von seinem wundervollen Kaffee gemacht. Ich hatte wohl zu viel davon getrunken, denn ich wurde jetzt etwas unruhig. Er hingegen war ganz gelassen.

„Um ehrlich zu sein – ich habe diesen Kaffee bisher für 4,70 bis sechs Dollar pro Kilo verkauft." Als er das sagte, wischte er sich den Schweiß vom Gesicht. Ich finde es immer interessant, wenn mir eine Preisspanne angeboten wird, denn als Käufer hört man dann nur den niedrigsten der Preise. Ich wusste nun, dass Craig seinen Kaffee schon für 4,70 Dollar verkauft hatte, und das war meine Bezugsmarke – die sechs Dollar spielten überhaupt keine Rolle.

Die Verhandlung kam jetzt in Fahrt. Ich musste zwei Preise im Blick behalten: Mein Verkaufspreis lag beim Worst-Case-Szenario im Bereich um fünf Dollar, und ich musste ja auch noch die Transportkosten berücksichtigen; der entscheidende Punkt war aber der Anschaffungspreis – bei 4,70 Dollar würde ich zwar einen Gewinn erzielen können, aber nur einen sehr kleinen. Wenn die Sache sich überhaupt für mich lohnen sollte, musste ich den Preis drücken, je stärker, desto besser. Alles unter 4,25 Dollar würde mir in Kapstadt jede Chance eröffnen.

Ich ignorierte die Erwähnung der sechs Dollar und wiederholte einfach: „4,70 Dollar." Ich sah aus, als würde mich das nicht beeindrucken, und bemühte mich, sogar ein bisschen betroffen zu wirken. Ich erklärte Craig, das würde für mich auf keinen Fall funktionieren. Selbst wenn ich den Transport umsonst bekommen sollte, würde ich beim Verkauf keinerlei Spielraum haben. Ich wies ihn darauf hin, dass diese Sache ihm vielleicht einen kleinen Verlust einbringen könne, dass er aber nicht vergessen dürfe, dass sie sich langfristig für ihn lohnen würde.

Craig lachte in sich hinein – ein Lachen, das sagte: „Was mache ich da denn eigentlich?" Ich erzielte definitiv Wirkung, er gab zu, dass er bereit war, mit mir ein Risiko einzugehen und mir den Kaffee zu verkaufen, doch er wollte mindestens 4,40 Dollar pro Kilo. Ich hatte ihn in Bewegung gebracht, er ging jetzt unter seinen Mindestpreis, und diesen Vorteil wollte ich ausnutzen. „Wie wäre es mit 3,50 Dollar?" Ich freute mich darüber, dass er mit einem so niedrigen Preis in die Verhandlung eingestiegen war, und musste nun einfach sehen, wie weit ich ihn drücken konnte. Natürlich konnte ich ihm das nicht zeigen, doch innerlich lächelte ich – ein wirklich großes Lächeln.

Ich erklärte ihm, dass ein Preis von 3,50 Dollar mehr dem entsprach, was ich im Sinn hatte. Da das ein Spottpreis war, konnte ich dadurch gut herausfinden, wie wichtig ihm meine Mitwirkung war. Wenn er sich tatsächlich auf diesen Preis einließ, glaubte er stark genug an mich, um auf einen Gewinn für sich selbst zu verzichten. Ich nahm zwar an, dass das nicht der Fall sein würde, doch es war einen Versuch wert.

Ich hatte wieder recht: Es erwies sich, dass meine Mitwirkung Craig überhaupt nicht wichtig war. Er schien sich sogar zu verändern, als habe er den Wahnsinn abgeschüttelt, der ihn gepackt hatte, und richtete sich merklich vor mir auf.

„Aha, Sie sind also auf einen echten Kuhhandel aus!" Er schien jetzt wirklich aufgeregt zu sein und sprang auf, um seinen Taschenrechner zu ergreifen, wie ein Gladiator sein

Schwert. Da er nur einen Taschenrechner hatte, war es allerdings eher so, als würden zwei Gladiatoren sich ein Schwert teilen.

Er fing an, auf die Tasten zu drücken, und murmelte Zahlen vor sich hin, während er nachdachte. Ich wollte es nicht auf eine langwierige Verhandlung mit ihm ankommen lassen. Wir wussten jetzt ja beide, woran wir waren. Daher schlug ich vor, dass wir uns gegenseitig viel Zeit sparen und die Feilscherei schnell abschließen sollten. Ich wollte 3,50 Dollar, er wollte 4,40 Dollar – weshalb einigten wir uns da nicht einfach auf 3,90 pro Kilo? Craig überlegte einen Augenblick lang; er nahm seine Mütze ab und wischte sich den Schweiß von der Stirn. Ich konnte mir natürlich nicht sicher sein, vermutete aber, dass ihm vier Dollar pro Kilo als Mindestpreis vorgeschwebt hatten, bevor wir anfingen. Ich bot ihm also eine wunderbare Gelegenheit, das Gesicht zu wahren und mit einem Angebot von vier Dollar zu kontern. In dieser Phase wäre ich damit auch sehr zufrieden gewesen. Falls er vorhatte, weiter mit mir zu verhandeln und mehr als vier Dollar pro Kilo zu bekommen, würde ich das jetzt erfahren. Er setzte seine Mütze wieder auf und musterte mich von oben bis unten. Ich konnte spüren, dass er mich ein bisschen taxierte.

„Na ja, ich mag runde Zahlen." Er grinste mich an. Nun waren wir uns fast handelseinig. „Deshalb würde ich mich freuen, wenn wir uns auf vier Dollar pro Kilo einigen könnten."

Bingo! Ich hatte es geschafft. Er hatte mich jedoch auf eine Idee gebracht – ich konnte noch eine Karte ausspielen. Ich rechnete es laut durch: „1,8 Tonnen zu vier Dollar pro Kilo, das macht 7 200 Dollar. Was für eine hässliche Zahl! Da Sie runde Zahlen mögen, könnten wir uns doch auf 7 000 Dollar einigen?" Ja, jetzt trieb ich es wirklich recht weit, aber darauf hatte er mich ja selbst gebracht. Er lachte laut auf. Ich glaube, es gefiel ihm richtig, dass ich so unverfroren war.

„Gut, wenn es bei vier Dollar ein psychisches Problem gibt, gehe ich auf 3,95 Dollar hinunter." Er seufzte leise, lächelte aber immer noch. „Das macht insgesamt 7 110 Dollar."

„Auch eine hässliche Zahl, aber um 100 Dollar werde ich nicht feilschen."

Er schüttelte den Kopf. „Es sind sogar 110 Dollar."

Er lachte wieder, und ich lachte auch. Wir besiegelten das Geschäft mit einem Handschlag, und ich konnte spüren, dass die mit der Situation verbundene Spannung sich legte. Wir hatten uns geeinigt. Wir hatten uns auf unsere eigene kleine Weise miteinander gemessen, hatten die Sache ausgefochten und waren am Ende beide ein bisschen angeschlagen. Dass wir danach zusammen lachen konnten, war ein Zeichen dafür, dass wir beide mit unserer Vereinbarung leben konnten. Genau darum ging es mir bei meiner Reise – zwei Menschen von entgegengesetzten Enden der Welt machten ein Geschäft, um sich ihren Lebensunterhalt zu verdienen, dachten dabei aber daran, dass es beim Lebensunterhalt eben um das Leben geht. Man blickt so leicht allein auf das Ergebnis, wie besessen, und vergisst schlicht, sich darüber zu freuen, dass man es erreicht. Ich konnte mich nicht daran erinnern, dass mir irgendetwas schon mal so viel Spaß gemacht hatte.

Diese Verhandlung war ganz anders verlaufen als die in Marokko. Im ersten Augenblick glaubte ich, das läge daran, dass Craig und ich dieselbe Sprache sprachen. Ich hatte die Verhandlung beschleunigen können, indem ich witzig war, und am Schluss noch den Kniff anwenden können, ihm die „runden Zahlen" an den Kopf zu werfen. Bei beiden Tricks kam es entscheidend auf den Sprachgebrauch an. In Marokko war ich nicht so schnell gewesen, weil ich dort auf eine Übersetzung angewiesen war. Andererseits war es mir nur gelungen, Craig um 34 Prozent unter seinen Höchstpreis zu drücken (von sechs Dollar auf 3,95), während ich den Teppich in Marokko um 41 Prozent billiger bekommen hatte (für 350 statt 600 Dollar). Ich hatte zwar das Gefühl, mit Craig ein besseres Geschäft gemacht zu haben, doch in Wirklichkeit hatte ich in den Bergen etwas besser abgeschnitten.

Da der Kaffee nun mir gehörte, musste ich mich um den Transport kümmern. Das war der zweite große Kostenfaktor, den ich berücksichtigen musste. Viele Kaffeehändler rechnen dabei mit bis zu einem Dollar pro Kilo. In meinem Fall hätte das einen Betrag von etwa 1 800 Dollar ergeben und damit einen erheblichen Teil des Gewinns verschlungen, den ich in Südafrika zu erzielen hoffte. Zwischen Südafrika und Sambia wird ohnehin kaum Handel getrieben, und er verläuft größtenteils in eine Richtung: nach Norden. Ich wendete mich an eine südafrikanische Spedition, die regelmäßig Maschinenteile aus Südafrika nach Sambia liefert. Da ihre Lastwagen gewöhnlich ohne Ladung zurückkehren, wunderte man sich ein bisschen darüber, dass ich etwas in die umgekehrte Richtung transportieren lassen wollte. Ich erklärte den Leuten, dass ich dafür an einen ihrer Anhänger dachte, und sie boten mir an, die Sache für nur 250 Dollar zu übernehmen. Das bedeutete, dass meine Gesamtkosten pro Kilo, einschließlich des Transports, bei 4,14 Dollar liegen würden. Wenn es mir gelang, den Kaffee zum angepeilten Preis von 6,50 Dollar zu verkaufen, würde ich einen großen Gewinn einstreichen können: 4 250 Dollar.

Wie zu erwarten weigerte Craig sich, auch nur das Verpacken des Kaffees irgendjemand anders zu überlassen. Er bestand darauf, das alles selbst zu machen – wenn sein Ruf auf dem Spiel steht, geht er wirklich kein Risiko ein. Der Lkw-Fahrer holte mich dann in der kleinen Stadt ab, in der ich übernachtet hatte. Martin, ein Weißer aus Johannesburg, dessen Muttersprache Afrikaans war, würde mich und meinen Kaffee nach Südafrika bringen. Wegen der Unruhen in Simbabwe mussten wir einen Umweg durch Botsuana machen. Wir würden über seine rund 1 900 Kilometer entfernte Heimatstadt fahren, und von dort waren es dann noch etwa 1 400 Kilometer bis Kapstadt. Martin hoffte, dass wir am nächsten Abend in Johannesburg sein würden. Ich fragte mich, wie wir es schaffen sollten, in nur anderthalb Tagen über 1 900 Kilometer zurückzulegen, in einem kleinen Laster mit zwei Tonnen Gewicht auf dem Anhänger, zumal die Straßen in Botsuana für ihre tiefen Schlaglöcher und Großwild, dem man tunlichst aus dem Weg gehen sollte, berüchtigt sind. Unter den südafrikanischen Fernfahrern kursiert ein netter Witz: Wenn man auf der Fahrt durch Botsuana nachts mitten auf der Straße zwei Augen sieht, handelt es sich wahrscheinlich um eine Giraffe, die in einem Schlagloch steht.

Martin redet nicht viel. Da wir die beiden nächsten Tage zusammen verbringen und dabei nur den jeweils anderen als Gesellschaft haben würden, wollte ich aber gern etwas über ihn erfahren. Leider hatte er einen so starken Akzent, dass ich ihn manchmal kaum verstand. Ungefähr 500 Kilometer lang hatten wir ein gravierendes Problem, das mich schon beunruhigte, bevor ich herausgefunden hatte, worum es dabei ging. Ein Beispiel: Da Martin ein Rugby-Shirt der Johannesburger Sharks trug, versuchte ich, mit ihm darüber ins Gespräch zu kommen.

„Interessieren Sie sich für Rugby?"

„Nyah."

Das hielt ich für ein entschiedenes „Nah", also „Nein". Daher dachte ich mir: „Na gut, dieses Gespräch führt nirgendwohin. Vielleicht hat er sich das Shirt ja von einem Freund geliehen, der Sharks-Fan ist." Doch nach einigen Minuten Schweigen sagte er:

„Ich mag die Sharks."

Daraus schloss ich, dass er entweder ein Idiot oder ein totaler Psychopath war. Ich würde die nächsten 16 Stunden also offenbar zusammen mit einem Verrückten in einem Führerhaus verbringen müssen, und bei diesem Gedanken war mir nicht gerade wohl. Doch dann ging mir ein Licht auf. Ich wusste mit Sicherheit, dass wir in Botsuana durch Francistown kommen würden. Also versuchte ich es noch einmal:

„Fahren wir durch Francistown?"

„Nyah."

Aha – der Groschen war bei mir gefallen: „Nyah" bedeutete „Ja". Ich war froh, dass ich das geklärt hatte, denn vor uns lag noch eine sehr lange Fahrt.

5 Eis für die Eskimos

INVESTITIONEN:
- **Kaffee (einschließlich der Gebühren und Transportkosten): 7 400 Dollar**

AUF DER BANK: 42 450 Dollar

Im Vertrieb und beim Marketing wird oft der Ausdruck „den Eskimos Eis [oder Kühlschränke] verkaufen“ benutzt. Ich weiß bis heute nicht, ob das nun gut oder schlecht sein soll. Einerseits leben Eskimos ja in einer kalten Umgebung, brauchen also kein Eis, sodass es ziemlich töricht ist, ihnen welches verkaufen zu wollen. Andererseits muss jemand, der Eskimos Eis verkaufen kann, aus eben diesem Grund ein brillanter Verkäufer sein. Man sieht sich dabei einer Herausforderung gegenüber, an die sich eigentlich nur Dummköpfe wagen können; wenn man sie bewältigen kann, ist man aber brillant.

Sobald man anfängt, den Verkauf von Eis an Eskimos als Herausforderung zu betrachten, eröffnen sich die verschiedensten Möglichkeiten. Wir wollen dieses Vorurteil im Hinblick auf die Eskimos und ihr Eis mal kurz auf den Kopf stellen. Was wäre, wenn die Eskimos tatsächlich Eis brauchen würden? Sie bauen ja schließlich ihre Häuser daraus. Ja, natürlich gibt es in der Arktis schon Unmengen Eis, aber da ist durchaus noch Platz für mehr, sofern man einen günstigen Ansatzpunkt finden kann: stärkeres, kälteres, härteres oder farbiges Eis … Die Eskimos haben doch kein Monopol auf Eis. Wer sich einen neuen Markt erschließen will, braucht gar nichts Revolutionäres – es reicht, wenn das Produkt sich auf subtile Weise von den bisherigen unterscheidet. Ein Eskimo braucht Eis; Sie müssen ihn lediglich davon überzeugen, dass er Ihr Eis will, dass Ihr Eis in irgendeiner Hinsicht besser ist als das Eis, das er derzeit benutzt. Sie wissen ja immerhin schon, dass er Eis braucht. Jemanden, der kein Eskimo ist, dazu zu bringen, Eis von Ihnen zu kaufen, wäre viel schwieriger, und es wäre auch viel schwieriger, einem Eskimo ein anderes Baumaterial zu verkaufen.

Lesen Sie nun „Chilisoße" statt „Eis" und „Inder" statt „Eskimos". Auf dem indischen Markt gibt es doch bestimmt schon mehr als genug scharfe Chilisoße? Mal sehen.

Am frühen Abend ging ich zu einer Bar am Ostufer des Sambesi. Ich war dort mit Mick verabredet, dem Geschäftspartner des amerikanischen Elefantenliebhabers Loki, mit dem ich von Khartoum aus telefoniert hatte. Ich setzte mich nach draußen und wartete, während sich über mir die Affen durch die Bäume schwangen. Die Sonne tauchte sie in goldenes Licht, als sie hinter dem Fluss unterging. Nur ein paar Kilometer entfernt rauschten die gigantischen Victoriafälle in die Tiefe. Ich konnte den Widerhall des tosenden Wassers hören und dachte: „Ein toller Platz für eine Besprechung!"

Ein Motorradfahrer hielt neben meinem Tisch. Er nahm seinen Helm ab und begrüßte mich: „Hallo, du musst Conor sein!" Zu meiner Überraschung stellte sich heraus, dass Mick Australier war. Er erklärte mir, er sei vor rund acht Jahren als Rucksacktourist durch Sambia gezogen und einfach hier hängen geblieben. Er kam direkt von einer Grillparty. Offenbar verband er das Geschäftliche gern mit dem Vergnügen, und dagegen hatte ich überhaupt nichts.

Micks Partner Loki war vor etwa zehn Jahren nach Afrika gekommen, als Forscher, dem der Naturschutz sehr am Herzen lag. Er hatte herausgefunden, dass Elefanten eine große Abneigung gegen Chili haben. Mick absolvierte seinen Verkaufsauftritt und ich lernte, dass Elefanten besonders empfindliche Schleimhäute haben. Wenn sie auf einen Chilistrauch stoßen, machen sie gewöhnlich einfach kehrt und marschieren in die Gegenrichtung. Nach Lokis Ansicht bot das den Farmern eine wunderbare Möglichkeit, die Elefanten von ihrem Land fernzuhalten. Er begann mit einer Kampagne, um die Farmer dazu zu bringen, an ihren Grundstücksgrenzen Chilisträucher anzupflanzen, zur Abschreckung der Elefanten. Das Projekt erwies sich als großer Erfolg, jetzt wurden nicht mehr so viele Elefanten von den Farmern erschossen. Ist das nicht eine tolle Geschichte? Es kommt aber noch besser.

Als das Projekt in Schwung kam und immer mehr Farmer auf die Abwehrstrategie mit dem Chili setzten, begann Loki darüber nachzudenken, was er mit dem ganzen Chili machen konnte. Er beschloss, ihn zu ernten und zu Soße zu verarbeiten, die dann in Flaschen abgefüllt wurde; er nannte sie Elephant-Pepper-Soße. Die Soße wollte er verkaufen und die Gewinne dafür verwenden, mehr Farmer darüber aufzuklären, dass sie als Schutz gegen die Elefanten statt Gewehren Chili benutzen sollten. Hier kam nun Mick ins Spiel. Seine Aufgabe war es, Loki bei der geschäftlichen Seite zu unterstützen. Loki kam ja aus der akademischen Welt, Mick hingegen hatte im Marketing gearbeitet, bevor er seine Siebensachen packte und sich auf den Weg nach Afrika machte.

Das Projekt trat jetzt gerade in eine neue Phase: Das von Loki und Mick gegründete Unternehmen konnte mit dem Export beginnen. Sie hofften, dadurch ihren Umsatz steigern und das Problem ins internationale Bewusstsein rücken zu können. Ich sah sofort, dass dieses Produkt ein großes Potenzial hatte. Es ist immer eine Herausforderung, ein einzigartiges Verkaufsargument für ein neues Produkt zu finden, und hier war ich auf eine wunderbare Idee gestoßen, durch die man das wachsende Umweltbewusstsein ausnutzen konnte.

Mick hatte Kostproben mitgebracht, die wir uns bei ein paar Bier und einer Tüte Chips schmecken ließen. Gegen

Ende unseres Gesprächs wiederholte er mehrmals: „Das ist ein Naturschutzprojekt mit einer Verbindung zur wirtschaftlichen Nachhaltigkeit“, wie ein Marketing-Mantra. Das Produkt gefiel mir tatsächlich. Es schmeckte großartig. Es war genauso gut wie die Idee, die dahintersteckte, und so sagte ich, ich wäre daran interessiert, auf dem nächsten Abschnitt meiner Reise eine Ladung nach Indien mitzunehmen. Mick fiel fast vom Stuhl (ich allerdings auch, nach dem vielen Bier, das wir bei der Verkostung getrunken hatten). Er hatte ja meine Theorie vom „Eis für die Eskimos“ noch nicht gehört.

Mick und Loki besitzen eine Chilifarm. Ich war noch nie auf so einer Farm gewesen und hatte keine Vorstellung davon, was mich erwartete, als ich am nächsten Morgen dort eintraf. Mir verschlug es schlicht den Atem, als ich in die farbenprächtigste Vegetation hineinfuhr, die ich in meinem ganzen Leben gesehen hatte. Eine Minute lang glaubte ich, in Willy Wonkas Fabrik gelandet zu sein, wo die Süßigkeiten auf Bäumen wachsen: 20 Hektar mit prächtigen grünen Sträuchern, an denen leuchtend orange, rote und gelbe Süßigkeiten hingen … Wer eine dieser „Süßigkeiten“ aß, würde allerdings Verbrennungen dritten Grades im Mund bekommen.

Mick sah nach dem letzten Abend etwas mitgenommen aus, doch das tat seiner Begeisterung keinen Abbruch, als er mich auf der Farm herumführte. Er genoss den relativ hohen Lebensstil, der in Afrika schon bei einem niedrigen Einkommen möglich ist. „Weiße kommen nicht nach Afrika, um hier in Lehmhütten zu leben“, erklärte er mir.

„Nein?“ Ich hatte das Gefühl, dass er mir jetzt eine profunde Erkenntnis präsentieren würde.

„Wir kommen her, weil wir uns hier Dinge leisten können, die zu Hause zu teuer für uns sind, wie Polo.“

Ich hatte zwar den Verdacht, dass er bisher höchstens mal Polos von VW gesehen hatte, doch ich verstand, was er mir sagen wollte: Die Lebenshaltungskosten waren hier wohl tatsächlich erheblich niedriger, und viele Leute aus dem „Westen" kamen wie er her, um das auszunutzen.

Die Chilifarm war seine Idee. Als die Ausweitung des Geschäfts ins Stocken geriet, weil die Farmer nur langsam bei dem Projekt mitmachten, standen Loki und Mick vor einer schwierigen Entscheidung. Wenn sie genug Chili zusammenbekommen wollten, um die Soßenmenge herstellen zu können, die die internationalen Großhändler verlangten, musste die Chiliproduktion gesteigert werden. Natürlich wäre es ideal gewesen, nur Chili zu verwenden, der zu 100 Prozent aus dem Projekt stammte, doch die ökonomische Realität sah so aus, dass sie dann nicht genug Soße liefern konnten. Daher beschlossen sie, ihre Chiliproduktion durch eine Farm zu erhöhen.

Für die Herstellung von Elephant Pepper wurde nun zum Teil Chili aus dem Anbau auf der Farm benutzt, zum Teil der Chili aus dem Naturschutzprojekt. Der entscheidende Punkt war aber, dass man als Marketinggrundlage den Chili verwenden konnte, der tatsächlich zum Schutz der Elefanten beiträgt. Ich betrachtete noch einmal all die Sträucher auf dem farbenprächtigen Feld und verstand genau, was Mick meinte. Hier ging es wirklich nicht um Lehmhütten, sondern um Polo …

Mick und ich liefen durch das Feld, um uns herum pflückten die von ihm beschäftigten Frauen den Chili und wir besprachen die Bedingungen für unser Geschäft. Die Frauen trugen Sarongs und T-Shirts und hatten sich das Haar mit bunt bedruckten Kopftüchern hochgebunden, damit sich kein Chili darin verfangen konnte. Sie bewegten sich an den Strauchreihen entlang, wählten sorgfältig Chili aus und füllten ihre Körbe damit. Ich fragte mich, was sie wohl von den Elefanten hielten.

Ich wollte 2 000 Flaschen Soße nach Indien mitnehmen.

Ich hatte mich kundig gemacht und war sicher, dass sich 125-Milliliter-Flaschen Chilisoße dort für 160 Rupien (vier Dollar) pro Stück verkaufen ließen. Der Standardgewinnaufschlag liegt im dortigen Einzelhandel bei 30 Prozent; angesichts der Mehrwertsteuer von vier Prozent hieß das, dass mein Preis beim Verkauf an die Einzelhändler rund 115 Rupien (2,88 Dollar) pro Flasche betragen musste.

In meiner Zeit im Finanzwesen hatte ich auch an einigen Einzelhandelsprojekten gearbeitet. Daher kannte ich mich einigermaßen damit aus, wie die Preisbildung abläuft. Die Einzelhändler belegen gewöhnlich alles mit einem pauschalen Gewinnaufschlag. Wenn Sie den Besitzer des Lebensmittelgeschäfts bei Ihnen um die Ecke fragen, wie er die Preise für seine ganzen Artikel festlegt, wird er Ihnen erzählen, dass er das so macht. Daher ist es ihm letztlich egal, was er verkauft – seine prozentuale Gewinnspanne ist bei allen Artikeln die gleiche. Wahrscheinlich wird er Ihnen sogar verraten, wie hoch der Gewinnaufschlag ist (der Einzelhandel macht daraus kein Geheimnis), und er dürfte bei rund 30 Prozent liegen.

Ich rechnete weiter zurück: Wenn ich einen Gewinn von 30 bis 50 Prozent erzielen wollte, durfte die Soße mich bis zu ihrer Ankunft in Indien (einschließlich aller Transportkosten und Steuern) höchstens 80 Rupien (zwei Dollar) pro Flasche kosten. Ich musste davon ausgehen, dass der Transport und die Steuern 100 Prozent meines Einkaufspreises betragen würden, da der Export nach Indien besonders teuer ist. Also musste ich Mick dazu bringen, mir die Flaschen zu einem Stückpreis von nicht mehr als einem Dollar zu verkaufen.

Das lag offensichtlich ein bisschen über Micks Herstellungskosten, sodass er immer noch einen kleinen Gewinn erzielen würde, allerdings keinen so großen wie bei seinen derzeitigen Geschäften mit einem US-amerikanischen Großhändler. Für mich sprach zweierlei: Zum einen würde ich, im

Gegensatz zu jenem Großhändler, sofort bar zahlen; zum anderen versicherte ich ihm, dass es mir nur um dieses erste Geschäft ging, er danach also direkt mit den indischen Kunden verhandeln konnte. Ich würde mich nach Kräften bemühen, die Elephant-Pepper-Soße zum höchstmöglichen Preis im Markt zu etablieren. Meiner Meinung nach war das für ihn eine Win-win-Situation.

Mick wollte sich die Sache überlegen. Er würde zwar noch mit Loki über den Preis sprechen müssen, doch wenn wir ins Geschäft kamen, konnte ich die Flaschen in Kapstadt übernehmen. Das schien mir ein guter Anfang zu sein. Ich glaubte an das Produkt, die Geschichte gefiel mir, und je mehr ich darüber nachdachte, Chilisoße in Indien zu verkaufen, desto überzeugter war ich, dass ich mit meiner Idee vom „Eis für die Eskimos“ Erfolg haben würde.

Die Zahlen fügten sich gut zusammen. Die Produktionskosten in Südafrika sind immer noch sehr niedrig, und die sich entwickelnde neue Mittelschicht in Indien hat Geld zur Verfügung, mit dem sie Importwaren kaufen kann. Nach Ansicht der Inder ist alles, was aus dem Ausland kommt, besser als die Produkte aus indischer Herstellung. Indien ist ein Markt, der sich nicht leicht erschließen lässt, doch dank der Geschichte von den Elefanten würde ich das Eis vielleicht brechen können.

6 Unterwegs

INVESTITIONEN:

- **Kaffee: 7 400 Dollar**

AUF DER BANK: 42 450 Dollar

Der Sambesi bildet eine natürliche, nur 250 Meter breite Grenze zwischen Sambia und Botsuana. Über ihn führt ein für beide Seiten lebenswichtiger Handelsweg. Da die Preise in Botsuana niedriger sind, überqueren die Menschen den Fluss, um dort beispielsweise Mais und Reis zu kaufen. Auf der sambischen Seite warteten zahlreiche Menschen auf die nächste Fähre. Kinder liefen von Auto zu Auto und verkauften Körbe mit Bananen und Schachteln mit Keksen.

Auf der Straße, die zum Hafen führte, hatte sich eine über drei Kilometer lange Lkw-Schlange gebildet. Es gibt hier weit und breit keine Brücke. Man kann den Fluss nur per Fähre überqueren, und die Fähre kann immer nur einen Laster transportieren. Der Fahrer an der Spitze der Schlange erzählte mir, er habe drei Wochen darauf gewartet, einen Platz auf der Fähre zu bekommen.

Hier hatten sich so viele Menschen versammelt, dass eine richtige kleine Gemeinde entstanden war. Auf offenen Feuern wurde Fleisch gebraten, es gab sogar eine Bar und ein kleines Restaurant. In den Augen der Leute, mit denen ich gesprochen habe, ist das nichts Ungewöhnliches; man akzeptiert, dass das nun mal zur Reise von Zentralafrika in den Süden gehört. Ich beschloss, mir ein Bier und ein halbes Brathähnchen zu gönnen, während Martin den Papierkram beim Zoll erledigte. Ich setzte mich auf einer kleinen Holzplattform zu einer lärmenden Gruppe von Lkw-Fahrern und Mädchen aus der Gegend. Die nächste Fähre lieferte uns allen Liveunterhaltung.

Als die Fähre auf unserer Seite anlegte, stiegen rund 100 Passagiere aus, die als Fußgänger aus Botsuana kamen. Sie schleppten Säcke mit Decken, Bier und Lebensmitteln. Viele von ihnen begannen, in den nahen Dschungel zu laufen, um die „grüne" Grenze zu überqueren, ohne ihre Waren beim Zoll zu deklarieren. Sie rannten mit ihrer Schmuggelware weg, während ein einzelner, ziemlich wütender Wachposten sich vergeblich bemühte, sie aufzuhalten. Er hatte das Pech, entschieden in der Minderheit zu sein, insbesondere, wenn man das Publikum in der Bar einrechnete, das die Schmuggler anfeuerte. Jeder, der ins Unterholz entkam, wurde mit lautem Beifall begrüßt, und Sambia entgingen wieder ein bis zwei Dollar Zoll. Als ich dort zwischen all den Leuten saß und mir das Chaos an dieser Flussgrenze anschaute, hatte ich das Gefühl, jetzt genau das Richtige mit meinem Leben zu machen: zwei Tonnen Kaffee über den Sambesi zu transportieren, wie ein Händler aus früherer Zeit.

Aufgrund der Situation in Simbabwe gibt es nur einen einzigen Weg von den südafrikanischen Häfen ins Herz von Afrika: diesen. Wenn man eine Brücke über den ja nur 250 Meter breiten, seichten, langsam fließenden Fluss bauen würde, würde der Handel hier einen enormen Aufschwung nehmen. Ich kann nicht begreifen, dass die Regierungen von Botsuana und Sambia und die zahlreichen Bergbauunternehmen in diesem Gebiet nicht schon längst ein entsprechendes Gemeinschaftsprojekt auf die Beine gestellt haben. In Europa, Asien oder Amerika wäre diese Brücke schon vor einem Jahrhundert gebaut worden, doch hier musste ich Schlange stehen, um mit einer Fähre, die für die absehbare Zukunft der einzige benutzbare Handelsweg in der ganzen

Gegend ist, aber nur Platz für einen einzigen Laster bietet, den Fluss zu überqueren.

Nachdem ich stundenlang in der Bar gewartet hatte, begann ich mir allmählich Sorgen um meinen Kaffee zu machen, der in der prallen Sonne stand. Wenn der Wert sich nicht verringern soll, darf der Kaffee nicht zu heiß oder, was noch schlimmer wäre, nass werden. Diese Hitze kostete mich Geld, ich hatte jetzt lange genug an der Grenzkontrolle gesessen und einen Laster nach dem anderen durchfahren sehen, während Martin von einem Beamten an den nächsten weitergereicht wurde. Schließlich wusste ich mir keinen anderen Rat mehr, als den Grenzposten anzuschreien. Ich bin Herr Zornig aus Irland, mein Kaffee brät in der Sonne, ich sitze hier jetzt schon seit Stunden herum, niemand fühlt sich für unsere Papiere zuständig, dauernd drängeln sich Leute an uns vorbei … Ich geriet richtig in Rage, doch sein Gesicht veränderte sich nicht. Er stand geduldig da, hörte sich meine Schimpfkanonade an – und als ich endlich fertig war, erwiderte er gelassen: „Kein Problem!“, und winkte mich durch. Dabei lächelte er, als wollte er mir zu verstehen geben, ich hätte doch einfach nur etwas sagen müssen.

Die Fähre legte ab, Sambia lag hinter mir. Zwei Männer kamen in einem Einbaum durch das braune Wasser gepaddelt. Da in diesem Teil des Flusses oft Menschen von Krokodilen gefressen werden, beunruhigte es mich, dass einer von ihnen unbekümmert ein Bein ins Wasser hängen ließ. Zehn Minuten später hatten wir ohne Probleme den Zoll in Botsuana hinter uns gebracht. Hier herrschte nicht das unproduktive Chaos, das ich auf der sambischen Seite gesehen hatte.

Wir waren endlich wieder unterwegs! Martin fuhr mit Volldampf über die Grenze, um die Schranken herum und geradewegs in einen Graben. Wir hatten noch nicht mal acht Meter nach Botsuana hinein geschafft und saßen jetzt fest, zwei Räder in der Luft, zwei auf einem schlammigen Ufer.

Immerhin verhinderte der Anhänger mit dem Kaffee, der noch auf der Straße stand, dass wir in den Fluss rutschten. Martin sah ziemlich geknickt aus.

Wir wurden schnell zum Mittelpunkt der Aufmerksamkeit zahlreicher Passagiere, die zu Fuß in die Gegenrichtung gingen. Wir gruben ein bisschen, bekamen den Laster dank der Hilfe von 15 Männern auf die Straße zurück, befestigten den Anhänger wieder richtig und fuhren mit etwas mehr Vorsicht nach Botsuana hinein.

Neben seiner Leidenschaft für Rugby gab es in Martins Leben noch ein anderes großes Vergnügen: mit seiner Freundin, die Lehrerin in Johannesburg war, Ausflüge in die Umgebung zu machen. Sie fuhren gern zu Thermalquellen, entspannten sich in dem warmen Wasser und vergaßen die Fahrt von Johannesburg nach Lusaka. Ich gewann den Eindruck, dass Martin die einfachen Dinge und den Weg des geringsten Widerstands liebte.

Die schöne Landschaft in Botsuana glitt ziemlich genau 1 000 Kilometer lang ein bisschen verschwommen an mir vorüber. Leute, die schon dort gewesen waren, hatten mir gesagt, ich solle dieses „afrikanische Juwel" genießen, vor allem seine Tierwelt. Martin sah die Tiere allerdings mit ganz anderen Augen – als wahre Plage. Für ihn waren die Elefanten, Zebras, Giraffen und Esel schlicht Hindernisse, denen es auszuweichen galt, da ein Zusammenprall einen Totalschaden am Laster bedeutet hätte. „Verfluchte Esel!" wurde eine Äußerung, die er in zahlreiche Gespräche einstreute. Während ich mich am Anblick jedes einzelnen Tiers erfreute (bei den Eseln allerdings nicht so sehr), schnalzte Martin nur mit der Zunge, wenn es ihm wieder mal gelungen war, einem Zusammenstoß zu entgehen, der seinen Kühler zermalmt hätte oder bei dem sich fast zwei Tonnen Kaffee auf die Straße ergossen hätten. Man muss wohl sagen, dass insbesondere die Esel der Fluch von Martins Leben waren.

Um Mitternacht, als wir meiner Rechnung nach bereits seit rund 17 Stunden unterwegs waren, wurde Martins Stimme durch all die Esel allmählich heiser. Er sagte, wir müssten uns jetzt ein bisschen ausruhen. Wir fuhren auf den Parkplatz eines Einkaufszentrums außerhalb von Francistown, kippten die Sitze zurück, zogen eine Decke über uns und schliefen drei Stunden lang. Drei Stunden! Das muss ich einfach wiederholen, denn ich spüre immer noch den Schmerz, den Martin mir zufügte, als er seinen Finger in mich bohrte, um mich zu wecken. Ich war noch nie so beleidigt worden und auch noch nie so müde. Es war jetzt definitiv an der Zeit, in die gigantische Ladung Kaffee im Anhänger zu greifen. Also holte ich den Gaskocher hervor und braute uns aus dem Kaffee, den Craig vor unserem Aufbruch für mich gemahlen hatte, eine Kanne. Es hätte keinen besseren Zeitpunkt dafür geben können!

Als wir uns der Grenze zu Südafrika näherten, ging die Sonne über dem Busch auf. Wir hatten in kaum mehr als einem Tag 1 100 Kilometer zurückgelegt und dabei mindestens 100 „verfluchte Esel" gesehen. Es war eine epische Reise im Schnelldurchlauf. Der Kaffee hatte die Farm verlassen, den Süden Sambias und ganz Botsuana durchquert und nur 28 Stunden später, um neun Uhr früh, die Grenze erreicht. Wenn es beim Zoll keine Probleme gab, würden wir noch vor dem Berufsverkehr in Johannesburg eintreffen.

Da ich diese Geschichte nicht mit der Beschreibung von Grenzüberquerungen und der damit verbundenen Bürokratie überfrachten möchte, will ich hier nur sagen, dass der Zoll im Sudan im Vergleich zum südafrikanischen im Rückblick geradezu dynamisch wirkte.

Wir kamen erst lange nach Einbruch der Dunkelheit in Johannesburg an.

Am nächsten Morgen eilte ich ins Lagerhaus, da ich möglichst schnell nach Kapstadt wollte. Martin war bereits damit beschäftigt, den Kaffee auf einen anderen Anhänger umzuladen. Ab jetzt würde Doopie am Steuer sitzen. Martin hatte an sich seinen freien Tag, war aber vor seiner Fahrt zu den Thermalquellen vorbeigekommen, um sich von mir zu verabschieden und mir viel Glück zu wünschen. Es war das ergreifende Ende unseres gemeinsamen Wegs. Ohne diese Reise hätte ich vielleicht mein ganzes Leben lang niemanden wie ihn kennengelernt.

Nachdem der Kaffee unter einer Plane verschwunden war, ging es los. Unterwegs musste ich allerdings noch einen Zwischenstopp einlegen. Johannesburg ist nicht gerade für seine hoch entwickelte Kultur des Kaffeetrinkens bekannt, doch es gibt jetzt eine Firma, die dort mit Kaffee von nur einem Herkunftsort handelt. Ich betrachtete das als gute Gelegenheit, meine Verkaufstechnik zu üben, vielleicht sogar ein paar Säcke loszuwerden und vor allem die Ansicht von Fachleuten zu meinem Kaffee einzuholen. Bisher konnte ich mich nur auf Martins typisch kurzes Urteil, er habe es „in sich", stützen.

Green Bean, das von Iris und Lee geleitet wird, befindet sich zusammen mit einem italienischen Restaurant in einer idyllischen Gegend am Stadtrand von Johannesburg. Iris hatte früher Hilfsgüter für das Rote Kreuz in Katastrophengebiete geflogen, auch in den Sudan. Sie lachte laut, als ich ihr von meinen Erfahrungen in jenem Land erzählte. Dort scheint sich nicht viel verändert zu haben. Iris kümmert sich heute jedoch um die Röstmaschine im Laden.

Die erste Betrachtung der grünen Bohnen brachte ein positives Ergebnis. Man muss dabei vor allem auf schlechte Bohnen achten, die anders aussehen als die übrigen. Nach Ansicht von Lee wiesen die Bohnen Ähnlichkeit mit Kaffee aus Äthiopien auf. Ein Röster muss diesen Blick fürs Detail haben, damit man ihm keinen Schrott andrehen kann. Iris und Lee bereiten ein paar Tassen zu – schwarz, weiß, mit

Zucker und ohne Zucker – und probieren sie. Mir fällt ein Stein vom Herzen, als sich beide einig sind, dass der Kaffee „ausgezeichnet“ ist. Noch schöner ist, dass Lee bei Verhandlungen leichte Beute ist. Ich wage mich ziemlich weit vor und verlange einen Mordspreis: sieben Dollar pro Kilo. Lee feilscht ein bisschen, und ich schlage entzückt bei 6,50 Dollar für zwei 60-Kilo-Säcke ein. Falls ich es schaffe, den Rest in Kapstadt zum gleichen Preis abzusetzen, wird das Geschäft mit dem Kaffee mir den sehr zufriedenstellenden Gewinn von 4 000 Dollar einbringen.

Voller Freude über das positive Urteil von Iris und Lee machte ich mich auf die letzte Etappe der Reise ins kosmopolitische Kapstadt. Ich hoffte, dass es vom Geschmack und vom Stil her stärker europäisch geprägt sein würde, und wenn es den europäischen Städten, die ich in der letzten Zeit besucht hatte, auch nur annähernd glich, würde es dort viele Kaffeebars geben und die Leute würden exorbitante Preise für die Tasse zahlen. Laut Plan A würde ich mich an einen sehr gehobenen möglichen Abnehmer wenden – Origin Roasters erwarb sich gerade mit großem Erfolg einen Ruf als hervorragender Röster von erstklassiger Qualität. Ein schneller Anruf bei Grant brachte mir die Gewissheit, dass sie sehr wählerisch waren, aber einen Spitzenpreis für meinen Kaffee zahlen würden, wenn er ihnen zusagte.

7 Marzipan?

LETZTES GESCHÄFT:

– Zwei Sack Kaffee: 287 Dollar Gewinn

INVESTITIONEN:

– Kaffee (minus zwei Sack): 6 926 Dollar

AUF DER BANK: 43 230 Dollar

Ich vereinbarte für den nächsten Morgen einen Termin mit David, dem Chef von Origin, und verbrachte den Abend damit, ein bisschen Hintergrundforschung zu betreiben. David verkündete auf der Website von Origin, er sei ein „Kaffee-Evangelist". Die Site war mit recht unheimlichen Aussagen übersät, in denen Kaffee mit ähnlich religiösem Eifer beschrieben wurde. Daher war ich etwas nervös, als ich mit einem Probesack grüner Bohnen aus Chulumenda unter dem Arm bei Origin Roasting eintraf – ich würde jetzt ja sozusagen die Kathedrale des Kaffees betreten.

Im Inneren sah die „Kathedrale" ungefähr so aus wie viele Kaffeegeschäfte, in denen ich schon gewesen war. Kein Wunder – es handelte sich ja tatsächlich um ein Kaffeegeschäft. Ich lernte David kennen und dachte bei mir, dass er eher wie jemand wirkte, der ein Kaffeegeschäft leitete. Das ist heutzutage eben das Problem mit Evangelisten: Sie liefern nur selten alles, was sie versprechen. David verschwendete keine Zeit – er ließ meine Bohnen mahlen, machte einen Espresso und einen Milchkaffee daraus und bezeichnete sie als „exquisit". Er sagte, nun sei es an der Zeit, nach oben zu Joel zu gehen.

Ich nehme an, dass Menschen, die ihren Lebensunterhalt mit der Herstellung von Whisky verdienen, schließlich zu viel davon trinken, sodass Alkoholismus zu einer Berufskrankheit wird. Im Leben von Joel gibt es definitiv zu viel Kaffee, und das führt zu verbaler Inkontinenz. Joel ist Kanadier, und dieses Volk ist an sich nicht gerade für seine Redseligkeit bekannt. Das dürfte daran liegen, dass Joel alle Wörter im Land eingesammelt und mit nach Kapstadt genommen hat. Als er den Kaffee kostete, begann er jedenfalls zu sprechen, doch es war sehr schwierig, dem Wortschwall, der sich aus seinem Mund ergoss, einen Sinn abzugewinnen: „Interessanterweise ist die klassische Frage beim Kaffee die brasilianische. Kaffee schmeckt wie Kaffee. Jeder Kaffee schmeckt wie Kaffee. Man könnte sagen, dass die geschmacklichen Feinheiten auf eine erdrückende Kaffeelichkeit geschichtet sind." Gut, dann wollen wir das sagen.

Zum Glück war ja David da. Er übersetzte mir Joels Bewusstseinsstrom ins Englische: Sie waren interessiert. Als Nächstes würde Joel einen meiner 60-Kilo-Säcke nehmen und verschiedene Röstungen und Blends ausprobieren, um herauszufinden, wie Origin die Bohnen aus Chulumenda am besten verwenden konnte. Falls sie die richtige Kombination entdeckten, war der Preis von 6,50 Dollar pro Kilo nach Ansicht von David ein vernünftiger Ausgangspunkt für unsere Verhandlungen. Es hing viel davon ab, was in den nächsten 24 Stunden passieren würde: Wenn meine Bohnen Joels strenger Prüfung standhielten, würde ich morgen einen recht ansehnlichen Gewinn von 4 000 Dollar zur Bank tragen können.

Mir lag daran, den Schwung der letzten Tage nicht erlahmen zu lassen. Es war an der Zeit, den Preis für die Flaschen mit dem Elephant Pepper festzuzurren. Ich fuhr also zu Lokis feudaler Villa auf einem der Berge über Kapstadt – nicht gerade die Art von Haus, in der britische Akademiker üblicherweise wohnen. Loki kam mir auf der Auffahrt entgegen, um mich zu begrüßen – ein großer, gut aussehender Mann um die 45 mit dichtem blondem Haar. Er führte mich unverzüglich in seine Garage, wo sich ihm zufolge die Ware befand, die ich kaufen wollte.

Als das Garagentor aufging, erblickte ich eine viel zu geringe Zahl von Flaschen. „Was ist das denn?“, fragte ich entgeistert. Wenn das Geschäft sich für mich lohnen sollte, brauchte ich rund 2 000 Flaschen. Mick hatte den Eindruck erweckt, dass sie vorrätig sein würden. „Mehr haben wir nicht“, sagte Loki, und dann kam es noch schlimmer: „Wir könnten sie Ihnen für etwa 1,75 Dollar pro Flasche überlassen.“ Mir wurde allmählich klar, dass hier ein Missverständnis vorlag. Loki schien tatsächlich nicht Bescheid zu wissen; er sah verwirrt aus, als ich ihn fragte, wo die Flaschen seien, über die Mick in Sambia mit mir gesprochen hatte. Sie hatten offensichtlich nicht genug Soße vorrätig; es konnte Wochen dauern, die gewünschte Menge für mich herzustellen, und so viel Zeit hatte ich einfach nicht.

Bei Craig hatte sich ja gezeigt, dass es ein Problem gibt, wenn ein Unternehmen nur von einer Person geleitet wird. Wie soll man sein Produkt vermarkten, wenn man seine gesamte Zeit in die Leitung des Unternehmens stecken muss? Hier gab es ein anderes Problem: Bei einer Partnerschaft von zwei Personen ist es schwierig, ein Unternehmen zu führen, wenn die Kommunikation zwischen ihnen nicht extrem klar ist – insbesondere, wenn eine so große Entfernung zwischen ihnen liegt und sie so unterschiedliche Rollen haben. Ich war 4 000 Kilometer weit gereist und stand nun mit leeren Händen da.

Es hatte keinen Sinn, noch mehr kostbare Zeit mit dieser Sache zu verschwenden. Ich musste ja den Kaffee verkaufen, und die Flüge nach Delhi und weiter waren bereits gebucht.

Ich wünschte Loki alles Gute für sein Projekt. Ich hielt es immer noch für eine großartige Idee und hätte mich wirklich gern daran beteiligt, aber das sollte offensichtlich nicht sein. Jetzt hatte ich es mir aber in den Kopf gesetzt, in Indien Chilisoße zu verkaufen. Konnte ich hier in Kapstadt nicht irgendwo anders Chilisoße mit einem guten Vermarktungsansatz, genug Vorräten und einem für mich erschwinglichen Preis finden?

In Südafrika liebt man Gewürze – wenn man in Kapstadt in eine Bar oder ein Restaurant geht, kommt zusammen mit dem Essen mit ziemlicher Sicherheit auch ein Tablett mit Gewürzen auf den Tisch. Darauf wird fast immer mindestens eine Flasche mit Chilisoße von Bushman stehen. Diese Flaschen erkennt man sofort an ihrem Etikett mit einem afrikanischen Buschmann, der einen Pfeil abfeuert; der Pfeil besteht allerdings aus Chili. Diese Chilisoße gilt generell als beste weit und breit.

Ich machte mich auf den Weg zu dem Besitzer, Eddie Kloerte. Wenn ich es mit jemandem zu tun habe, der seiner Arbeit Leidenschaft entgegenbringt, erfüllt mich stets ein erwärmendes Gefühl der Sicherheit. Dann besteht zwar immer die Gefahr, dass die Leidenschaft den kaufmännischen Sinn erstickt und die Fortführung des Unternehmens ein eher fruchtloser Liebesdienst wird, doch wenn es gelingt, die Leidenschaft richtig zu nutzen, kann man damit Geld verdienen und obendrein auch noch viel Spaß haben. Zu dieser Kategorie gehört Eddie Kloerte. Er lebt für Chili.

Ich traf mich in seinem Lager an der Peripherie von Kapstadt mit Eddie. Es handelt sich um eines der typischen hässlichen neuen Backsteingebäude in einem Industriepark, und da wir in Südafrika sind, wird es durch einen stabilen Zaun mit einem Tor geschützt. Das Büro, das Lager und die Herstellung von Bushman befinden sich alle hier, unter einem Dach. So hat Eddie alle Bereiche des Unternehmens im

Blick, doch zum Glück kümmern sich sein Vater (Buchhaltung) und seine Mutter (Büroarbeit) um die Aspekte, für die er sich am wenigsten interessiert. Eddie tüftelt nämlich am liebsten in der Fabrik an neuen Rezepten und sucht auch gern neue Kunden. Da seine Eltern ihm einen so großen Teil des zeitraubenden Papierkrams abnehmen, kann er genau das tun. Früher zog er mit seinen Soßen von einer Bar zur anderen, heute kontrolliert er den Restaurantsektor seines Marktes zu über 50 Prozent. Unter dem Gesichtspunkt der Markenbekanntheit gehört die Chilisoße von Bushman inzwischen zu den Spitzenprodukten.

Ich bat eine Freundin in Delhi telefonisch, zum nächsten Tesco-Markt zu gehen. Sie rief mich zurück, als sie vor den Regalen mit den Pickles und Soßen stand, und las mir die Preise vor. Soßen, die es in Indien früher nicht gegeben hatte, wie Peri-Peri-Soße und extrem scharfe Sorten, waren eindeutig beliebt. Eddie hatte 15 verschiedene Soßen auf Lager. Ich sprach mit ihm darüber, was sich in Indien gut verkaufen würde, und wir wählten vier aus: Peri Peri, Räucher-Jalapeño, klassischen Chili und Eddies Hot az Hell, mit dem er gern sein Speiseeis beträufelt und das einem die Zunge zerfrisst.

Eddie und ich zogen uns in sein Büro zurück, um über den Preis für 4 000 Flaschen zu verhandeln. Sein teuflisch scharfes Hot az Hell gefiel mir besonders gut. Wir setzten uns an Eddies Schreibtisch und er holte zwei Plastiklöffel aus einer Schublade. Wir nahmen jeweils eine kleine Menge Hot az Hell. Ich kostete sie vorsichtig, wie ein krankes Kind eine eklige Medizin. Sie schmeckte kurz nach wundervollem süßem Chili, doch dann hatte ich das Gefühl, dass mir die Geschmacksknospen von der Zunge gerissen wurden. Eddie beobachtete mich genau und sah sogar ein bisschen beeindruckt aus. Ich hatte eine gute Figur gemacht, ich war nicht rot angelaufen und hatte auch nicht losgeheult. „Wir könnten Freunde werden!“, sagte er mit seiner tiefen, krächzenden, vom Chili geschädigten Stimme. Das nahm ich als allerhöchstes Kompliment.

Natürlich fehlte es Eddies Soßen an der Einzigartigkeit des Schutzes der Elefanten, doch dafür wiesen sie zwei andere Eigenschaften auf, die meiner Ansicht nach in Indien positiv zu Buche schlagen würden. Zum einen handelte es sich um ein Familienunternehmen (ich hatte Eddies Eltern ja selbst kennengelernt), und das ist sehr wichtig, da solche Unternehmen in Indien als stabiler und zuverlässiger gelten. Zum anderen war der Chiligehalt von Eddies Soßen extrem hoch.

Das Verkaufsargument lag auf der Hand: Eddies Chilisoße wird aus Chili hergestellt. Das klingt zwar selbstverständlich, doch auf anderen Flaschen mit Chilisoße wird als Hauptbestandteil meist Essig aufgeführt. Bei den Soßen von Bushman ist das anders: Sie bestehen zu fast 100 Prozent aus Chili, und deshalb schmecken sie so gut. Das war ein wirklich überzeugendes Verkaufsargument, doch natürlich musste auch der Preis stimmen. Ich war gespannt darauf, wie weit Eddie hinuntergehen konnte.

Es folgte die schnellste Verhandlung aller Zeiten. Eddie wollte 1,10 Dollar für die Soßen, ich erwiderte, ich hätte eher an 80 Cent gedacht, und wir einigten uns im Handumdrehen auf 90 Cent. Bei insgesamt 3 840 Flaschen (von jeder Sorte 960) belief das Geschäft sich also auf rund 3 500 Dollar. Wir schüttelten uns die Hände und ich ging. Ich war mir sicher, dass ich nie wieder jemanden kennenlernen würde, der Chili so große Leidenschaft entgegenbrachte. Wenn ich in Indien auch nur einen Bruchteil dieser Leidenschaft an den Tag legen konnte, würde es kein Problem für mich sein, die Flaschen dort zu verkaufen.

Jetzt besaß ich Kaffee im Wert von 7 000 Dollar und hatte weitere 7 000 Dollar (3 500 plus 3 500 für die Steuern und den Transport) in Chilisoße investiert. Ich musste allmählich mal wieder Geld auf die Bank bringen, und das bedeutete, dass ich den Kaffee verkaufen musste. In jener Nacht fand ich keinen Schlaf, weil mir immer die Frage im Kopf herumging, wie die Leute von Origin Roasters sich wohl entschieden hatten.

Als ich mich am nächsten Morgen auf den Weg zu Origin machte, schien die Sonne und ich schritt beschwingt aus. In Kapstadt stehen die duften Typen gern herausgeputzt vor Origin: Tellermützen, verkehrt herum aufgesetzt, und Tartanwesten waren hier offenbar der Dresscode für kultivierte Kaffeetrinker. Ich war der Marke Origin verfallen – mein Kaffee sollte auch auf der Speisekarte für die Schickeria angeboten werden, Chulumenda sollte der bei der neuen Generation angesagte Kaffee werden. Ich konnte es gar nicht abwarten, die Gesichter von David und Joel zu sehen und an ihnen abzulesen, was sie von dem Kaffee hielten, mit dem sie sich den ganzen Vormittag über beschäftigt hatten. Dadurch würde ich den besten Eindruck davon gewinnen, wie hart ich mit ihnen verhandeln konnte, wenn wir dann zur Sache kamen.

Einer der Baristas machte sich eilends auf die Suche nach David. Ich nippte derweil an einem schwarzen Americano, der aus Kenia stammte, und stellte mir vor, dass er für einen geschulten Gaumen wie mit Erdnüssen und Karamell gesprenkelte Sommerwiesen schmecken würde. In Wirklichkeit schmeckte er schlicht wie Kaffee, allerdings wie guter. Ich bin zu dem Schluss gekommen, dass es für mich nur zwei Kaffeekategorien gibt: Kaffee, der mir schmeckt, und Kaffee, der mir nicht schmeckt. Das reicht mir völlig. Als David die Treppe heruntergelaufen kam, um mir die Hand zu schütteln und mich in den Verkostungsraum zu bringen, hatte ich jedoch das Gefühl, dass die Sache komplizierter sein würde.

Joel wartete schon auf uns, in seiner üblichen Verkostungskleidung: Hut und Schürze. Ich nahm an, dass das eine Vorsichtsmaßnahme war, für den Fall, dass eine Verkostung mal so schlecht verlief, dass er den Kaffee aufgrund eines unbeherrschbaren Reflexes wieder ausspuckte. Bei mir würde das mit Sicherheit nicht passieren! Ich kam ja gerade aus dem Sudan, wo der Kaffee so schlecht war, dass Joel sich, falls er je dorthin fuhr, wahrscheinlich gezwungen sehen würde, sich die Zunge herauszureißen und sie irgendwo zu vergraben, wo sie niemand finden konnte. Er hielt drei Zettel in der Hand und reichte mir einen.

Haben Sie schon mal eine Scorecard für Kaffee gesehen? Wahrscheinlich haben Sie es noch nie für nötig gehalten, eine Tasse Kaffee nach dem Trockenaroma, der Säure und dem Mundgefühl zu beurteilen. Wenn man seinen Kaffee ernst nimmt, macht man das aber offenbar, und David und Joel gehörten zweifellos zu dieser Kategorie. Der Kaffee war auf drei verschiedene Weisen geröstet worden: mild, mittel und dunkel. Genau abgewogene Mengen lagen vor jeweils fünf Tassen, also insgesamt 15. Joel drückte auf die Stoppuhr – ja, Sie haben richtig gelesen: die Stoppuhr –, und ein hektischer Prozess begann: Jedes Bohnenhäufchen wurde gemahlen, in die Tasse geschüttet und mit Wasser übergossen, und der Timer wurde eingestellt.

David erklärte mir, was Joel da machte. Nach dem Rösten sollte man die Bohnen im Idealfall 24 Stunden lang ruhen lassen, damit das Aroma sich voll entfalten kann – das hat etwas damit zu tun, dass man das Kohlendioxid entweichen lassen muss –, doch ich hatte ihnen nicht genug Zeit dafür gegeben, und daher würden die Ergebnisse nicht ideal sein. Nach dem Mahlen muss man den Kaffee sofort verwenden, da der Geschmack sich sonst zu verschlechtern beginnt (Kaffee, den man schon seit zwei Wochen im Kühlschrank stehen hat, schmeckt also nicht mehr). Joel schüttete die gemahlenen Häufchen nacheinander in die Tassen und fügte heißes Wasser hinzu. David erläuterte mir, dass man sie sich genau vier Minuten setzen lassen muss. Exakt vier Minuten für jeden Kaffee – das gilt als optimale Brühzeit, und es ist wichtig, dass alle Kaffees auf dieser Grundlage miteinander verglichen werden. Daher wird für alle 15 Tassen eine Zeit von genau vier Minuten eingestellt, dann kann der Verkostungsprozess beginnen.

David sagte, sie wären nicht nur auf Qualität aus, sondern auch auf Konsistenz. Es ist zwar wunderbar, wenn ein Kaffee großartig schmeckt, doch der entscheidende Punkt ist, dass er immer wieder auf die gleiche Weise großartig schmeckt. Wenn eine Tasse das Aroma von Erdnüssen oder Rosenblättern aufweist, muss der Kaffee also jedes Mal dieses Aroma haben. Sie verstehen? Joel und David widmeten sich jeder einzelnen Tasse mit ihrem Löffel, ihrer Nase und ihrem Gaumen. Ich machte es ihnen nach, schon aus Spaß. Für mich schmeckten alle Tassen einfach wie schwarzer Kaffee.

Plötzlich rief David aufgebracht: „Marzipan! Marzipan, Joel!" Er hüpfte hin und her und zeigte mit seinem Löffel vorwurfsvoll auf eine der Tassen. „Die da hat eine deutliche Marzipannote, im Gegensatz zu allen anderen, Conor!" Er sagte das, als hätte ich ein paar Mandeln gemahlen und in die Tasse geworfen, als er nicht hinsah. Ich erwiderte: „Das hört sich schön an", und nahm ein Schlückchen. Es schmeckte schlicht wie Kaffee. David begann, mir die Sache zu erklären. „Na ja, gegen Marzipan ist an sich gar nichts einzuwenden." Darüber lässt sich meiner Ansicht nach streiten, denn ich kann das Zeug nicht ausstehen. „Es ist aber nicht gut, dass diese Tasse eine Marzipannote hat, die anderen hingegen alle nicht."

Man braucht kein Kaffeefachmann zu sein, um zu wissen, dass die Situation nicht ideal war. Joel sprang weiter von einer Tasse zur anderen und kritzelte seine Eindrücke auf seine

Scorecard. David legte seine Scorecard hin. Ich fragte Joel, was denn los sei. Er antwortete: „Das ist ganz schlecht für unsere Fähigkeit, die Tasse auf dem Niveau zu produzieren, auf dem wir sie produzieren müssen.“ Ich hätte es wirklich besser wissen müssen. „David?“

David übersetzte Joels Worte für mich: „Wo wir jetzt stehen, geht es einfach nicht. Das ist kein Kaffee für uns. Sie werden bestenfalls den New Yorker C-Marktpreis dafür bekommen; ich vermute, dass Sie diesen Kaffee im Bereich von zwei bis drei Dollar verkaufen werden müssen. Tut mir leid, aber ich fürchte, Sie haben da eine ziemlich schwierige Aufgabe vor sich.“ Er zog keine Schau ab – er meinte es todernst.

Das war ein richtig harter Schlag in den Magen, der mich einfach umwarf. Diesen Kaffee hatte ich doch in Johannesburg mit Iris und Lee verkostet, und sie hatten ihn wirklich gut gefunden. Mir schmeckte er auch wunderbar, und ich trinke Unmengen Kaffee. Ich muss natürlich zugeben, dass ich nicht unbedingt in jeder Tasse die eventuell tödliche Marzipannote mitbekomme, aber ich wusste, dass dieser Kaffee trinkbar war. Und nun stand David vor mir und sagte, ich würde Mühe haben, ihn in Kapstadt zu verkaufen, und müsste darauf gefasst sein, dass man mir höchstens drei Dollar dafür zahlen würde. Wenn David das richtig sah, musste ich mit einem Verlust von über 2 000 Dollar rechnen – falls es mir überhaupt gelang, den Kaffee loszuwerden.

Als ich Origin verließ, war ich ganz benommen. Ich setzte mich ins Auto und dachte nach. Jetzt musste ich alles daransetzen, andere potenzielle Abnehmer zu finden. Zum Glück ist Kapstadt groß, es gibt dort viele Kaffeetrinker – und mehrere andere Röstereien. Mein Problem war, dass Origin mein Plan A gewesen war und ich im Grunde gar keinen Plan B hatte, von etwaigen Plänen C, D und E ganz zu schweigen. Ich musste eine Reihe von Anrufen machen und ein paar sehr nützliche Kontakte vor Ort aktivieren, doch schließlich wendete ich mich an einen Großhändler, der viele der kleineren Röstereien in der Stadt belieferte.

Gourmet Coffee – das hört sich an, als müsste es sich um ein Kaffeehaus neben einem Fünfsternerestaurant handeln, doch in Wirklichkeit ist es ein großes Lager aus Backstein in einem Gewerbegebiet am Rand von Kapstadt. Das Geschäft befindet sich im ersten Stock, man gelangt vom Lager aus über eine Treppe dorthin. Oben verkaufte John Lear gerade eines der Geräte für die Herstellung und Zubereitung von Kaffee, die er zu Hunderten vorrätig hatte. Er bietet alles von Kaffee über Röst- und Mahlmaschinen bis zu Filtern an. Die Einzelhändler bleiben hier außen vor, er verkauft direkt an die kleineren Firmen. Er hat jedoch eine Espressobar, wo er Kaffee für seine Kunden macht.

Ich hatte sofort den Eindruck, dass John ein vielversprechender potenzieller Abnehmer war – nicht nur, weil er mir dank der Größe seiner Firma mit Leichtigkeit meinen gesamten Kaffee abkaufen konnte, sondern auch, weil er derjenige war, an den ich mich David und Joel zufolge nicht wenden sollte. Ich wollte selbst herausfinden, weshalb sie sich so sicher waren, dass man ihm keinen Chulumenda-Kaffee verkaufen konnte. Ich hatte mir meine Verkaufsargumente zurechtgelegt, feuerte sie jetzt aus beiden Rohren auf John ab und weckte damit dasselbe Interesse, das Lee, Iris, David und alle anderen anfangs gezeigt hatten. Dieses Mal machte ich mir allerdings keine allzu großen Hoffnungen. Wie schnell man doch bei etwas so Neuem ein desillusionierter alter Hase werden kann!

John hat unten eine riesige Röstmaschine, mit der er große Bohnenmengen verarbeiten kann, aber im Gegensatz zu Chulumenda und Green Bean kein spezielles Gerät für das Rösten von Proben. Er verkauft ja Zubehör für die Herstellung von Kaffee und hat nur einen kleinen automatischen Röster, der für einen Probesack nicht mal fünf Minuten braucht. Er benutzt ihn, wenn er einen Kaffee testen möchte, für den er sich interessiert, und an meinem Kaffee war er offenbar interessiert genug, um ihn einzuschalten. Ich befand mich jetzt nicht mehr auf vertrautem Terrain. Keine Stoppuhren, keine Scorecards – verschloss John etwa die Augen vor dem Marzipanrisiko? Natürlich würde ich diesen Punkt nicht anschneiden, aber ich machte mir schon Gedanken darüber.

John Lear erzählte mir, wie man seiner Ansicht nach am besten herausfinden kann, ob man eine Kaffeesorte mag: indem man sich so, wie man es gern hat, eine Tasse macht und sie dann trinkt. Das klang in meinen Ohren ziemlich verrückt und ich hoffte inständig, dass Joel es nie hören würde. John wusste, wie er seinen Kaffee mochte, und seiner Erfahrung nach mochten ihn auch die meisten seiner Kunden so. Ich fragte ihn, ob das hieß, dass er abwarten würde, bis der Kaffee kalt wurde. Er lachte nur. Ich bekam allmählich den Eindruck, dass er mit mir spielte.

Als der Röster den Sack fertig hatte, nahm John eine Portion Bohnen, schüttete sie in das Filtergerät und machte eine Kanne Kaffee. Er trank seinen mit Milch und einem Stück Zucker. Ich wiederholte das mir inzwischen vertraute Ritual von Zuschauen und Abwarten, bis er die Lippen spitzte, nickte, sicherheitshalber noch einen kleinen Schluck nahm und mir dann gratulierte: „Ein guter Kaffee!“ Das war ja schön und gut, doch ich musste wissen, wie seine Meinung aussehen würde, nachdem er weitere 15 Tassen davon gemacht, sie gründlich umgerührt und nach dem Mundgefühl beurteilt hatte. John sagte, das habe er nicht vor. Er wollte allerdings noch wissen, was sein Partner Casper von meinem Kaffee hielt.

Mir rutschte das Herz in die Hose. Ich wusste ja, was jetzt passieren würde: Casper würde den Kaffee kosten und sich wünschen, dass er eine Schürze anhätte. Er würde ihn sofort wieder ausspucken, zum nächsten Wasserhahn rennen und auf dem ganzen Weg entsetzt rufen: „Marzipan! Marzipan!" Ich hielt es kaum aus, ihm zuzusehen, als er die Tasse an den Mund führte und sie in kleinen Schlucken austrank. Mir war richtig übel … Schließlich sagte er: „Der ist wirklich gut – wo kommt er her?" Ich traute meinen Ohren nicht. Als ich ihm die Geschichte von Chulumenda erzählte, war er sehr überrascht. John und er waren der Ansicht, dass die meisten afrikanischen Kaffees eine unerwünschte Bitterkeit aufwiesen, die bei diesem aber nicht vorhanden war. Das war ein Kaffee, den sie brauchen konnten. Wenn der Preis stimmte, waren wir im Geschäft.

John und ich kehrten ins Büro zurück, um den üblichen Kampf um den Preis und die Menge auszufechten. Bei der Menge gab es keine Probleme: Er würde mir meinen ganzen Kaffee abnehmen. Wie viel ich denn dafür haben wolle? Ich muss zugeben, dass er mich damit auf dem falschen Fuß erwischte. Ich musste also schnell nachdenken. 6,50 Dollar waren ein viel zu hoher Preis. Es war angeraten, mit einer vernünftigen Preisforderung zu beginnen … Daher griff ich eine Zahl aus der Luft: 5,50 Dollar pro Kilo. Das hätte für mich immer noch einen Gewinn von 34 Prozent bedeutet, doch leider war das John auch sofort klar. Er dachte eher an 4,50 Dollar und sagte, das liege schon am oberen Ende der Preise, die er üblicherweise für einen sambischen Kaffee zahlen würde.

Es gab drei Punkte, die für mich sprachen. Erstens hatte ich den Kaffee ja selbst transportiert, konnte John also garantieren, dass seine Qualität der Probetasse entsprach, die er gerade getrunken hatte. Dadurch sank das Risiko, das er normalerweise mit einem neuen Kaffee eingehen würde, erheblich. Zweitens lieferte ich ihm ein neues Produkt, das für keinen seiner Konkurrenten in Kapstadt erhältlich war; das konnte ich zu einem Bestandteil unseres Geschäfts machen, sodass er von nun an eine direkte Beziehung zu Chulumenda aufbauen konnte, ohne mich oder sonst jemanden als Vermittler zu brauchen. Drittens hatte ich bisher das gesamte Risiko getragen: Ich hatte als Bahnbrecher fungiert und einen Lieferanten und einen Käufer gefunden, ohne dass mich einer von ihnen dabei unterstützt hätte, und das war doch wohl einen Höchstpreis wert. Ich weiß bis heute nicht genau, welches der drei Argumente den Ausschlag gab, doch wir einigten uns darauf, uns in der Mitte zu treffen. John kaufte mir den restlichen Kaffee aus Chulumenda also zu einem Kilopreis von fünf Dollar ab. Ich musste ihm allerdings versprechen, das niemandem zu erzählen!

Mir war zum ersten Mal ein großer Verkauf gelungen, und das war ein ziemlich gutes Gefühl. Meine Geschäfte in Johannesburg und Kapstadt hatten mir ein Plus von fast 2 000 Dollar gebracht. Da die Sache beinahe ein völliger Fehlschlag geworden wäre, war das wirklich nicht schlecht! Zwischendurch hatte es ja sogar so ausgesehen, als müsste ich den Kaffee mit Verlust verkaufen. Noch mehr freute mich, dass meine Theorie, dass es in Südafrika einen Markt für Craigs Kaffee gab, sich als richtig erwiesen hatte. Craig hatte schlicht keine Zeit für diese Reise, er hatte zu viel damit zu tun, die Farm zu leiten. Doch ich hatte Zeit dafür gehabt, und in Zukunft konnten Craig und John direkt Geschäfte miteinander machen. Die Fahrt und die Suche nach einem Käufer hatten mich vier Tage gekostet, und das konnte Craig jetzt Tausende von Dollar einbringen. Daran sieht man, wie wichtig es ist, sich an Ort und Stelle zu begeben, wenn man ein Produkt verkaufen will. Der entscheidende Punkt ist nicht, wie gut es ist – man muss das auch allen erzählen, sonst werden sie es nie erfahren.

8 Adieu, Afrika!

LETZTES GESCHÄFT:

- **Restliche 1,68 Tonnen Kaffee:**
  1 515 Dollar Gewinn

INVESTITIONEN:

- **Chilisoße (einschließlich Steuern und Transport):**
  6 989 Dollar

AUF DER BANK: 44 663 Dollar

Ein anderer sich schnell entwickelnder Markt, den ich während meines Aufenthalts in Südafrika nicht ignorieren darf, ist China. Die dortige Mittelschicht wird inzwischen auf über 300 Millionen Menschen geschätzt. Das Geld, das sie ausgeben kann, wird die Weltwirtschaft stark beeinflussen: Wenn in China jeder ein Auto besitzen würde, würde allein der Benzinbedarf die noch vorhandenen Ölreserven in wenigen Jahren verschlingen. Im Gegensatz zur indischen Mittelschicht zeigt die chinesische eine patriotische Loyalität zu im Inland hergestellten Waren, doch es gibt auch Produkte, die andere Länder ihrer Ansicht nach besser herstellen können. Dabei handelt es sich überwiegend um Luxusartikel. Einer, dem die Medien in letzter Zeit viel Aufmerksamkeit gewidmet haben, ist französischer Rotwein. Es kommt nicht selten vor, dass eine Flasche 96er-Lafite bei einer Auktion in China 2 000 Dollar mehr bringt als in Europa. Viele Chinesen genießen es, wichtigen Gästen einen so berühmten Wein zu kredenzen. Mir persönlich gefällt daran am besten, dass sie ihn oft am liebsten mit einem Spritzer Cola trinken. Na ja, sie lachen uns ja auch aus, weil wir Milch in unseren Tee tun.

Meine Fahrt durch die südafrikanische Kapregion, wo ich meinen Kaffee absetzen und Chilisoße kaufen will, scheint mir eine wunderbare Gelegenheit zu sein, mir einen Wein zu suchen, der sich in China gut verkaufen könnte. Natürlich kann sich dort nicht jeder die Lafites und Latours leisten – es gibt auch viele, die billigere Weine probieren, und der Markt beginnt sich jetzt auszuweiten. Die Chinesen bevorzugen zweifellos die französischen Weine, doch bei einem schnellen Telefongespräch mit einem Importagenten in Schanghai zeichnen sich ein paar neue Trends ab.

Tony Wang unterstützt ausländische Unternehmen beim Import von Gütern nach China. Für ein angemessenes Honorar erledigt er den gesamten Papierkram, der nötig ist, wenn man eine Ladung Wein nach Schanghai einführen will. Er ist außerdem ein typisches Beispiel für die Chinesen aus der Mittelschicht, die jetzt anfangen, sich am Feierabend nach einem harten Arbeitstag ein Glas Wein zu gönnen. Ich unterhalte mich am Telefon mit ihm über seine Vorlieben und die Weinsorten, die sich heute gut in China verkaufen. Es gibt eine klare Präferenz: Einfache, süße, fruchtige Rotweine sind gefragt.

Viele Chinesen fühlen sich von Rotwein angesprochen, weil Rot als Glücksfarbe gilt und zudem gesundheitliche Vorteile bringen soll (es hat also keinen Sinn, Weißwein nach China zu importieren). Man kennt Merlots und Cabernets, sie haben sich bewährt. Ein Pinotage hingegen wäre eine schlechte Wahl – ihn kennt man nicht, und die Tannine würden bei den relativ unkultivierten chinesischen Gaumen nicht gut ankommen. Mit anderen Worten: Ich muss einen Wein finden, der ein bisschen wie Ribena schmeckt.

Mein Freund Dave Azam ist ein in Großbritannien sehr erfolgreicher Weinhändler. Er importiert aus der ganzen

Welt, auch aus Südafrika, Wein für die Londoner Gastronomie. Hin und wieder haben wir sogar zusammen ein oder zwei Flaschen verkostet. Jetzt rufe ich ihn an und erkläre ihm, was für einen Wein ich suche. Wie erwartet erweist seine enzyklopädische Kenntnis der südafrikanischen Weine sich als sehr nützlich. Er empfiehlt mir ein relativ kleines Gut in der Region um Stellenbosch am Kap, Rozier Bay. Was für Dave gut genug ist, ist auch gut genug für mich. Ich vereinbare einen Termin mit dem Besitzer, Adam Mauerberger.

Adam ist ein gut aussehender Mann Ende 30, kultiviert und elegant – eher nicht der Menschenschlag, den die Welt sich als typischen südafrikanischen Farmer vorstellt. Er ist überzeugt, dass er jetzt auf dem internationalen Weinmarkt bestehen kann. Bei dem Rozier-Bay-Gut handelte es sich ursprünglich um die Investition eines Konsortiums, doch als die übrigen Besitzer die Marke in eine andere Richtung entwickeln wollten, zahlte Adam sie einfach aus. Er hegt im Hinblick auf den Wein, den er hier herstellen will, ziemlich leidenschaftliche Überzeugungen. Das Besondere an seinem Gut ist, dass es am Meer liegt. In vielen Weinanbauländern wäre das einfach undenkbar, doch hier in der Gegend um Gordon's Bay herrscht ein einzigartiges Mikroklima, und so bietet sich Adam eine atemberaubende Aussicht, wenn er sich um seinen Wein kümmert.

Es macht Adam offenbar große Freude, mir von seinem obersten Weinberg aus verschiedene Ausblicke auf die Berge und die malerische Bucht zu ihren Füßen zu zeigen. Meiner Ansicht nach ist das Bestandteil seiner Marke. Wie bei allen anderen Gütern braucht man auch bei Wein ein einzigartiges Verkaufsargument. Die Käufer identifizieren sich gern mit dem Produkt, und insbesondere bei Wein möchten sie wissen, woher er kommt. Dass ich selbst auf dem Gut gewesen bin, kann ich benutzen, um für Kaufinteressenten ein Bild zu zeichnen, und das wird mir helfen, den Wein zu vermarkten.

Wenn er nur halb so gut schmeckt, wie er von hier oben aussieht, haben wir einen Schlager. Vorausgesetzt, der Preis stimmt.

Im südafrikanischen Sommer wohnt Adam in einem großen, weiß getünchten Gutshaus am Fuße des Berges, den südafrikanischen Winter verbringt er dagegen in Großbritannien. Für ihn ist also immer Sommer! Er hat das Gut um Ferienhäuser und eine Reitschule erweitert. Heute bekommen dort Schulkinder Reitstunden. Daneben befindet sich ein schickes neues Gebäude mit dem Büro und einem Gewölbe, in das Adam seine private Weinbar eingebaut hat. Sie hat eine Glasfassade und würde auch in eine ruhige Seitenstraße in Kensington passen.

Adam kann mir eine Reihe von Weinen zeigen, zu denen auch einer der meistprämierten südafrikanischen gehört: sein Mount Rozier Cabernet. Er hat – wie ein Kriegsveteran, der unzählige Feldzüge in Europa und anderen Erdteilen überlebt hat – so viele Auszeichnungen bekommen, dass man das Etikett darunter kaum noch sehen kann. Bei einem Preis von 145 Rand (19 Dollar) pro Flasche käme er für den chinesischen Markt aber wohl noch zu früh: Das werden die Chinesen vielleicht für einen französischen Wein ausgeben, doch der südafrikanische ist immer noch ziemlich neu.

Ich suche etwas, was ein bisschen erschwinglicher ist: Die Art von Wein, die Sainsbury's für 4,99 britische Pfund (zehn Dollar) pro Flasche anbietet, wäre perfekt. Adam hat genau das Richtige für mich. Er zieht einen leichten, süßen, fruchtigen Merlot aus seinem Reef-Bay-Bereich. Dieser Wein hat ein großes, saftiges Kirsch- und Himbeeraroma, bei dem sogar ein Hauch von Schokolade mitschwingt. Er wäre für China ideal und kostet nur 30 Rand (knapp vier Dollar) pro Flasche. Leider gibt es bei diesem Wein ein großes Problem – genauer gesagt, bei der Flasche. Auf dem chinesischen Markt ist das Weinkonzept noch nicht lange bekannt, dort herrscht noch ziemlich viel Snobismus. Dazu gehört auch das Vorurteil, dass eine Weinflasche einen Korken haben sollte. Adams Reef-Bay-Merlot hat jedoch einen Schraubverschluss. Die meisten erfahrenen Weintrinker werden über diese Einstellung spotten und jetzt etwas wie „Das ist doch lächerlich!" rufen, und das mit Recht, doch ich hatte nicht vor, den gesamten chinesischen Weinmarkt über die Vorteile von Schraubverschlüssen aufzuklären.

Ich brauchte also Flaschen mit Korken, und das stellte uns vor ein Problem. Adam setzt für seinen Wein drei Preispunkte an. Wahrscheinlich haben Sie auch schon gesehen, dass es bei den meisten Weinhändlern manche Marken in billigeren und teureren Versionen gibt. Die bessere wird manchmal als Reserve, Réserve oder Reserva bezeichnet, oder es wird durch eine geringfügige Veränderung des Markennamens zwischen den verschiedenen Qualitäten unterschieden. Bei Adam ist der billigere Bereich Reef Bay, der mittlere Rozier Bay, der höchste Mount Rozier. Das ist subtil, aber wichtig. Wenn ein Weinproduzent eine Marke aufbauen will, muss er unbedingt darauf achten, dass der billigere Wein dem besseren nie das Wasser abgräbt und zu einem höheren Preis verkauft wird. Daher setzen die Produzenten für ihren Wein „Preispunkte" an, um sicherzustellen, dass die Einzelhändler und Wirte ihn auf dem richtigen Preisniveau verkaufen. Ich wollte einen Wein zum Preispunkt von Reef Bay, doch da ich Flaschen mit Korken brauchte, würde er aus dem Rozier-Bay-Bereich kommen müssen.

Da ich mir nicht ganz sicher war, was ich in China vorfinden würde, war ich sehr anspruchsvoll: Ich verlangte von Adam einen Wein, der sich leicht trinken ließ, im Regal neben dem französischen Wein aber nicht billig aussehen würde. Außerdem wollte ich ihn zu einem niedrigen Preis bekommen, denn es bestand ja die Gefahr, dass es in China gar keinen Markt dafür gab und ich ihn billig abgeben musste. Ich betrachtete dieses Geschäft als echte Goldgrube und war bereit, mindestens 15 000 Dollar hineinzustecken. Wenn der Preis stimmte, ging es um mehrere Tausend Flaschen.

Nach der Weinverkostung war ich mir ganz sicher, dass der beste Wein für China der Merlot mit dem Schraubverschluss gewesen wäre. Das machte aber nichts, denn der Rozier-Bay-Cabernet war ein guter, fruchtiger Wein, der in Südafrika vielfach prämiert worden war. Er hatte eine satte Pflaumenfarbe, sein Geschmack war eine wundervolle Mischung von Brombeeren und Johannisbeeren, er wies nicht zu viel Tannin auf und vielleicht einen Hauch von Gewürzen. Möglicherweise war er für China schon ein bisschen zu komplex, doch ich war überzeugt, mit ihm arbeiten zu können. Da ich einen neuen Markt erschließen wollte, in dem kaum etwas über Wein aus Südafrika bekannt war, würde ich das Gesamtkonzept des südafrikanischen Weins verkaufen, nicht nur eine bestimmte Sorte wie Rozier Bay. Zumindest schwebte mir das nach dem dritten Glas vor, mittags um halb zwölf.

Adam wollte 45 Rand (fast sechs Dollar) pro Flasche. Ich konnte mir aber nicht vorstellen, dass ich seinen Wein in China für mehr als rund zwölf Dollar verkaufen können würde. Unter Berücksichtigung der Steuern und des Transports brauchte ich einen Preis, der näher am Punkt von 31 Rand (vier Dollar) lag. Ich war froh, dass ich Adam gegenüber offen sein konnte. „Ich brauche diesen Wein zu einem Preis, der ungefähr bei 26 oder 27 Rand liegt“, log ich.

„Das wird sehr schwierig für mich, Conor!“ Er zuckte leicht zusammen, als hätte ich ihn beleidigt. „Aber ich mag runde Zahlen, und deshalb bin ich bereit, auf 30 Rand [3,95 Dollar] pro Flasche hinunterzugehen. Sie müssen mir aber versprechen, dafür zu sorgen, dass der Wein auf dem chinesischen Markt am höheren Preispunkt verkauft wird.“ Er gestand mir also bereitwillig einen Preis zu, der um über

30 Prozent unter seiner ursprünglichen Forderung lag, und ich musste ihm im Gegenzug zusichern, dass ich ihn so verkaufen würde, als hätte er mich mehr gekostet. Anders ausgedrückt: Er wollte, dass ich einen höheren Gewinn erzielte.

Das klang zu gut, um wahr zu sein! Aber man bekommt ja immer nur das, was man verlangt: „29 Rand pro Flasche, und wir sind im Geschäft!“ Ich hatte mich entschieden, sein Argument mit den runden Zahlen nicht zu beachten – diesen alten Trick kannte ich ja schließlich schon ... Adam schwieg einen Augenblick. Er sah ein bisschen niedergeschlagen aus. Er bemühte sich doch wirklich, mir entgegenzukommen, und ich scherte mich gar nicht darum! Schließlich seufzte er und streckte die Hand aus: „In Ordnung, Conor.“ War das denn zu glauben? Wir schüttelten uns die Hände. Ich hatte einen großartigen Wein weit unter Wert bekommen, für nur 3,80 Dollar. Nun konnte ich ihn in China mit einem Gewinn von 50, 60, vielleicht sogar 70 Prozent verkaufen.

Ich kaufte für rund 5 725 Dollar 1 500 Flaschen von Adams Wein und entschloss mich, bei einem Discounter weiter unten an der Straße noch für 3 150 Dollar 1 500 Flaschen eines billigeren Weins namens Arniston Bay zu kaufen. Jetzt hatte ich rund 9 000 Dollar in Wein investiert und dazu kamen ja noch die Steuern und die Transportkosten.

Die Verschiffer in Kapstadt verlangten für den Transport des Weins nach Schanghai, der 30 Tage dauern würde, 1 460 Dollar. In vier Wochen würde Tony Wang wohl auch die Zollformalitäten erledigt haben, sodass ich den Wein dann gegen Zahlung von weiteren 4 448 Dollar Einfuhrzoll in einem Lager im Stadtzentrum in Empfang nehmen konnte. Mit insgesamt fast 15 000 Dollar war das meine bisher größte Investition, und sie konnte mir meinen größten Gewinn bescheren. Falls es mir gelang, mir ein Stück oder auch nur ein Stück von einem Stück des chinesischen Weinmarktes zu erobern, konnte ich einen schönen Batzen Geld einstreichen. In Schanghai konnte das Geschäft sich auf 25 000 Dollar belaufen. Ich konnte es gar nicht abwarten, doch bis dahin musste ich noch vier Wochen Zeit totschlagen und 6 400 Kilometer zurücklegen. Ich würde Afrika jetzt verlassen.

Ich hatte erwartet, in Indien nur Städte mit Baracken und drückende Armut vorzufinden, doch als ich vom Flughafen in Delhi in die Neustadt fahre, sehe ich keinerlei Anzeichen dafür. Auf der Hauptstraße herrscht viel Verkehr und es ist durchaus nicht nur der ein oder andere Mercedes unterwegs. Dieser Teil von Delhi macht mit seinen Villen und Gärten den Eindruck, dass Reichtum und Überfluss herrschen. Offenbar verfügen die Leute hier über viel Geld, und das ist für mich ja enorm wichtig.

Es ist Mai und erst acht Uhr morgens, doch die Temperatur beträgt bereits 44 Grad Celsius. Bald wird der Sommer kommen. Mein erster Gedanke ist, dass dies wahrscheinlich der schlechteste Zeitpunkt sein dürfte, um extrem scharfe Hot-az-Hell-Chilisoße zu verkaufen. Auf dem Weg vom Flughafen betreibe ich im Taxi schnell ein bisschen Verbraucherforschung. Ich erkläre dem Fahrer, dass ich hier Chilisoße verkaufen will, aber befürchte, dass niemand Chili essen wollen wird, wenn es so verdammt heiß ist. Er befreit mich schnell von meinen Ängsten: „Nein, wenn einem heiß ist, muss man mehr Chili essen. Chili bringt einen ins Schwitzen, und durch Schwitzen kühlt der Körper sich ab.“ Das würde ich nicht unbedingt so sehen, doch ich halte meinen Mund.

Wenn man neue Waren in ein fremdes Land einführen will, sollte man sich der Dienste von jemand bedienen, der so etwas schon einmal gemacht hat. Es gibt überall auf der Welt Agenturen, die solche Dienstleistungen anbieten und den ganzen Papierkram erledigen, einschließlich der Zollabfertigung vor Ort, eben all das langweilige Zeug. Ich habe einen Mann namens Puneet Gupta damit beauftragt, doch als ich ankomme, hängen die Soßen leider noch beim Zoll in Delhi fest. Als ich Gupta endlich am Telefon erwische, sagt er, es könne noch ein bis zwei Tage dauern, bis sie in seinem Lager eintreffen würden. Zum Glück habe ich einige Probeflaschen in meinem Gepäck, kann also gleich auf Kundenfang gehen. Daher beginne ich unverzüglich, infrage kommende Einzelhändler in den eher von der Mittelschicht bewohnten Stadtteilen aufzusuchen, ohne vorherige Terminvereinbarung. Das muss ich jetzt so machen.

Da ich aus der formelleren Finanzwelt komme, ist das für mich etwas ganz Neues. Ich habe nicht die geringste Vorstellung davon, welche Fähigkeiten man dafür braucht. Ich weiß, dass ich ein Produkt habe, das gut und scharf schmeckt, und ich kann mich noch undeutlich daran erinnern, wie Eddie es mir verkauft hat. Er hatte vor allem hervorgehoben, dass der Hauptbestandteil Chili war, nicht Essig. Ich beschließe, das einfach auch mal auszuprobieren.

Mein erster Anlaufpunkt ist ein sehr bekannter Laden namens Jimmy'z, in Noida, einem der Vororte von Delhi, in denen es viele grüne Plätze gibt, um die sich Geschäfte reihen. Vor Jimmy'z steht eine Ansammlung teurer Autos. Wohlhabend aussehende indische Hausfrauen haben ihre Mercedes und BMWs dort geparkt, um ihre Einkäufe zu erledigen. Das scheint mir genau der Kundenkreis zu sein, der die Zielgruppe für meine Importware ist. Ansonsten sieht Jimmy'z von außen allerdings so ziemlich wie jeder indische Lebensmittelhändler an einer britischen Straßenecke aus, nicht wie Fortnum & Mason.

Jimmy, ein verwegen wirkender Mann Anfang 30, trägt ein schickes Hemd und Chinos. Er gehört zu dem neuen Schlag der jungen, dynamischen Händler, der sich derzeit in der aufblühenden indischen Wirtschaft herausbildet. Innen gleicht sein Laden einer Höhle aus Tausendundeiner Nacht – Regale, die vom Fußboden bis zur Decke reichen, sind mit Importware vollgestopft. Selbst Jimmys Kasse ist hinter einer Theke verborgen, auf der Jutesäcke mit kolumbianischen Kaffeebohnen und Schachteln mit amerikanischen Süßstoffen aufgestapelt sind. Es handelt sich um einen jener Läden, deren Besitzer beruhigt behaupten können, bei ihnen könne man alles kaufen.

Jimmy ist gerade mit einer Kundin beschäftigt. Während ich auf ihn warte, sehe ich mir schnell seine Soßen an. Über das, was ich vorfinde, bin ich erfreut: In den Regalen stehen bereits Soßen auf Chilibasis aus den USA und der Karibik, und die Preise liegen in dem Bereich, mit dem ich gerechnet habe: 150 bis 260 Rupien (3,75 bis 6,50 Dollar) pro Flasche. Vorausgesetzt, dass die Bushman-Soße Jimmy zusagt, sollte er sich den Preis leisten können, der mir vorschwebt (115 Rupien, 2,88 Dollar), und sie auch bei seinem üblichen Aufschlag noch am unteren Ende des Preisbereichs verkaufen können.

Natürlich fragt Jimmy sich, was eine südafrikanische Soße dem indischen Markt bieten könnte. Ich kann ihn jedoch dazu überreden, meine Auswahl mal zu probieren. Wir machen auf einem Kartonstapel in einer ruhigen Ecke des Ladens eine Tüte Chips aus dem Ausland auf. Da hier jeder Quadratzentimeter mit Waren vollgestopft ist, können wir nirgendwo anders hingehen. Ich schütte die einzelnen Soßen auf Chips, damit Jimmy sie kosten kann, und er ist sofort vom Geschmack der Peri-Peri- und der Jalapeño-Soße beeindruckt. Dass die Hot-az-Hell-Soße tatsächlich scharf genug sein kann, um indische Gaumen anzusprechen, will er allerdings nicht glauben. Das reizt meinen hinterhältigen Sinn für Humor so, dass ich ihn auffordere, seinen Chip gleich mit einer doppelten Portion zu beträufeln, bevor er ihn sich in den Mund steckt. Ich biege mich vor Lachen, als ihm fast die

Augen aus dem Kopf treten. „Mein Gott, die ist wirklich SCHARF!" Das war's. Jimmy will meine Soßen haben. Wie ich vermutet habe, findet er den Preis von 115 Rupien in Ordnung. Er kann davon ausgehen, dass er die Soßen zu rund 155 Rupien pro Flasche verkaufen kann, sein üblicher Aufschlag von 30 Prozent wird also problemlos drin sein. Da mich die Flaschen bis Delhi jeweils 76 Rupien (1,98 Dollar) gekostet haben, kann ich pro Flasche einen großartigen Gewinn erzielen: 90 Cent. Falls Jimmy sie mir alle abnimmt, ergibt das insgesamt einen Gewinn von fast 3 500 Dollar. Jimmy sagt, er wolle mir von jeder Sorte 18 Flaschen abkaufen.

Wie viele? Das sind ja nur 72 Flaschen, nicht einmal zwei Prozent meines Bestands! Es spricht zwar für meine Soßen, wird mir aber definitiv nicht helfen, alle Flaschen in vier Tagen loszuwerden. Andererseits ist es besser als gar nichts. Ich verspreche Jimmy, ihm die Soßen zu liefern, sobald sie den Zoll passiert haben. Dann packe ich meine Probeflaschen wieder ein und gehe die Straße entlang, in der Hoffnung, dass einer der anderen Händler eine etwas größere Zahl bestellen wird.

Leider ist das nicht der Fall. Vier Läden später habe ich Bestellungen für insgesamt 200 Flaschen zusammen. Ich habe also erst knapp über fünf Prozent verkauft, wenn auch mit einer großen Gewinnspanne. Ich kann einfach nicht warten, bis die Händler ihre Flaschen verkauft haben und neue ordern, und kann auch nicht jeden Ladeninhaber in Delhi und Umgebung aufsuchen. Wenn der Verkauf weiter so schleppend läuft, würde es ungefähr einen Monat dauern, meinen gesamten Bestand abzusetzen, und ich muss definitiv früher in Schanghai sein. Ich muss mir also einen anderen Zugang zum Markt suchen.

Puneet Gupta ist ein fröhlicher, rundlicher Mann. Er ist Brahmane, also Händler mit Leib und Seele, und hat mir rund 1 500 Dollar dafür abgeknöpft, meine Soßen durch den Zoll zu bringen. Er weiß, wie das System funktioniert und wie man mit ihm umgehen muss.

Da Puneet Waren aus der ganzen Welt importiert und an den Einzelhandel verkauft, hat er ziemlich gute Verbindungen. Er dürfte genau der Richtige dafür sein, den Verkauf meiner Soßen zu übernehmen. Ich könnte ihm meinen Bestand und eine Liste mit den Ladenbesitzern, die schon Bestellungen aufgegeben haben, aushändigen. Er könnte dann andere Einzelhändler ansprechen, mit denen er bereits Geschäfte macht, und im Laufe der Zeit einen Gewinn von 2 500 Dollar einfahren. Vielleicht wird er sogar beschließen, in Zukunft noch mehr Soße zu bestellen. Natürlich werden wir uns darüber einigen müssen, wie wir den Gewinn dieses Mal aufteilen, doch ich hätte nichts dagegen, wenn er sich danach direkt an Eddie wenden würde.

Ich treffe mich mit Puneet in seinem Büro in Delhi und unterbreite ihm meinen Vorschlag. Wir führen die übliche Verkostung durch, und er ist von den Soßen beeindruckt – beeindruckt genug, um interessiert zu sein, aber nicht überzeugt. Es handelt sich um eine große Menge, da muss er sich beraten lassen. Also vereinbart er für morgen einen Termin mit dem Mann, der den Markt am besten kennt. Puneet wird mich am Hotel abholen und wir werden dann gemeinsam zu Herrn Singh fahren.

Am nächsten Morgen wartet Puneet draußen in seinem Mercedes mit Klimaanlage auf mich. Er fährt nicht selbst, er hat einen Chauffeur. Ich frage mich immer, an welchem Punkt im Leben man wohl beschließt, viel Geld für ein wirklich tolles Auto auszugeben, sich dann aber nicht damit abgeben will, sich selbst hinters Steuer zu setzen. Ich vermute, dass dieser Augenblick in Delhi früher kommt als anderswo, denn es ist eine große Herausforderung, in dieser Stadt Auto zu fahren. Es heißt, wer nicht hier geboren wurde, könne das gar nicht. Darüber lacht Puneet.

„Ich komme ja aus Mumbai!“, sagt er.

„Ach so, dort fahren Sie also selbst?“

„Nein.“

So weit zu dieser Theorie ...

Wir halten vor einem schmuddeligen, baufälligen Lager aus Beton und gehen ins Kellergeschoss, wo das Büro von Herrn Singh liegt. Genauer gesagt: Dort liegt das Büro der Herren Singh, denn an einem Schreibtisch in der Ecke sitzen gleich zwei bärtige Sikhs, bei denen es sich um Vater und Sohn handeln dürfte. Zumindest sehen ihre Bärte sich sehr ähnlich.

Damit liege ich wieder richtig. Herr Singh stellt mir seinen Sohn vor, Herrn Singh. Zusammen bilden die beiden eine sehr beeindruckende Front. Puneet stellt mich vor und erklärt, ich hätte ein interessantes neues Produkt nach Indien mitgebracht, das hier seiner Ansicht nach ein gutes Potenzial habe. Ich bringe schnell meine Verkaufsargumente vor und beträufle zum hundertsten Mal in drei Tagen Chips mit extrem scharfer Chilisoße. Als ich zu erklären beginne, dass nur die Bushman-Soße zu 100 Prozent aus Chili besteht, während die meisten anderen Soßen eine Essigbasis haben, habe ich das starke Gefühl, dass Eddie neben mir sitzt und mich anfeuert. Speziell für die Singhs streue ich auch zahlreiche Hinweise darauf ein, dass es sich um ein Familienunternehmen handelt. Das finden sie sehr gut. Die Sache läuft wunderbar, sie streichen sich häufig über ihre Bärte und nicken.

Natürlich gefällt die Soße ihnen, und alles, was ich gesagt habe, scheint sie überzeugt zu haben. Sie wollen die Soße allerdings zunächst bei ein paar Händlern ausprobieren. Sie haben in der Stadt einen guten Kunden, Jimmy’z. Ach nein, wirklich? Jimmy verkauft offenbar solche Dinge, und wenn er sagt, die Soßen seien gut, wären sie bereit, ein Geschäft mit Puneet zu machen. Ihnen wäre es am liebsten, mich einfach ganz auszuzahlen, wobei wir natürlich noch über den

Preis sprechen müssten. Ich freue mich – ich habe so eine Ahnung, dass die Soßen Jimmy gefallen werden … Puneet wird mich morgen anrufen und mich darüber informieren, wie die Sache steht. Wenn alles glattgeht, können wir dann einen Preis für meinen gesamten Bestand aushandeln.

Nach einer schlaflosen Nacht, in der ich ununterbrochen darüber nachgrüble, was ich denn bloß mit rund 4 000 Flaschen Chilisoße machen soll, falls Puneet und die Singhs sich entschließen, sie mir nicht abzukaufen, kommt der Tag des Jüngsten Gerichts. Beim Frühstück bringe ich kaum etwas hinunter. Ich habe ja für heute Abend einen Flug gebucht … Immerhin gibt es eine gute Neuigkeit: Puneet hat mir mitgeteilt, dass die Soßen den Zoll endlich hinter sich gebracht haben und jetzt in seinem Lager sind. Wir wollen uns dort am Mittag treffen. Es hat keinen Sinn, weitere Verkaufsversuche zu unternehmen – ich habe alles auf die Karte Puneet gesetzt.

Nach einer Irrfahrt von über einer Stunde komme ich endlich bei Puneets Lager an. Es ist ebenfalls ein alter, vor sich hin bröckelnder Betonbau, mit zwei Stockwerken, der in einem Gewirr ähnlicher Gebäude am nördlichen Stadtrand liegt. Die Straßen, die sie voneinander trennen, tragen lediglich Buchstaben und Zahlen, und die Abfolge wirkt zufällig: E42 liegt hilfreicherweise zwischen E14 und A6. Die Straße ist gepflastert, doch an den Seiten türmt sich Müll. Offenbar haben die Stadtwerke von Camden hier in Delhi eine Zweigstelle.

Im Lager wartet Puneet auf mich, um mir die Soßen zu zeigen. Sie sind in Sechserpackungen in einer dunklen Ecke aufgetürmt. Erst jetzt wird mir klar, welche Ausmaße die Sache hat. Ohne Puneet habe ich definitiv keine Chance, diese Unmenge zu verkaufen und mein Geld zurückzubekommen, von einem Gewinn ganz zu schweigen. Nur jemand, der hier in Indien lebt, kann sich mit genug Händlern in Verbindung setzen, um so viel Chilisoße loszuwerden – jemand wie Puneet. Nun gilt es, die Nerven zu behalten.

Die Japaner greifen bei Geschäften gern auf einen alten Trick zurück: Sie laden Interessenten nach Japan ein, bieten ihnen dort gute Unterhaltung und bereiten ihnen eine schöne Zeit. Der Trick besteht darin, dass sie das bis zum letzten Tag machen. Jedes Mal, wenn man versucht, die Rede auf das Geschäft zu bringen, wegen dem man da ist, bereiten sie einem eine noch schönere Zeit, sodass man alles andere vergisst. An dem Tag, an dem man abreisen muss, kommen sie dann zur Sache, und da man keine Zeit mehr für Verhandlungen hat, muss man ungünstigere Bedingungen akzeptieren, als man sich gewünscht hätte. In dieser Situation bin ich jetzt – meine Koffer sind schon gepackt und liegen in meinem Auto –, doch das weiß Puneet ja nicht.

Puneet und die Singhs haben positive Rückmeldungen von ihren Kunden bekommen. Sie glauben, die Soßen hier und in Mumbai verkaufen zu können. Anfangs werden sie den Markt ein bisschen unterbieten müssen, um dort Fuß fassen zu können, doch Puneet kann mir 88 Rupien (2,20 Dollar) pro Flasche zahlen. Ich versuche, ein bisschen zu feilschen und ihn auf 90 Rupien zu treiben, doch er lässt sich nur auf 89 Rupien (2,23 Dollar) ein. Ich bin heilfroh. In diesem Stadium habe ich Glück, überhaupt aus der Sache herauszukommen, ohne Geld zu verlieren; mit einem Gewinn von 1 500 Dollar muss ich also hochzufrieden sein.

Puneet wird 50 Prozent sofort zahlen, den Rest in 45 Tagen. Das ist ein kleines Zugeständnis meinerseits, doch ich denke, dass ich damit leben kann. Ich schüttele ihm die Hand. Nein, wir können unseren Geschäftsabschluss leider nicht bei einem gemeinsamen Abendessen feiern – ich muss zum Flughafen. Er kennt den alten japanischen Trick offenbar auch, denn als er erfährt, dass heute mein letzter Tag in Delhi war, sieht er sehr enttäuscht aus.

9 Wo geht's denn hier nach China?

LETZTES GESCHÄFT:
- **Chilisoße: 1 555 Dollar Gewinn**

INVESTITIONEN:
- **Wein (einschließlich Steuern und Transport): 15 218 Dollar**

AUF DER BANK: 37 989 Dollar

Der Begriff „Marktzutrittsschranken" ist bei den Unternehmen und in der Wirtschaft nur zu gut bekannt. Alles, was es schwierig macht, ein neues Geschäft aufzubauen oder einen Fuß in einen neuen Markt zu bekommen, kann eine Schranke sein. Dabei kann es sich um eine offizielle Sache handeln, wie das Verlangen einer Konzession für Operationen in jenem Markt (wenn man beispielsweise eine neue Fluggesellschaft gründen will), aber auch um etwas Informelleres (wenn man beispielsweise mit dem Export in ein Land beginnen will, dessen Sprache man nicht spricht). Physikalische Schranken, die einem im Wortsinne den Weg versperren, gibt es nur selten.

Der Wein, den ich in Südafrika gekauft hatte, würde erst in drei Wochen im Hafen von Schanghai, 4 800 Kilometer östlich von Delhi, eintreffen. Ich hielt wie immer nach weiteren Geschäftschancen Ausschau, musste aber auch darauf achten, dass ich bei meiner Reise zügig vorankam. Leider war mir jetzt ein ziemlich großes Gebirge im Weg, das man nur über wenige Pässe überqueren konnte.

Nach dem Aufstand in Tibet waren alle Grenzen des Landes für Ausländer geschlossen worden, damit die Chinesen sich die Verantwortlichen in aller Ruhe vorknöpfen konnten. Ich hatte ursprünglich geplant, den neu eröffneten Nathu-La-Pass zu benutzen, und große Hoffnungen gehegt, unterwegs einen guten Darjeeling zu finden, den ich nach Tibet mitnehmen konnte (ich wollte also wieder mal versuchen, den Eskimos Eis zu verkaufen). Diese unvorhersehbare politische Entwicklung zwang mich jetzt aber, meine Pläne zu ändern.

Der Hauptpass durch den Karakorum in Pakistan, die auf der Hand liegende Alternativroute, war aufgrund von schlechtem Wetter immer noch geschlossen. Da in Kaschmir Krieg herrschte, kam dieser Pass auch nicht infrage. Und zu Afghanistan braucht man ja wohl nichts weiter zu sagen … Der nächste Punkt auf meiner Karte war daher ein Pass bei Irkeschtam in der früheren Sowjetrepublik Kirgisien; zu Beginn meiner Reise war ich gar nicht auf die Idee gekommen, dorthin zu fahren.

Bei einem Freund von mir, Paul Wilson, war das zum Glück anders. Er war diese Route nicht nur gegangen, sondern hatte sogar Bücher darüber geschrieben. Also rief ich ihn an, um mich von ihm beraten zu lassen. Ich interessierte mich dafür, mit welchen Gütern ich Handel treiben und welche ich vielleicht sogar von Kirgisien aus ins westliche China exportieren konnte. Ich breitete meine Karte vor mir aus, unterhielt mich mit ihm und begann, mich mit der Geografie von Mittelasien vertraut zu machen. Paul war sich sicher, dass es nur ein einziges kirgisisches Gut gab, das sich für meine Zwecke eignete: Pferde. Die mittelasiatischen Länder bringen einige der weltweit besten hervor; das Fergana-Becken war für die „himmlischen Pferde" berühmt, auf die die Han-Kaiser von China vor 2 000 Jahren so scharf waren, dass sie sogar in den Krieg zogen, damit ständiger Nachschub gewährleistet war. Ich begann mir vorzustellen, dass ich diesen uralten Handelsweg wieder beleben und sogar Pferde über den Pamir treiben könnte, um sie auf dem größten Viehmarkt der Welt, in Kaschgar an der alten Seidenstraße, zu verkaufen.

Inzwischen lag fast ein Viertel meiner Reise um die Welt hinter mir und ich hatte dafür über einen Monat gebraucht. Mein Gesamtgewinn betrug nur wenig mehr als 3 000 Dollar – von 100 000 Dollar war ich noch weit entfernt. Ich hatte allerdings 15 000 Dollar in Wein gesteckt, konnte mein Ziel also durchaus zur Hälfte erreichen, bevor ich China wieder verließ, sofern ich unterwegs mit irgendeinem Geschäft weitere 2 000 Dollar erwirtschaften und den Wein mit einem ordentlichen Aufschlag verkaufen konnte. Das schien allerdings noch in weiter Ferne zu liegen. Ich beschloss, mich jetzt erst einmal darauf zu konzentrieren, nach Kirgisien zu kommen, mir ein Visum für den Irkeschtam-Pass zu besorgen und eine Wagenladung Pferde zu kaufen, die ich dann in China verkaufen konnte.

Mit diesem zugegebenermaßen recht unausgegorenen Plan im Gepäck flog ich von Delhi nach Alma-Ata in Kasachstan und suchte mir dort eine Mitfahrgelegenheit nach Süden, über die Grenze und in die kirgisische Hauptstadt Bischkek. Für eine moderne Stadt war Bischkek unglaublich sauber, allerdings nicht im landläufigen Sinne schön – seine Architektur ist von einer brutalen Qualität, alles besteht aus Beton und hat Kastenform. Die Stadt blitzte jedoch so vor Sauberkeit, als hätte sie jemand mit einer Zahnbürste gereinigt. Im Zentrum befand sich das Hauptgebäude der Regierung. Es sah wie ein riesiger Verbrennungsofen in der Mitte eines großen Platzes aus, auf dem sich eine kolossale Bronzestatue des Helden Manas erhob, des geistigen Großvaters von Kirgisien. Sie war dort erst 1992 aufgestellt worden, nachdem man die Statue des streitsüchtigen Onkels Lenin einfach abgebaut und an eine nicht so sichtbare Stelle auf der Rückseite verfrachtet hatte.

Die Einwohner von Bischkek waren ethnisch sehr vielfältig. Hier stieß der Osten wirklich auf den Westen. Die Berge im Osten waren beim Zusammenprall der beiden Erdteile entstanden, und Bischkek ist das Ergebnis der Wanderungen, die dort jetzt schon seit Jahrtausenden stattfinden. Ich erblickte kaukasische Gesichter, mongolische, indische und chinesische, zudem eine ganze Palette von Mischungen. Die Eheschließungen erfolgten offenbar quer über die Gruppen hinweg. Es war ein wundervoller Regenbogen der Kulturen.

Obwohl Bischkek erheblich ärmer ist als die Städte im ölreichen Nachbarland Kasachstan, ist es eine moderne Geschäftsstadt. Auf den Straßen herrschte viel Verkehr, der vor allem aus deutschen Importautos bestand. Es gab zahlreiche Bars und Restaurants, und das Wetter war perfekt: Sonnenschein mit 25 Grad. Zumindest im Sommer war die Stadt ein sehr angenehmer Aufenthaltsort.

Obwohl die Kirgisen eine eigene Sprache haben, ist die Verkehrssprache in diesem Teil der Welt immer noch Russisch, eine Hinterlassenschaft der alten Sowjetzeit. Ich musste mir also einen Übersetzer und Führer suchen, der Russisch sprach. Slava kam zu mir ins Hotel. Er war ein unternehmungslustiger 28-jähriger Kirgise russischer Abstammung, trug Jeans und eine Fleecejacke von North Face und sprach perfekt Englisch – in London hätte er sich überhaupt nicht aus der Menge herausgehoben. Außerdem war er ein hervorragender Übersetzer.

Slava wollte möglichst schnell aufbrechen, machte mir aber gleich klar, dass er kein Pferdemensch war. In Großbritannien hätte das bedeutet, dass er sich mit Pferden nicht auskannte; in Kirgisien bedeutete es, dass er immer noch mehr über Pferde wusste als so ziemlich jeder in Großbritannien, nur eben nicht so viel wie der durchschnittliche Kirgise. Die meisten Kirgisen wissen nämlich so viel über Pferde, dass Pferdeflüstern dort nach Kirgisisch und Russisch als dritte offizielle Landessprache gilt.

Wir wollten von Bischkek aus über 300 Kilometer nach Südwesten fahren, über den Gebirgszug Tienschan, der durchs Herz des Landes verläuft, nach Toktogul. Am Himmel hingen schwere Wolken, er war gegen die schneebedeckten Berge kaum auszumachen, als wir stetig emporkletterten. Auch jetzt im Mai lag an der Straße noch Schnee. Nach der Überquerung des Gebirgskammes ging es wieder hinunter. Hier war das Wetter besser, die Wolken rissen bald auf und gaben einen klaren blauen Himmel frei. In den saftigen grünen Tälern grasten Pferdeherden zwischen Mohnfeldern. Die Landschaft war in ordentliche horizontale blaue, weiße, rote und grüne Bänder unterteilt. Kein Wunder, dass Kirgisien oft als Schweiz des Ostens bezeichnet wird!

An einem der Pässe sahen wir einen Wegweiser zu einem Skigebiet. Ich hatte gar nicht gewusst, dass es in Kirgisien Skigebiete gibt, und wollte mir dieses gern mal anschauen. Vielleicht konnte ich ja sogar ein bis zwei Stunden auf der Piste einschieben? Da wir uns direkt auf der Schneegrenze befanden, würde es zwar kaum noch geöffnet sein, doch einen kurzen Abstecher war es allemal wert. Leider war es tatsächlich geschlossen. Es gab dort nur zwei Container, zwei alte Liftstationen und vier kahle Pisten. Die Container wurden von einem kleinen Trupp Bauarbeiter benutzt, die begonnen hatten, ein Hotel zu errichten, und dort Kaffee tranken und ihre Mahlzeiten einnahmen. Sie teilten ihren Kaffee bereitwillig mit uns und erklärten uns, was sie dort machten.

Ein kirgisischer Millionär hatte das Skigebiet gekauft. Er ließ dort ein Hotel der Fünfsternekategorie bauen und wollte die andere Bergseite durch zehn weitere Skistationen erschließen. Die Temperatur kann hier wochenlang unter null bleiben und es liegt garantiert mehr als acht Monate im Jahr

Schnee. Damit ist die Saison doppelt so lang wie in den Alpen, das Skifahren ist aber längst nicht so teuer. Mir ging der Gedanke durch den Kopf, dass es vielleicht nicht mehr lange dauern würde, bis irgendjemand die Schweiz als „Kirgisien des Westens" bezeichnete.

Slava hatte sich mit einem Pferdezüchter in Verbindung gesetzt, der auf der anderen Seite des Passes lebte, in der Nähe von Toktogul. Diese Kleinstadt mit rund 15 000 Einwohnern liegt am Nordufer eines großen Stausees, der den Westen von Kirgisien mit Wasser versorgt. Der riesige, kristallklare See verlieh Toktogul den Charme eines Badeortes, à la St. Moritz vor 200 Jahren. Die Straßen waren leer, bis auf den ein oder anderen Eselkarren, doch alle Häuser versteckten sich hinter hohen Mauern. Wir kamen gerade rechtzeitig zum Essen bei dem Mann an, mit dem wir sprechen wollten.

Munarbek züchtete schon seit vielen Jahren Pferde und führte zudem Ausländer auf Touren durch die kirgisischen Berge. Er hatte sich erboten, mir ein paar Pferde zu zeigen, die zum Verkauf standen. Er war kirgisischer Abstammung, ein freundlich aussehender, etwas dicklicher Mann mit rundem Gesicht und der Neigung, stark die Stirn zu runzeln, wenn er nachdachte. Er muss gedacht haben: „Was hat dieser Kerl bloß vor?", denn er hatte die Stirn beim Essen fast die ganze Zeit über zwischen seine Brauen gequetscht.

Während ich ihm Geschichten über meine unerfreulichen Erfahrungen mit dem Kamelhandel im Sudan erzählte, tischte seine Mutter uns eine Platte mit Fleisch und Gemüse nach der anderen auf. Zum ersten Mal in meinem Leben stand ein ungewöhnlich aussehendes dunkles Fleisch, das wohl nicht das war, was es zu sein schien, vor mir. Ich fragte hoffnungsvoll: „Rindfleisch?"

Munarbeks Mutter antwortete: „Non. Pas bœuf. Viande chevaline." Sie war Französischlehrerin.

Gut, dann wollen wir das hinter uns bringen: Sie aßen Pferde. Sie züchteten und ritten sie, ihre Nationalsportarten drehten sich alle um sie, man kann also sagen, dass sie sie sicher liebten. ABER sie aßen sie auch, und zwar mit großem Vergnügen. Ich bin mir nicht darüber im Klaren, wie meine eigenen Gefühle in dieser Hinsicht aussahen. Nicht alles zu essen, was man vorgesetzt bekommt, ist in Kirgisien jedoch eine so große Beleidigung des Gastgebers, dass ich mich einfach entschloss, nicht weiter darüber nachzudenken. Da ich seitdem kein Pferdefleisch mehr verzehrt habe, können wir wohl davon ausgehen, dass ich es nicht wirklich gern gegessen habe.

Mir lag daran, die geschäftliche Seite zu erledigen, doch Munarbek erklärte mir, dass am nächsten Tag nichts passieren würde. Der 9. Mai war nämlich in allen Ländern des früheren Ostblocks der Tag der Veteranen. In meiner Heimat gibt es einen Tag des düsteren Gedenkens, an dem wir die Schrecken des Krieges ermessen und unsere Gedanken voller Achtung den Opfern zuwenden, die unsere Toten für uns gebracht haben. In den ehemaligen Sowjetstaaten feiert man ein großes Fest, weil man die Deutschen damals in ihre Schranken gewiesen hat. Alle, die den Krieg überlebt haben, werden von der Familie, die Hüte als Geschenk mitbringt, geehrt. Es war eine große Ehre für mich, dass ich ins Haus von Munarbeks Freund Bopong eingeladen wurde, um dort seinen Großvater kennenzulernen, einen echten Veteranen. Natürlich würde auch ich einen Hut mitbringen müssen.

Der Veteran wohnte in einem Bauernhaus aus dunklem Holz am Fuß eines bewaldeten Hügels, ein paar Kilometer außerhalb der Stadt. Neben dem Haus befanden sich ein Pferch und ein halbes Dutzend offene Ställe. Ich zählte insgesamt fünf Pferde. Die Familie hatte sich auf einer überdachten Plattform im Garten versammelt, saß dort auf dem Boden um einen niedrigen, eckigen Tisch und trank Tee, den man in Kirgisien Chi nennt. Chi heißt „Tee", Na bedeutet „Land" – Chi-na ist auf Kirgisisch also wörtlich das „Land des Tees".

Für seine 85 Jahre sah der Veteran immer noch unglaublich kräftig aus. Als ich ankam, beobachtete er mich mit seinen dunklen, glasigen Augen genau. Ich war etwas nervös, weil ich nichts falsch machen und ihn auf keinen Fall beleidigen wollte, und überreichte ihm sofort den traditionellen Kapok, der an ein bestiecktes französisches Képi erinnert. Angesichts der Größe seiner Familie muss das mindestens sein 20. Hut an jenem Tag gewesen sein, doch er nahm ihn erfreut entgegen und schüttelte mir die Hand. Dabei sah ich, dass ihm zwei Finger fehlten. Dass der alte Knabe noch bei uns war, verdankte er nur der Tatsache, dass sein Gewehr irgendwann im Jahre 1942 nach hinten losgegangen war und ihm die beiden mittleren Finger der rechten Hand weggerissen hatte. So schlimm sich das auch anhört – man hatte ihn dann von der Front nach Hause geschickt, eine Woche vor der Schlacht um Stalingrad, und das hatte ihm zweifellos das Leben gerettet. Die fehlenden Finger hatten ihn allerdings nicht daran gehindert, Pferdezüchter und ein Meister beim Ulak-Tartisch zu werden.

Es gibt auf der Welt viele Spiele, bei denen die Teilnehmer auf Pferden sitzen. In Großbritannien lieben wir ja Polo: sonnige Nachmittage, Gurkensandwiches, in der Halbzeit mit einem Glas Champagner in der Hand herumspazieren … In Kirgisien gibt es Ulak-Tartisch, das damit beginnt, dass eine Ziege geköpft wird, die dann als „Ball" dient. Ziel der beiden Mannschaften ist es, die tote Ziege ins „Tor" – eine Art Betonkasten am anderen Ende des Feldes – der jeweils anderen zu befördern. Danach ähneln die Regeln ein bisschen denen beim Rugby, doch die Spieler sitzen auf Pferden. Das Spiel ist extrem hart, oft verletzt sich jemand ernstlich, wenn er mit seinem Pferd absichtlich den Träger der Ziege rammt, um ihn aus dem Gleichgewicht zu bringen und ihm den Ziegen-„Ball" entreißen zu können. Das ist schon schwer genug, wenn man noch alle Finger hat! Als ich den Geschichten der Familie darüber lauschte, wie gut mein Gastgeber trotz seiner Behinderung in seiner großen Zeit gewesen war, wusste ich, dass ich hier einen wirklich hervorragenden Reiter kennengelernt hatte.

Ich stellte viele Fragen dazu, wie der Pferdehandel ablief, wie man dabei einen Gewinn erzielen konnte, wo man geeignete Pferde finden konnte und wo man sie verkaufen musste. Die Antwort erschreckte mich etwas, denn sie lautete: „Bringen Sie sie nach Kasachstan, dort zahlt man immer besonders gut." Das war nicht das, was ich hören wollte, denn von dort kam ich ja gerade, mein Visum galt nicht mehr und ich war entschlossen, in die entgegengesetzte Richtung zu reisen, nach Süden, über den Irkeschtam-Pass nach China. Ich hatte die Überquerung der Grenze bereits arrangiert.

Also versuchte ich es unter einem anderen Blickwinkel: „Wie würden Sie Pferde in die andere Richtung bringen – wo liegen die Märkte im Süden?"

Er lachte. „Das wäre dumm! Im Süden sind Pferde billiger. Die Händler aus dem Süden bringen ihre Pferde in den Norden, nach Kasachstan, weil man dort immer besonders gut zahlt."

Das wusste ich ja nun schon. Es würde offenbar schwierig sein, auf diese Weise mit Pferden einen Gewinn zu erzielen. Also fragte ich ihn: „Wie sieht es denn mit China aus?"

Das wusste er nicht. „Die Leute treiben keinen Pferdehandel mehr mit den Chinesen."

Das hatte ich mir gedacht – hier bot sich mir vielleicht eine Chance.

In Munarbeks Haus wartete leider eine E-Mail mit einer schlechten Nachricht auf mich: Ein Freund aus China informierte mich darüber, dass die Chinesen ihre Quarantänevorschriften ändern wollten. Da vor Kurzem die Pferdegrippe ausgebrochen war, würden jetzt alle für die Einfuhr nach China bestimmten Pferde bis zu 14 Tage in ihrem Herkunftsland und anschließend 45 Tage auf der anderen Seite der Grenze in Quarantäne verbringen müssen. Zudem würde das gesamte Genehmigungsverfahren von nun an über Peking laufen, nicht mehr über die Verwaltungen vor Ort, was den Prozess weiter verzögern würde. Das bedeutete definitiv das Ende meines schönen Plans!

Ich war entmutigt, aber nicht bereit, mich schon geschlagen zu geben. Munarbek wollte mir immer noch gern die Gegend zeigen, er hatte bereits Pferde für einen Ritt in die Berge organisiert. Ich konnte ihm ansehen, dass er enttäuscht war. Schließlich war ich von weit her gekommen, und wenn ich mit leeren Händen gehen musste, hätte er sich als schlechter Gastgeber gefühlt. Er überredete mich, den Ritt trotzdem zu machen; mein Visum für die Einreise nach China galt ohnehin erst ab der nächsten Woche, sodass ich gar nicht vorher aufbrechen konnte. Ich erklärte mich einverstanden, beim ersten Tageslicht mit ihm loszureiten.

10 Geschafft!

INVESTITIONEN:

- **Wein: 15 218 Dollar**

AUF DER BANK: 37 989 Dollar

Heute will ich mit Munarbek und Bopong in die Berge über Toktogul reiten. Als ich kurz vor der Dämmerung eintreffe, sattelt Bopong bereits die Pferde für uns. Wir reiten noch bei Dunkelheit los, auf einem alten Pfad, der hinten im Hof beginnt. Ich sitze auf einem mittelgroßen, schwarzen, achtjährigen Wallach mit kurzem, eiligem Schritt, der Munarbek zufolge Speedy heißt, was mir ein bisschen Sorge bereitet. Wie die meisten Pferde, die in Kirgisien geritten werden sollen, will auch Speedy rennen. Wenn er auch nur die geringste Chance dazu bekommt, bricht er aus dem Schritt aus, überspringt den Trab und verfällt direkt in Galopp. Das liegt daran, dass er dafür trainiert wurde, Ulak-Tartisch zu spielen.

Unser Ziel ist die Hochweide, wo sich ein Hirte um die Pferde kümmert. Im Frühling zieht der Schnee sich allmählich zurück, und er hat die Aufgabe, die Pferde auf der Suche nach frischem Gras immer höher zu führen. Munarbek reitet voran, flussaufwärts durch eine Schlucht. Das Wasser fließt schnell dahin und ist frisch, denn es entsteht aus dem geschmolzenen Schnee des letzten Jahres. Schließlich beginnt ein so steiler Aufstieg, dass Speedy und ich den Hang in Schleifen emporreiten müssen. Vom Gipfel aus habe ich einen atemberaubenden Blick auf schneebedeckte Berge, die sich weit in die Ferne erstrecken, die hübsche Stadt Toktogul am See hinter uns und ein kleines Gehöft tief unten in dem steilen Tal. Dieses Gelände kann kein Fahrzeug bewältigen, auch nicht mit Vierradantrieb. Deshalb sind Pferde in Kirgisien ja so wertvoll: Anders kann man das Land dort einfach nicht durchqueren oder bearbeiten.

Die Pferde tragen uns hinunter und durch das Gehöft. Es gibt kein Zeichen von Menschen, nur einen bellenden Hund, der angerannt kommt, um uns zu begrüßen und wieder zu verabschieden. Die Pferde lassen sich von ihm nicht stören, wir stapfen durch das Gehöft und erklimmen einen weiteren Hang. Vom nächsten Gipfel aus können wir in ein langes Tal schauen, wo der Hirte Munarbek zufolge manchmal sein Lager aufschlägt. Munarbek hat mit ihm vereinbart, dass er die Pferde später herunterbringen wird.

Ich möchte gern wissen, ob Munarbek und Slava wie der Veteran der Ansicht sind, dass sich im Süden kein Gewinn erzielen lässt. Es gibt einen Markt in Usgen, wo die Bevölkerung überwiegend aus Usbeken besteht. Dort zahlt man für größere Pferde mehr. Der Teil des Landes, in dem wir uns gerade befinden, ist eine Gebirgsregion, in der hauptsächlich Kirgisen leben. Die Kirgisen mögen kleine Pferde, weil sie sich für die Berge gut eignen. Die Usbeken ziehen größere Pferde vor, da das Land in Usgen flacher ist. Falls ich hier oben Pferde finden kann, die zu groß sind, um gut fürs Gebirge zu sein, kann ich sie wahrscheinlich billig bekommen und dann zu einem höheren Preis in Usgen verkaufen. Die Gewinnspanne würde allerdings nur klein sein und mein Profit würde davon abhängen, wie geschickt ich mit den usbekischen Pferdehändlern auf dem Markt verhandle.

Jetzt weiß ich, worin die Herausforderung besteht: Ich muss in die Berge hinaufreiten, ein paar gute Pferde auftreiben und sie zum Markt bringen. Das Desaster mit den Kamelen im Sudan habe ich immer noch nicht ganz verschmerzt, und hier scheint sich mir eine großartige Gelegenheit zu bieten, das, was mir dort so offensichtlich misslungen ist, noch einmal zu versuchen: mich bei Verhandlungen mit einigen der berüchtigtsten Händler der Welt zu bewähren. In den englischsprachigen Ländern benutzt man den Begriff „Horse Trading", um hervorzuheben, dass Verhandlungen hart sind – weiß aber irgendjemand, was der wahre Grund dafür ist? Ich wollte mich mit echten Pferdehändlern messen, auf ihrem ureigenen Gebiet. Vielleicht würde ich dabei zumindest etwas lernen.

Nach über drei Stunden im Sattel erreichen wir das Ende des Tals, wo das Land sich zu einer weiten Wiese öffnet. Das Winterlager des Hirten ist jetzt nur noch ein paar Kilometer entfernt, und Speedy weiß das offensichtlich. Er kaut auf dem Zaum herum, denn er hat es eilig, dort hinzukommen. Deshalb schlägt Munarbek mir ein Wettrennen vor. Er versetzt Speedy ohne Vorwarnung einen harten Klaps aufs Hinterteil und spornt gleichzeitig sein eigenes Pferd an. Schon galoppieren wir los, über die offene Wiese. Mir bleibt nichts anderes übrig, als mich mit aller Kraft festzuklammern. Ich habe keine Chance, an Munarbek vorbeizukommen, der mich begeistert anstrahlt. Als wir das Ende des Tals umrunden, erblicke ich einen Mann, der uns vom Hang aus beobachtet. Er sitzt auf einem prächtigen Pferd, trägt eine leuchtend rote Pudelmütze und lacht über meine Bemühungen, mich nicht von Munarbek abhängen zu lassen. Schließlich zügeln wir unsere Pferde neben einem Bach und sie trinken das kühlende Wasser in langen, durstigen Zügen. Der Mann reitet zu uns herab und begrüßt mich mit festem Händedruck und einem aufrichtigen, warmen Lächeln. Er ist der Sohn des Hirten; sein Vater wird später mit den besten Pferden von der Hochweide kommen.

Wir schlagen unsere Zelte auf der anderen Seite des Baches auf, um einerseits in der Nähe des Hirten zu bleiben, ihm aber andererseits zumindest symbolisch genug Platz zu lassen. Seine Frau hat sich im Zelt der Zubereitung des Essens gewidmet. Jetzt kommt sie heraus und lädt uns zu heißem Tee, Brot, Käse und Würstchen ein. Wir ziehen uns die Schuhe aus, setzen uns im Zelt auf den Boden und laben uns an dem warmen Trank. Die Sonne beginnt bereits hinter den hohen Bergen an der Westseite des Tals zu verschwinden und nimmt ihre Wärme mit. Die Berge rauben hier jeden Tag kostbare Stunden – sie schlucken sowohl die Morgen- als auch die Abenddämmerung.

Der Sohn des Hirten sagt, sein Vater werde an diesem Tag wohl nicht mehr zurückkehren. Er versucht, die Pferde jeden Tag ein Stück weiter nach oben zu bringen, und das Wetter war in der letzten Zeit relativ mild. Er konnte offenbar höher gehen als erwartet, sodass der Rückweg zu den unteren Weiden länger dauern wird. Wahrscheinlich wird er unterwegs übernachten, da der Abstieg im Dunkeln gefährlich ist. Ein Pferd, das vom Weg abkommt, könnte dann leicht verloren gehen, und außerdem gibt es dort Wölfe, die ein neugeborenes Fohlen reißen könnten. Deshalb wird er erst am Morgen bei uns eintreffen. Es ist gerade mal acht, doch nach dem langen Ritt und ohne Strom bleibt nichts anderes zu tun, als sich früh schlafen zu legen.

Ich wache schon kurz nach der Dämmerung auf. Die anderen schlafen alle noch, die Sonne ist noch nicht über die Berge gestiegen. Es gibt gerade so viel Licht, dass ich erkennen kann, wohin ich meine Füße setze. Daher beschließe ich, eine der Rinnen hinaufzusteigen, die über den Hang verlaufen. Von oben aus werde ich weiter ins Tal hineinblicken und den Hirten früher sehen können. Es ist schwierig, auf dem sehr steilen, felsigen Boden voranzukommen, ich brauche über eine halbe Stunde bis zum Ende der Rinne. Etwa zur gleichen Zeit lugt die Sonne über die Berge im Osten. Zuerst erleuchtet sie nur den obersten Rand der westlichen Gipfel, dann ergießt sie sich langsam über ihre Flanken, bis das gesamte Tal in goldenes Licht getaucht ist. Vom höchsten Punkt aus erblicke ich in der Ferne einen einzelnen Reiter, der rund 20 Pferde treibt. So ein Mist! Ich hatte gehofft, mich vor dem Abstieg ein bisschen ausruhen zu können, doch wenn ich vor dem Hirten im Lager sein will, muss ich mich sputen. Ich springe und stolpere den Hang hinunter und breche mir dabei fast den Hals.

Als die Pferde das Tal entlangkommen, sehe ich sie mir genau an. Der Hirte treibt sie von beiden Seiten aus an und sorgt dafür, dass sie hintereinander bleiben. Ich will herausfinden, ob einige größer sind als der Rest. Es gibt tatsächlich ein paar große in der Gruppe, aber auch viele Fohlen – ob das wohl eine gute Investition wäre? Der Hirte ist ein kleiner Mann mit leicht östlichen Gesichtszügen und dunkler, ledriger Haut. Ein paar Pferde gehören ihm, die meisten aber anderen Besitzern, die ihn dafür bezahlen, dass er sich den Winter über um sie kümmert. Auch Munarbek und sein Freund Bopong gehören zu den Besitzern. Hier könnte sich also ein Interessenkonflikt auftun, da Munarbek nun Berater und Verkäufer zugleich ist.

Ich beschließe, mit einem der Pferde des Hirten anzufangen, das zum Verkauf steht. Es handelt sich um einen Dreijährigen, der seine Altersgenossen bereits alle überragt und dessen Mutter laut Munarbek eine der größten Stuten hier in der Gegend ist. Er eignet sich nicht für dieses Terrain und wird sonst wahrscheinlich als Schlachtvieh verkauft werden. Ich erkundige mich bei Munarbek, wie viel er seiner Ansicht nach wert ist. Er antwortet, rund 32 000 Som (etwa 800 Dollar). Hier bietet sich mir eine gute Möglichkeit, herauszufinden, auf welcher Seite Munarbek steht.

Es wird am besten sein, wenn ich nicht mehr als vier Pferde kaufe. Der Sinn dieser Sache besteht ja darin, Geld zu verdienen, und das kann ich nur schaffen, wenn ich hart verhandle. Das Problem dabei ist, dass ich nicht weiß, wie viel Pferde hier tatsächlich wert sind – ich kann mich nur auf das stützen, was Munarbek mir erzählt hat. Ich muss diese Verhandlung daher als Experiment benutzen und die Situation dann auf ihrer Grundlage neu beurteilen.

Ich beschließe, Munarbeks Einschätzung einem Praxistest zu unterziehen, und springe ins kalte Wasser. „Was wollen Sie für dieses Pferd haben?" Der Hirte sieht mich verwirrt an. Weshalb will ich denn sein Pferd kaufen? Er fragt sich zweifellos, was ich damit bloß vorhabe – es ist ja noch nicht mal zugeritten worden. Vielleicht glaubt er, ich wolle es essen. Jedenfalls muss Slava einige Erklärungen abgeben, bis der Hirte überzeugt ist, dass meine Anfrage ernst gemeint ist. Dann bietet er mir das Pferd für 35 000 Som an. Ich mache ihm ein Gegenangebot von 25 000, doch das beeindruckt ihn nicht. Nach einer Pause sagt er, ich könne es für 32 000 Som haben. Ich biete ihm 30 000 als letztes Angebot – und bereue das sofort: zu hoch und zu schnell. Ich hätte es mit 26 000 versuchen sollen, vielleicht sogar mit nur 25 500. Doch ich habe mich im Eifer des Gefechts hinreißen lassen. Er verlangt jetzt natürlich 31 000 und mir bleibt nur noch die Möglichkeit, mich in der Mitte mit ihm zu treffen, bei 30 500 Som (763 Dollar). Er schlägt ein. Ich bin mir sicher, dass ich einen zu hohen Preis gezahlt habe, aber immerhin habe ich gerade das allererste Pferd in meinem Leben erworben. Ich werde es Charlie nennen, weil dieser Name für Menschen steht, die sich so dumm anstellen wie ich eben.

Jetzt muss ich ein bisschen nachdenken. Das war ein schlechtes Geschäft, aber es ging dabei ja nur um ein einziges Pferd. Wichtig ist vor allem, dass ich Munarbek nun mit anderen Augen sehe. Ich werde seine Ratschläge von jetzt an nicht mehr allzu schnell befolgen. Eigentlich sollte ich ihn einfach als einen weiteren Pferdehändler betrachten – als jemanden, mit dem ich feilschen muss. Also frage ich ihn, welche seiner Pferde zu verkaufen sind. Er fängt an, auf sie zu zeigen, doch ich kann sie mir nicht richtig ansehen, solange sie über die ganze Wiese verstreut sind. Deshalb bitte ich ihn, die größeren, die zum Verkauf stehen, aus der Herde herauszuholen, bevor wir mit den Verhandlungen beginnen. Es stellt sich aber heraus, dass das zwar leicht gesagt, aber schwer getan ist.

Wilde Pferde einzufangen wird durch Erfahrung offenbar nicht leichter. Bopong ist zweifellos ein hervorragender Pferdekenner. Er hat im Handumdrehen ein Lasso an einem Stock befestigt und zeigt mir, wie einfach seine Benutzung ist: Werfen, Heben, Ziehen – schon hat man ein Pferd eingefangen. Die Wirklichkeit sieht allerdings anders aus: Werfen, Verfehlen, erneutes Werfen. Und noch einmal. Und noch einmal.

Munarbek hat ein Pferd ausgewählt, das sich seiner Ansicht nach in Usgen gut verkaufen lassen wird, obwohl es erst zwei Jahre alt und noch nicht zugeritten ist. Seiner Meinung nach wird es sehr groß werden, ist also genau die Sorte Pferd, die die Usbeken lieben. Leider scheint es seine Eignung für das Leben im Süden nicht akzeptieren zu wollen. Ich finde sogar, dass es sich hier auf dem Berg extrem geschickt bewegt. Es gelingt ihm zumindest lange, Bopongs Lasso auszuweichen. Bopong hebt es immer wieder, ohne dass das Pferd in ihm stecken würde. Einmal landet er dabei sogar kopfüber im Matsch. Ich beschließe, dieses Pferd Steve zu nennen, falls es mir jemals gehören sollte, nach Steve McQueen in Gesprengte Ketten.

Schließlich sind die Pferde alle in einer Art Schönheitswettbewerb für Vierbeiner vor mir aufgereiht. Ich komme zu dem Schluss, dass es neben Charlie noch drei andere gibt, die sich für Usgen eignen. Zwei gehören Munarbek, das vierte ist das Pferd, auf dem Bopong hergeritten ist, ein wunderschöner gescheckter Hengst, der allerdings die falsche Einstellung hat: Sobald ihm ein anderes Pferd näher kommt als drei Meter, versetzt er ihm einen ordentlichen Huftritt. Da ich bereits ein Pferd gekauft habe, brauche ich mehr, damit die Sache funktioniert. Der Transport wird nicht billig sein – um einen Gewinn erzielen zu können, benötige ich mindestens vier Pferde, sodass die Kosten sich verteilen.

Ich beschließe, mit Munarbeks größtem Pferd anzufangen: einem schwarzen Hengst mit einer enormen Tolle, durch die er ein bisschen wie Liam Gallagher aussieht. Wir wollen ihn also Liam nennen. Liam soll mich 50 000 Som (1 250 Dollar) kosten. Er ist kräftig und zweifellos der Größte in der Gruppe, doch nach der Erfahrung mit Charlie bin ich Munarbek gegenüber misstrauisch. Woher soll ich wissen, wie viel Liam wert ist? Da kommt mir eine Idee: Ich kann ja die Pferde, die ich sehe, miteinander vergleichen, und will daher zunächst mit Bopong verhandeln. Was soll sein Schecke kosten? Bopong ist nicht so ein gerissener Geschäftemacher wie Munarbek. Zu meiner Freude verlangt er 50 000 Som. Das dürfte ein fairer Preis für dieses Pferd sein, und noch schöner ist, dass er Munarbeks Forderung für Liam den Boden entzieht. Wenn dieses prachtvolle Pferd 50 000 Som wert ist, kann Liam höchstens 40 000 wert sein.

Ich versuche, mit Bopong zu verhandeln. Wie wäre es mit 45 000? Nein – sein Preis sind 50 000. Jetzt bin ich noch stärker davon überzeugt, dass er nicht versucht, mich über den Tisch zu ziehen. Vielleicht bin ich naiv, aber ich glaube, dass ich einen guten Mann erkennen kann, wenn ich ihn treffe, und Bopong ist ein guter Mann. Wie steht es mit 48 000? Nein. Hör mal, Bopong, ob du nun ein guter Mann bist oder nicht, du musst mir schon noch ein bisschen entgegenkommen! Wie wäre es denn mit 49 000? Nach langem Schweigen streckt Bopong mir widerstrebend seine riesige Pranke hin. Abgemacht! Als er mir meine viel kleinere Hand fast zerquetscht hat, besitze ich das beste Pferd auf dem ganzen Berg, den siebenjährigen Schecken, und habe es zu einem Schleuderpreis bekommen, für 49 000 Som (1 225 Dollar). Ich werde es Martin nennen – und hoffe inständig, dass ich Bopong dazu überreden kann, auf ihm zurückzureiten.

Jetzt ist es an der Zeit, wieder mit Munarbek zu reden. Da Martin nur 49 000 Som gekostet hat, kann er für Liam ja nicht mehr 50 000 verlangen. Ich erkläre ihm das, und er wirft Bopong einen bösen Blick zu. Bopong lässt sich davon aber nicht aus der Ruhe bringen. Ich biete Munarbek 40 000 für Liam und 25 000 für den flinken Steve McQueen. Er lacht. „Wir sollten über den Echtpreis sprechen!“ Jetzt lache ich. Die Spielerei ist offenbar vorbei, Bopong hat den Ton vorgegeben und wir kommen zur Sache. Munarbek will 75 000 Som (1 875 Dollar) für beide Pferde, als Echtpreis. Das ist ein billiger Trick. Meiner Ansicht nach will der Mann für seine Pferde einfach so viel wie möglich haben. Ich biete ihm 70 000, als mein letztes Angebot, doch er schüttelt den Kopf: 72 500? Ich bleibe hart, denn das muss ich jetzt: 70 000 Som. Mein letztes Angebot! Munarbek denkt offensichtlich nach. Ich sehe ihm an, dass er mit dieser Summe zufrieden ist, vermute aber, dass er vor Bopong nicht das Gesicht verlieren will. Also bin ich diplomatisch und halte ihm einen Ölzweig hin: Wenn er mir hilft, die Pferde zurück nach Toktogul zu bringen und einen Lastwagen für den Transport nach Usgen zu finden, werde ich ihm 71 000 Som (1 775 Dollar) zahlen. Er verzieht das Gesicht zu einem strahlenden Lächeln. Er wird sogar noch mehr tun: Bopong und er werden mich nach Usgen begleiten, für den Fall, dass ich Hilfe brauche. Jetzt besitze ich vier Pferde, die mich insgesamt knapp 4 000 Dollar gekostet haben.

Wir setzen uns hin, um etwas zu essen und das Geschäft zu besiegeln. Eine Platte mit Pferdefleisch und Kartoffeln gewinnt durch die Peri-Peri-Soße von Bushman enorm an Geschmack. Insbesondere der Hirte kann gar nicht fassen, wie sehr sie den Geschmack seines Essens verbessert. Des Essens, das er Tag für Tag zu sich nimmt. Er ist so fasziniert, dass ich mich verpflichtet fühle, ihm die Flasche als Geschenk zu überreichen. Angesichts des generell wirklich furchtbaren Geschmacks des kirgisischen Essens bin ich mir sogar sicher, dass es nur noch eine Frage der Zeit ist, bis Eddie mit einer Satteltasche mit dem Zeug hier heraufgeritten kommt.

Nach dem Frühstück, das aus Nudeln, Haferbrei und den obligatorischen 15 Tassen Chi besteht, gelingt es uns ein bisschen leichter als am Vortag, die Pferde einzufangen. Wir beraten darüber, wer auf wem nach Toktogul zurückreiten soll. Die anderen beschließen, dass ich Martin nehmen soll, und meine Proteste verhallen ungehört. Er spürt offenbar, dass ich ihm gegenüber Vorbehalte habe, denn als ich ihn besteige, dreht er sich sofort abrupt zur Seite, um mich auf die Probe zu stellen. Ich lasse mich nicht abschütteln, bin darüber recht erleichtert und will ihm gleich zeigen, wer hier das Sagen hat. Er gehört mir jetzt ja, ich bin sein Herr und Boss. Als alle, auch der Sohn des Hirten, im Sattel sitzen, machen wir uns auf den Weg – lauter Cowboys. Ich schlage Munarbek ein weiteres Wettrennen vor, doch dieses Mal bin ich im Vorteil. Als Martin in Galopp verfällt, habe ich das Gefühl, über den Boden zu fliegen. Munarbek, der jetzt Speedy reitet, bemüht sich vergeblich, mit mir Schritt zu halten. Ich habe ein wirklich tolles Pferd gekauft! Ich überlege mir schon, wie ich es mit nach Hause nehmen kann …

Schließlich sagt der Sohn des Hirten, er müsse uns jetzt verlassen. Nun fällt mir die Aufgabe zu, Steve McQueen den Rest des Wegs nach Toktogul zu führen. Wir reiten sechs Stunden lang und überqueren wieder die beiden Pässe. Dann erreichen wir Bopongs Haus, wo die Pferde abgespritzt und für die Nacht in den Stall gebracht werden. Plötzlich spüre ich die Auswirkungen der Sonne und des langen Ritts: Mich überkommt eine bleierne Müdigkeit, die sich erfahrungsgemäß erst nach mehreren Nächten mit viel Schlaf wieder legen wird. Leider weiß ich, dass mir das nicht so bald vergönnt sein wird. Ich lasse mich ins Heu fallen, um mir so viel Schlaf wie möglich zu verschaffen, doch der Wecker steht auf halb fünf.

11 Unter Pferdehändlern

INVESTITIONEN:
- **Wein: 15 218 Dollar**
- **Pferde (einschließlich Transport): 4 250 Dollar**

AUF DER BANK: 33 739 Dollar

Noch vor Sonnenaufgang holen Bopong und ich die Pferde aus dem Stall. Als wir gerade mit dem letzten beschäftigt sind, kommt der Lastwagen angetuckert, ein asthmatischer, stotternder Kamaz, der noch ein Überbleibsel aus der Sowjetzeit ist. Er muss mindestens 18 Jahre alt sein, denn diese Zehntonner werden seit etwa 1990 nicht mehr hergestellt. Der Laster setzt in das Feld zurück und stößt dabei eine schwarze, teerige Abgaswolke aus, die die Pferde und mich einhüllt. Als der Rauch sich verzogen hat, sehe ich, dass insbesondere Martin nicht von diesem Transportmittel angetan ist.

Der Fahrer, der Richard Gere zum Verwechseln ähnlich sieht, steigt aus und nimmt die 500 Dollar, die ich ihm für den Transport nach Usgen zugesagt habe. Nachdem er das Geld (zweimal) gezählt hat, senkt er die Rampe am Heck ab, sodass wir mit dem Beladen anfangen können. Es überrascht mich nicht, dass offenbar keines der Pferde scharf darauf ist, an Bord zu gehen. Wir müssen ihnen die Augen verbinden, sie herumführen, damit sie die Orientierung verlieren, und Stöcke und Mohrrüben einsetzen, um sie hineinzubekommen. Ich bin froh darüber, dass ich nur vier Pferde zu transportieren habe – normalerweise werden 15 hineingequetscht, und das wäre ausgesprochen unerfreulich gewesen.

Auf der fast 500 Kilometer langen Fahrt nach Usgen durchqueren wir eine der schönsten Landschaften, die ich in meinem ganzen Leben gesehen habe: Riesige grüne Wiesen mit Streifen von rotem Mohn erstrecken sich zu schneebedeckten Bergen hin, darüber wölbt sich ein kristallklarer blauer Himmel. Als wir uns Usbekistan nähern, wird die Straße ebener und wir kommen an Enklaven vorbei, die zwar innerhalb der kirgisischen Grenzen liegen, deren Bewohner aber fast ausschließlich usbekischer Abstammung sind. Selbst die Wegweiser sind auf Usbekisch abgefasst. Das ist ein seltsames Relikt aus der Stalinzeit – damals wurden die mittelasiatischen Länder so aufgeteilt, dass die ethnischen Gruppen gespalten wurden und keine so große Bedrohung mehr für das Sowjetregime darstellten. Hin und wieder kommt es hier immer noch zu Unruhen, doch heute ist alles still.

Ab und zu halten wir an, damit die Polizei unsere Papiere und den Laster überprüfen kann. Auch das ist ein Überbleibsel aus der Sowjetzeit. Einmal steigen wir aus, um uns die Beine zu vertreten, während die Polizei sich Herrn Geres Papiere genau ansieht. Das ist eine gute Gelegenheit, nachzuschauen, wie es den Pferden geht. Im Augenblick liegt mir vor allem daran, dass sie gesund und sicher nach Usgen kommen. Durch einen Spalt in der Rückwand sehe ich, dass alle vier Pferde einen frischen Haufen Äpfel produziert haben. Da man sich ja eigentlich nur erleichtert, wenn man sich wohlfühlt, nehme ich das als gutes Zeichen.

Als wir alle wieder im Führerhaus sitzen, stellt sich heraus, dass wir ein Problem haben: Der Laster springt nicht an. Ich kann es kaum glauben: Herr Gere schlägt vor, dass wir ihn anschieben sollen! Noch unglaublicher ist, dass uns eine Gruppe von Einheimischen dabei hilft; und das Unglaublichste ist, dass wir es gemeinsam tatsächlich schaffen, einen Zehntonner mit vier Pferden anzuschieben, und unsere Fahrt nach Usgen fortsetzen können.

Kurz vor Sonnenuntergang rollt der Laster auf eine große Wiese am Stadtrand, gegenüber vom Markt. Ich hatte eigentlich geplant, die Pferde auszuladen, sie zu füttern und zu tränken und uns dann einen Schlafplatz zu suchen. Auf das Eintreffen des Lasters hin sind aber viele Leute zusammengelaufen, die sich unsere Fracht ansehen wollen. Bevor ich das zweite Pferd ausladen kann, werde ich schon mit Fragen bombardiert, was das erste kosten soll. Die Menge besteht ausschließlich aus Männern. Sie erinnern mich auf seltsame Weise an die Farmer, die in meiner Kindheit in die Apotheke meines Großvaters im Westen von Irland kamen, wo ich damals in den Ferien aushalf. Ich habe mal etwas darüber gelesen, dass die mittelasiatischen und die keltischen Völker zu großen Teilen die gleichen Gene haben, und als ich in diese allzu vertrauten Gesichter blicke, bin ich bereit, das vorbehaltlos zu glauben.

Gemeinsame Ahnen oder nicht – schon nach kurzer Zeit wird die Menge grob und will Preise von mir hören. Ich versuche, die Ordnung einigermaßen wiederherzustellen, und wähle eines der Pferde aus. Da Martin eindeutig der Star der Truppe ist, schiebe ich ihn nach vorn. Ein dicker Mann in einem weißen T-Shirt tritt vor und erkundigt sich herrisch nach dem Preis. Es ist ein merkwürdiges Gefühl, dieses Pferd, das ich ja gerade erst gekauft habe, so schnell wieder zu verkaufen. Wir haben doch noch gar keine Gelegenheit gehabt, uns richtig kennenzulernen …

Ich erkläre dem Mann, dass ich für Martin 70 000 Som (1 750 Dollar) haben will, doch er bietet mir nur 26 000, rund die Hälfte der Summe, die ich selbst gezahlt habe. Diese Männer sind offensichtlich Spekulanten, die noch vor dem Markttag ein Schnäppchen machen wollen. Wenn sie mich dazu bringen können, billig zu verkaufen, können sie morgen einen saftigen Gewinn einstreichen. Dabei spiele ich aber nicht mit – ich habe vier gute Pferde und werde mein Glück lieber auf dem Markt versuchen. Ich bitte Slava, den Männern zu erklären, dass die Pferde heute nicht zum Verkauf stehen und dass ich sie morgen sehen werde. Der Dicke ist darüber nicht erfreut. Er ruft mir gehässig zu: „Morgen werde ich Ihnen dieses Pferd für 25 000 Som abkaufen!", dreht sich um und geht.

Munarbek und Bopong, die ja nicht aus diesem Teil des Landes kommen, sind wegen der Usbeken beunruhigt, denen wir hier begegnet sind. Am Vorabend des Pferdemarktes findet immer ein Volksfest statt, und dabei werden alle Wodka trinken. Sehr viel Wodka. Ich würde eigentlich gern zusammen mit den Pferden hier auf der Wiese schlafen, doch Bopong befürchtet, dass dann mitten in der Nacht Betrunkene bei uns auftauchen könnten, die vielleicht sogar beschließen würden, dass nun die richtige Zeit für Verhandlungen sei. Und mit Wodka im Bauch wären sie möglicherweise nicht bereit, ein Nein als Antwort zu akzeptieren. Daher wollen wir uns lieber einen abgelegeneren Platz suchen. Wir führen die Pferde also weiter aus der Stadt heraus, zu einem Feld, das hinter einer Baumreihe liegt, in einiger Entfernung von der Straße. Während Bopong sie füttert, sammeln Munarbek und ich Holz und zünden ein Feuer an. Munarbek zaubert eine Flasche Wodka hervor, wir setzen uns neben die Pferde und prosten uns zu.

Das ist eine wunderbare Gelegenheit, darüber zu sprechen, wie man sich auf einem Pferdemarkt gut schlägt. Bopong sagt, dass es Leute geben muss, die bei ihrem ersten Marktbesuch einen Gewinn erzielt haben, doch er kenne niemanden, dem das gelungen sei. Das ist nicht ganz die Sorte von konstruktiven Ratschlägen, die ich mir erhofft habe. Munarbek erklärt mir, dass die Händler von vorhin auch morgen da sein werden und dass sie versuchen werden, mich gemeinsam aufs Kreuz zu legen. Bei dem Pferdemarkt handelt es sich um eine Art Versteigerung mit sinkenden

Preisen. Der Großteil der Geschäfte wird nämlich morgens gemacht, wenn die Bauern kommen, um Pferde zu kaufen. Die Händler wissen, dass jeder, der nachmittags noch da ist, ganz dringend verkaufen will, und nutzen das aus. Munarbek ist sich sicher, dass die Händlerbanden versuchen werden, mich in fruchtlose Verhandlungen zu verwickeln, um meine Zeit zu verschwenden und mich dort festzuhalten, bis die wirklichen Käufer weg sind und ich billig verkaufen muss.

Das hört sich alles ziemlich beängstigend an. Munarbek macht sich auch Sorgen um mich. Er sagt, ich müsse festbleiben und dürfe nicht die Nerven verlieren. Außerdem müsse ich die Traditionen des Marktes respektieren. Es ist üblich, dass die Verhandlungen dort auf eine bestimmte Weise geführt werden, und die Einheimischen werden das ausnutzen, um mir die Sache noch mehr zu erschweren. Zu Beginn ergreifen die Beteiligten jeweils die Hand des anderen. Der eine macht ein Angebot, der andere ein Gegenangebot, doch es gilt als ungehobelt, seinen Griff zu lösen, bevor man sich geeinigt hat. Wenn ich Ihnen ein Angebot mache, bemühe ich mich, Sie dazu zu bringen, das Geschäft per Handschlag zu besiegeln. Falls Sie mein Angebot nicht annehmen, lassen Sie Ihren Arm schlaff werden, sodass es nicht zu dieser Besiegelung kommt. Stattdessen machen Sie mir ein Gegenangebot und versuchen, mir die Hand zu schütteln, und wenn ich damit nicht zufrieden bin, lasse ich meinen Arm schlaff werden. Was auch passiert – man darf seine Hand auf keinen Fall wegziehen. Daher können Verhandlungen lange dauern, mit einem ständigen Wechselspiel von Angeboten und Gegenangeboten. Die Händlerbanden werden so tun, als seien sie ernsthafte Käufer, mir aber nur sehr niedrige Preise bieten und ihr Angebot dann immer nur langsam erhöhen, bis ich schließlich keine andere Wahl mehr habe, als unter Wert zu verkaufen oder das Gesicht zu verlieren und meine Hand wegzuziehen. Das Schlimme daran ist, dass ein ernsthafter Interessent unsere Verhandlung nicht unterbrechen darf, sondern bis zu ihrem Abschluss warten muss. Dann wird er aber vielleicht längst nicht mehr da sein … So verschwenden die Banden die Zeit der Verkäufer, die dann noch am Nachmittag mit Pferden dastehen können, die sie nicht verkaufen konnten. Das hört sich alles sehr erschreckend an.

Ich bin ganz erschlagen. Ich hatte gedacht, ich wäre gestern schon erschlagen gewesen, doch inzwischen bin ich ja durch halb Kirgisien gefahren, habe mich mit all den feindseligen Händlern konfrontiert gesehen und werde jetzt am Straßenrand schlafen, in einem Feld, neben einem Pferd, das furzt – viel mehr kann ich nicht ertragen! Morgen werde ich aber schon in aller Frühe herausfinden, ob ich mich als Pferdehändler durchsetzen kann.

Trotz Martins Furzerei und nicht zuletzt dank Munarbeks Wodka schlafe ich doch vier Stunden lang gut. Dann ist es Zeit, aufzustehen und zum Markt zu gehen. Man muss früh dort sein, um sich einen guten Platz zu sichern. Obwohl es gerade erst fünf ist, herrscht auf der Straße schon viel Betrieb. Außer Pferden werden auch alle möglichen anderen Arten von Vieh feilgeboten. Als wir die Straße entlanggehen, fährt ein Kombi mit einem halben Dutzend Ziegen an uns vorbei. Die Spekulanten von gestern sind auch schon da und versuchen bereits, meine Entschlossenheit durch lachhaft niedrige Angebote für meine Pferde ins Wanken zu bringen, bevor ich den an allen Seiten von Mauern umgebenen Marktplatz überhaupt erreicht habe. Als ich ihn dann betrete und meine vier Pferde in der Nähe der Mitte anbinde, kommt er mir wie eine Arena für Gladiatorenkämpfe vor.

Jetzt muss ich alle Zahlen noch einmal im Kopf durchgehen. Wenn der Markt beginnt, muss ich in der Lage sein, schnell Gewinnspannen für die einzelnen Pferde zu berechnen. Ich habe insgesamt rund 3 750 Dollar für vier Pferde bezahlt, und die Situation sieht so aus:

MARTIN: 49 000 Som (1 225 Dollar)
LIAM: 45 000 Som (1 125 Dollar)
STEVE: 26 000 Som (650 Dollar)
CHARLIE: 30 500 Som (763 Dollar)

Falls ich die Pferde mit einem anständigen Aufschlag verkaufen kann, selbst wenn es nur die im Einzelhandel üblichen 30 Prozent sein sollten (nach Einrechnung der Transportkosten), kann ich einen satten Gewinn von 1 500 Dollar einstreichen. Nicht schlecht für ein paar Tage Arbeit!

In der ersten Stunde kommen zahlreiche Spekulanten, um sich die Pferde anzusehen. Ich werde mit Angeboten bombardiert, die, genau wie gestern, zu niedrig sind. Allmählich befürchte ich schon, dass die Preise hier in Usgen wirklich noch niedriger sein könnten als in den Bergen bei Toktogul. Ich überlege mir, dass ich vielleicht ein paar ernsthafte Interessenten anziehen kann, wenn ich Steve McQueen präsentiere; daher binde ich ihn los und führe ihn im Marktbereich herum. Das klappt tatsächlich. Ein Mann, den ich bisher noch nicht gesehen habe, zeigt Interesse und ergreift meine Hand. Ich nenne ihm meine erste Preisforderung: 34 000 Som (850 Dollar), 30 Prozent mehr, als ich selbst gezahlt habe. Er bietet mir 16 000 Som (400 Dollar). Ich gehe ein bisschen herunter, auf 33 000 Som, doch er bietet mir im Gegenzug nur 16 100. Ich merke, dass er nun von zwei Männern beraten wird, die ich gestern bei meiner Ankunft auf der großen Wiese getroffen habe. Es handelt sich also um einen Spekulanten! Genau davor hat Munarbek mich gewarnt. Obwohl das als schlechtes Benehmen gilt, zögere ich auch nicht eine Sekunde – ich entreiße diesem Zeitverschwender meine Hand und gehe wieder zu den anderen Pferden zurück.

Um meinen Star, Martin, hat sich inzwischen eine Menschenmenge versammelt. Er ist zweifellos eine Attraktion, solange ich ihn habe, kann ich ihn benutzen, um potenzielle Käufer anzuziehen. Daher weigere ich mich, einen Preis für ihn zu nennen: „Er ist nicht zu verkaufen!" Einer der Männer erkundigt sich nach Liam. Sein Freund weist darauf hin, dass Liam offensichtlich ein Problem mit seinem linken Hinterbein hat. Auf dem Berg war mir das gar nicht aufgefallen, doch nun sieht er tatsächlich ein bisschen steif aus. Ich habe keine Ahnung, ob das ein gravierendes Problem ist. Der Mann bietet mir 20 000 Som, nicht einmal die Hälfte von dem, was ich bezahlt habe. Slava rät mir, keinen zu hohen Preis zu verlangen, um ihn nicht zu verscheuchen. Was soll ich denn jetzt machen? Die Zeit verrinnt, ich habe noch kein einziges Pferd verkauft, und hier bietet sich mir die Chance, eines loszuwerden, das vielleicht ein schwerwiegendes Problem mit seinem Bein hat. Selbst wenn ich bei diesem Pferd einen Verlust mache, kann ich mir das Geld mit den anderen zurückholen. Hauptsache, ich fange endlich an, Pferde zu verkaufen! Ich fordere also 45 000 Som, die Summe, die ich selbst für Liam bezahlt habe. Der Mann ergreift meine Hand und grinst mich mit seinem fast zahnlosen Mund an. Er weiß, dass er mich in die Enge getrieben hat. Jetzt geht es nur noch darum, wie schlimm er die Sache für mich machen will.

Wir beginnen mit dem Wechselspiel von Angeboten und Gegenangeboten. Jedes Mal, wenn er mir ein Angebot macht, lasse ich meinen Arm schlaff werden und er reißt ihn mir fast aus der Schulter. Jedes Mal, wenn ich einen höheren Preis verlange, macht er eine ausladende theatralische Bewegung, als wolle er gehen, doch er lässt meine Hand nicht los. Schließlich liegt zwischen seinen Angeboten und meinen Forderungen kein allzu großer Abstand mehr.

Derweil hat sich eine Menschenmenge um uns versammelt und drängt sich so nahe heran, dass ich den Atem von mindestens fünf anderen Männern spüren kann und der Lärm ihrer Anfeuerungsrufe und ihres Gelächters ohrenbetäubend ist. Sie wollen alle, dass wir das Geschäft zu einem Abschluss bringen. Ich spüre, dass sie uns jetzt auf keinen Fall gehen lassen werden, ohne dass wir zu einer Vereinbarung gekommen sind. Einer der Männer streckt sogar die Hand aus und legt sie auf unsere. Er macht mit, um uns dazu anzuregen, uns irgendwo in der Mitte zu treffen. Meine Forderung und das Angebot des Mannes liegen inzwischen nur noch um 1 000 Som auseinander. Wir feilschen also um Kleingeld, doch es herrscht immer noch eine feindselige Atmosphäre und ich will nicht derjenige sein, der als Letzter nachgibt. Die Streiterei um Kleingeld stachelt die Menge zu mehr Gebrüll und Geschrei an als vorher die größere Differenz. Schließlich beenden wir die Verhandlung bei 32 500 Som (813 Dollar). Wir machen beide die Arme steif und schütteln uns schwungvoll die Hände. Die Zuschauer jubeln uns zu, als hätten sie gerade ein Tor in letzter Minute beim Pokalendspiel miterlebt. Das hier ist ihre Unterhaltung, ihr Theater. Ich habe ihnen eine Schau geliefert und sie wissen das zu schätzen. Ich habe ein Pferd verkauft, mit einem Verlust von rund 312 Dollar, doch mein Herz rast, als hätte ich gerade ein Vermögen gemacht.

Nach diesem Erlebnis dreht sich immer noch alles um mich, als der Mann zurückkehrt und sich nach einem Preis für Charlie erkundigt. Ich versuche, meine Müdigkeit abzuschütteln und mich daran zu erinnern, was ich für Charlie bezahlt habe und dass dieser Preis wahrscheinlich zu hoch war. Auch die Menge kommt zurück. Der Mann ergreift meine Hand, um erneut mit mir zu verhandeln. Slava übersetzt die ganze Zeit für mich, doch der Druck nimmt ihn auch sehr mit – er spricht immer wieder Russisch mit mir. Viele der Händler rufen auf Usbekisch, was Slava nicht verstehen kann. Ich will versuchen, für Charlie mindestens

25 000 Som zu bekommen; das wäre zwar ein nicht geringer Verlust, unter den gegebenen Umständen aber wahrscheinlich fair. Die Verhandlung wogt hin und her, es gelingt mir, den Preis von einem Eröffnungsangebot von 15 000 Som auf ansehnlichere 22 000 Som zu treiben. Mir ist schon klar, dass ich hier über den Tisch gezogen werde, doch was kann ich machen? Ich kann die Pferde ja nicht mit nach China nehmen, wenn ich sie hier nicht loswerde. Ich stehe mit dem Rücken zur Wand und habe das Gefühl, dass mir nichts anderes übrig bleibt, als 22 000 Som (550 Dollar) für Charlie zu akzeptieren, damit ich mich auf die beiden übrigen Pferde konzentrieren kann. Das bedeutet wieder 213 Dollar weniger in meiner Schatulle. Die Sache läuft ausgesprochen schlecht für mich.

Der Markt erreicht nun seinen Höhepunkt, es geht auf zehn zu. Das ist die Zeit, zu der die meisten ernsthaften Kaufinteressenten hier sein sollten, ich sollte Martin also jetzt vorstellen. Das Problem ist, dass ich nicht mehr die große Attraktion bin. Die Aufmerksamkeit der Menge gilt inzwischen Geschäften, die auf der entgegengesetzten Seite des Marktes abgeschlossen werden, um meinen Platz herum ist es sehr ruhig geworden. Munarbek fleht mich an, für Martin „Werbung zu machen". Ich soll ihn satteln und mit ihm gegen die anderen Pferde im Pferch reiten, wie bei Ulak-Tartisch. Er glaubt, dass ich die Menge auf diese Weise beeindrucken und in Scharen hierher zurücklocken kann und dass ich dann Angebote für Martin bekommen werde. Das klingt zwar durchaus wie ein sinnvoller Plan, doch angesichts meines – das muss ich leider zugeben – mäßigen Könnens im Sattel bricht mir bei der Vorstellung, auf einem verrückten Hengst in eine feindselige Umgebung zu reiten, der Schweiß aus. Mein Herz will, dass ich aufhöre, so ein Feigling zu sein, doch mein Kopf hält dagegen, dass ich mir dann fast mit Sicherheit eine ernsthafte Verletzung zuziehen werde.

Bopong sagt, er werde Martin reiten. Da das Pferd ihm ja früher gehört hat, dürfte er tatsächlich am besten in der Lage sein, eine gute Schau zu bieten. Er steigt auf und beginnt, auf die Menge zuzugaloppieren. Dann zügelt er Martin hart. Das Pferd bäumt sich auf, wendet und erreicht schon nach ein bis zwei Schritten wieder den Galopp. Das erregt sofort Aufmerksamkeit. Neue Käufer, die ich bisher noch nicht gesehen habe, kommen zu der Stelle, wo Bopong jetzt von einem sehr verschwitzten Martin steigt. Die Adern an seinem Hals und seinen Beinen pumpen, seine Muskeln sind mit Blut gefüllt, der Schweiß glänzt auf seinem Fell – er sieht wirklich wie ein großartiges Pferd aus. Der Plan scheint funktioniert zu haben, einer der Käufer ergreift schnell meine Hand.

Die Sache sieht ja so aus: Martin hat mich 49 000 Som (1 225 Dollar) gekostet; als mein bestes Pferd sollte er 60 000 Som bringen, doch in der derzeitigen Situation würde ich mich auch mit 55 000 zufriedengeben. Und was für ein Angebot bekomme ich für dieses wundervoll aussehende Tier, das in der Blüte seiner Kraft vor mir steht? 31 000 Som. Ich reiße meine Hand angewidert zurück. Es ist mir egal, dass ich dadurch das Gesicht verliere – das ist einfach unverschämt! Sofort ergreift ein anderer Mann meine Hand und bietet mir 32 000 Som. Also ziehe ich meine Hand wieder zurück, und ein dritter Mann beginnt mit mir zu verhandeln – bei 35 000 Som. Das ist wenigstens ein Ausgangspunkt. Ich kontere mit 55 000, doch wir kommen nicht über 37 000 Som hinaus. Mir dämmert, dass man mich jetzt als leichte Beute betrachtet und sich das nicht mehr ändern lässt. Ich bin der Außenseiter und in den Augen der Einheimischen ein Weichling.

Ein anderer Mann fragt, ob er Martin mal ausprobieren könne, wie ein Auto. Meiner Ansicht nach spricht nichts dagegen. Slava versichert mir, dass das eine normale Verhaltensweise und möglicherweise ein Zeichen dafür ist, dass der Mann ernsthaft interessiert ist. Der Mann springt auf Martin und haut ihm die Hacken in die Flanken. Natürlich rast Martin wie eine Rakete los. Der Mann reißt ihn herum und jagt mit ihm zurück, in vollem Tempo, ganz nahe an uns vorbei, auf zwei andere Reiter zu. Er treibt Martin direkt in die Seite eines der Pferde und zwingt so beide, sich aufzubäumen. Der andere Reiter dreht sein Pferd daraufhin und drängt es um Martin herum, seinen Rücken hinauf. Unter seinem Gewicht muss Martin seinen Schritt verlangsamen, und dann kracht der dritte Reiter in ihn, mit einem schrillen, erregten Schrei, um die Pferde noch weiter anzustacheln. Ich halte es nicht aus, mir das anzusehen! Ich versuche, einzugreifen und die Sache zu beenden, doch Slava packt mich: Ich werde mich verletzen, und außerdem ist das ihre Art. So wird Ulak-Tartisch gespielt. Ich werde Martin jetzt leichter verkaufen können. Das mag zwar stimmen, doch ich kann nicht mehr hinsehen – es ist zu quälend. Als es endlich vorbei ist, verschwindet der Mann ziemlich verlegen wieder in der Menge. Er war kein ernsthafter Interessent. Wenigstens sieht Martin unverletzt aus, sogar ungerührt. Wer weiß – vielleicht hat es ihm sogar Spaß gemacht?

Es gibt keine ernsthaften Angebote mehr, und inzwischen ist es Nachmittag geworden. Einige der Spekulanten beginnen, mir noch niedrigere Angebote zu machen als gestern. Wie er mir angedroht hatte, taucht der Dicke wieder auf und bietet mir 25 000 Som für Martin. Ich sage, für 25 000 Som könne er Steve McQueen haben, ansonsten solle er verschwinden. Doch er hängt wie ein Aasgeier um mich herum. Ich muss jetzt meine Optionen überdenken. Eins steht fest: Für mich ist der Markt gelaufen.

Als Erstes müssen wir die beiden restlichen Pferde auf den Laster laden und zu einem Freund von Munarbek fahren. Dort können die Pferde Futter und Wasser bekommen und wir ein Bett für die Nacht. Ich bin wirklich noch nie so müde gewesen wie jetzt. Die Aussicht auf einen Schlafplatz und ein bisschen Zeit zum Nachdenken ist das Beste, was mir den ganzen Tag über passiert ist. Also bringen wir Martin und den traurig aussehenden Steve McQueen auf den Laster zurück, den sie eigentlich nie wieder sehen wollten, und fahren die 80 Kilometer zu einem Bauernhof am Stadtrand von Osch. Die Pferde werden auf eine Weide geführt, und Munarbek, Bopong, Slava und ich sprechen beim Essen darüber, was ich jetzt tun kann.

Ich würde Martin ja wirklich gern behalten, doch angesichts der Quarantänevorschriften der EU für Kirgisien ist das leider nicht möglich. Er muss also hierbleiben. Ich könnte die Pferde mit Bopong und Munarbek nach Toktogul zurückschicken und die beiden könnten versuchen, sie auf dem Herbstmarkt, wo die Preise höher sind, zu verkaufen. Als wir darüber reden, welche Möglichkeiten wir sonst noch haben, klopft ein Bauer aus der Gegend ans Tor. Er möchte die Pferde sehen, er hat gehört, dass sie zum Verkauf stehen. Ich sattle Martin erneut, und dieses Mal wird der Proberitt für ihn längst nicht so anstrengend – er muss nur mit einem dicken alten Bauern auf dem Rücken die Straße entlangtrotten.

Der Bauer ist an beiden Pferden interessiert, bietet mir aber insgesamt nur 45 000 Som (1 125 Dollar) für sie. Das würde wieder einen großen Verlust für mich bedeuten, fast 750 Dollar, doch ich befürchte, dass mir jetzt gar nichts anderes mehr übrig bleibt, als einzuschlagen. Der Bauer zeigt auf Steve McQueen und sagt laut lachend etwas zu Slava, was der mir nicht übersetzen will. Ich zwinge ihn dazu und erfahre so doch, was der Bauer gesagt hat: „Der da taugt nur zum Schlachten." Nein, das geht nicht! Ich war entschlossen gewesen, keine emotionale Bindung zu diesen Tieren aufkommen zu lassen, aber ich kann Steve McQueen einfach nicht als Fleischlieferanten verkaufen, das bringe ich nicht übers Herz. Damit ist das Geschäft geplatzt. Der Bauer ist wütend, er kann das nicht verstehen und schimpft laut, als er sich wieder in sein Auto setzt und wegfährt. Slava hält mich für verrückt, denn das war ja meine letzte Hoffnung. Wir setzen uns wieder hin und essen, ohne ein Wort zu sagen.

Nach dem Essen kommt noch ein Besucher: ein anderer Bauer aus der Gegend, der von dem verrückten Hengst gehört hat, der zu verkaufen ist. Ich gehe mit ihm nach draußen und er macht einen Proberitt mit Martin. Es ist klar, dass das ein Fall von Liebe auf den ersten Blick ist. Bevor wir mit den Verhandlungen beginnen, zeige ich ihm auch Steve McQueen, da ich die beiden Pferde nur zusammen abgeben will. An Steve ist er weniger interessiert, sagt aber, mit ein bisschen gutem Futter könne er sich zu einem schönen großen Pferd entwickeln. Er ist bereit, die beiden zusammen zu kaufen. Er beginnt bei 50 000 Som, bietet mir also 5 000 Som mehr als der Mann, der Steve schlachten lassen wollte. In diesem Augenblick kommt Bopong offenbar zu dem Ergebnis, dass er genug gesehen hat. Er befreit meine Hand aus dem Griff des Bauern und ergreift dessen Hand selbst. Sie reden und lachen und reden weiter, auf Kirgisisch, fast eine Stunde lang. Dann erfolgt das mir inzwischen vertraute schwungvolle Händeschütteln. Glücklich sieht Bopong nicht aus. Er nimmt mich beiseite und erklärt mir mit gequältem Gesicht, er habe leider keinen besseren Preis als 65 000 Som (1 625 Dollar) erzielen können. Das sei der höchste Preis, den der Mann zahlen würde. Höher habe er ihn einfach nicht treiben können.

Ich fühle mit Bopong. Wir haben zusammen einen weiten Weg zurückgelegt und unterwegs durchaus unseren Spaß gehabt. Er hat einen Gewinn gemacht, ich dagegen einen Verlust, mit ein und demselben Pferd. Doch ich habe Achtung vor diesem Mann, der erkannte, dass ich noch viel mehr verlieren würde, wenn er nicht eingriff. Er hat mir für die beiden letzten Pferde 65 000 Som verschafft, vielleicht aus einem Schuldgefühl heraus, doch ich bin mir ganz sicher, dass das mehr ist, als ich selbst hätte erreichen können. Ich wollte mich ja unbedingt mit den Pferdehändlern messen – und sie haben mich auf ganzer Linie geschlagen. Dass Pferdehändler in einem so furchtbaren Ruf stehen, hat schon seinen Grund, das habe ich jetzt am eigenen Leib erfahren. Diese Erkenntnis hat mich 1 263 Dollar gekostet.

Es heißt oft, der Handel mit lebenden Tieren sei schwierig, weil man leicht eine Zuneigung zu ihnen entwickle, die sich nur schwer überwinden lasse, wenn man sie dann verkaufen muss. Bei mir hat das allerdings bei keinem der vier Pferde eine Rolle gespielt. Mag sein, dass ich Martin zwischendurch gern behalten hätte, aber das dauerte nicht lange. Nun stehe ich da, umklammere 65 000 Som und sehe zu, wie die beiden letzten Pferde weggeführt werden. Ich bin unendlich erleichtert, weil ich mich jetzt nicht mehr um sie kümmern muss. Aus dieser Sache habe ich etwas sehr Wichtiges gelernt: Man darf sich bei einer Verhandlung nie in die Enge treiben lassen und muss versuchen, stets einen Plan B in petto zu haben. Wenn man seinen Gegner nicht einfach stehen lassen kann und er das weiß, befindet man sich in einer schwachen Position und wird immer verlieren.

12 Jade aus Hotan

LETZTES GESCHÄFT:
– Pferde: 1 263 Dollar Verlust
INVESTITIONEN:
– Wein: 15 218 Dollar
AUF DER BANK: 36 727 Dollar

Nach der Schlappe, die ich in Kirgisien erlitten habe, will ich das Land so schnell wie möglich verlassen und über den Pamir ins westliche China reisen. Auf der staubigen Straße sind kaum Fahrzeuge unterwegs, nur ein paar chinesische Lastwagen. Sie transportieren Schrott, der für chinesische Fabriken bestimmt ist, und fahren mit chinesischen Waren für europäische Läden zurück. Ich betrachte die Landschaft im Osten und denke darüber nach, womit ich auf dieser Reise als Nächstes handeln könnte. Die Berge erheben sich bis zu einer Höhe von über 5 000 Metern aus der Tundra. Sie sind schneebedeckt – ich vermute, dass das immer so ist. Heute ist ihr Anblick vor einem klaren blauen Himmel einfach atemberaubend. Ich halte es für sehr wichtig, dass ich mich als Nächstes für etwas entscheide, was sich leicht transportieren lässt, sodass ich es problemlos mitnehmen kann. Ich will mich nie wieder in die Position manövrieren, in der ich bei den Pferden war. Die wundervolle Landschaft hat eine ausgesprochen wohltuende Wirkung auf meine Psyche.

An der Grenze zwischen China und Kirgisien herrschen seltsame Zustände. In China gibt es nur eine einzige Zeitzone, Peking-Zeit, obwohl das Land so riesig ist. Wenn man sich 5 600 Kilometer westlich von Peking befindet, ergibt das überhaupt keinen Sinn, doch die chinesische Regierung hat sich nun mal entschieden, die Sache so zu organisieren. Für sie wird dadurch wahrscheinlich alles viel einfacher, doch im Westen von China wird alles viel schwieriger – wenn man morgens aufsteht, ist es immer noch dunkel, und abends bleibt es bis elf Uhr hell. Um das auszugleichen, arbeitet die westlichste chinesische Provinz, Xinjiang, mit einer „inoffiziellen" Zeitzone. Das dürfen Sie aber niemandem in Peking erzählen, sonst gibt es großen Ärger!

Über das Gebirge führen nur zwei Pässe. Ich will den südlicher gelegenen bei Irkeschtam benutzen. Zwischen den beiden Grenzen liegen vier Kilometer Niemandsland. Die Straße wird schlagartig erheblich besser, als wir den Teil erreichen, für den die Chinesen zuständig sind – ein deutliches Zeichen für das Wohlstandsgefälle zwischen den beiden Ländern. Die einzigen Fahrzeuge, die den Pass überqueren dürfen, sind Lastwagen. Daher muss ich mich von einem chinesischen Lastwagenfahrer mitnehmen lassen. Ihm bleibt gar nichts anderes übrig, als mich einsteigen zu lassen, denn der kirgisische Soldat, der ihn anhält, hat ein großes Gewehr, er nicht.

Ich klettere ins Führerhaus, entschuldige mich bei dem Fahrer für die Unannehmlichkeiten und bedanke mich bei ihm. Wir bringen die kirgisische Grenzkontrolle hinter uns und halten dann an. Die chinesischen Soldaten, die auf der anderen Seite des Passes Dienst tun, leben nach der Peking-Zeit und machen von 13 bis 15 Uhr Mittagspause. Vier Kilometer entfernt machen die kirgisischen Soldaten ebenfalls von 13 bis 15 Uhr Mittagspause. Aufgrund des lächerlichen Zeitunterschieds von zwei Stunden zwischen den beiden Ländern sitze ich also vier Stunden lang im Niemandsland im Führerhaus eines chinesischen Lastwagens fest, während sich alle ihr Mittagessen schmecken lassen – außer mir.

Als es endlich zum zweiten Mal 15 Uhr geworden ist und die chinesische Grenze wieder geöffnet wird, fahren wir zum Zoll. Ein Trupp chinesischer Soldaten kommt auf den Laster zugerannt. Das macht mich ganz nervös, bis mir klar wird, dass sie mir nur beim Tragen meiner Taschen behilflich sein wollen. Sie bringen sie im Schnellschritt zu einer kleinen Baracke neben der Straße. Drinnen sieht ein chinesischer Beamter sich meinen Pass und mein Visum an. „Irland." Er sagt das so, als habe er zwar schon davon gehört, aber nie geglaubt, dass es tatsächlich existiert, wie bei Narnia oder dem Auenland. Er dreht meinen Pass ein paarmal hin und her, setzt einen Stempel hinein und reicht ihn mir dann zurück.

„Irland?", fragt er mich.

„Ja." Ich bin mir nicht sicher, ob ich damit bestätige, dass es Irland wirklich gibt oder dass ich von dort komme. Ich bin doch wohl nicht der erste Ire, der die Westgrenze Chinas überquert? Er nickt beeindruckt und lächelt mich an. Zumindest für ihn bin ich das. Und er hat mich als Erster gesehen! „Irland", wiederholt er. Ich wette, dass er es gar nicht abwarten kann, nach Hause zu kommen und seiner Frau davon zu erzählen.

GRENZBEAMTER: Schatz, du errätst nie, was ich heute gesehen habe – einen Mann aus Irland!
FRAU: Nein, das glaube ich dir nicht! Als Nächstes erzählst du mir noch, du hättest eine Elfe gesehen!

Der Trupp chinesischer Soldaten läuft im Schnellschritt zu dem Laster zurück. Ein paar Sekunden später haben wir die Grenze hinter uns und sind in China. Die Straße führt jetzt bergab, aus dem Gebirge heraus, und bald fahren wir durch felsige braune Wüste. Die Taklamakan gehört zu den größten Wüsten der Welt, sie erstreckt sich über rund 300 000 Quadratkilometer. Angesichts des gewaltigen Gebirges, das ich gerade überquert habe, ist leicht zu verstehen, dass der Ost-West-Handel erst im 13. Jahrhundert richtig in Gang kam. Erst als Reisende wie Marco Polo die schwierige Aufgabe anpackten, Waren über den Pamir zu transportieren, erfuhren die Europäer, was China ihnen zu bieten hatte, und umgekehrt. Nachdem dieser Handelsweg etabliert worden war, führte er allerdings zur Gründung einer ungewöhnlichen Marktstadt, die 80 Kilometer von der Grenze entfernt liegt: Kaschgar.

Kaschgar könnte der älteste Markt der Welt sein. Ich sage „könnte", weil es durchaus vorstellbar ist, dass irgendjemand vor Tausenden von Jahren an der Straße zwischen Babylon und Ur einen Handelsposten errichtete und den Titel „erster Markt" dafür beanspruchte. Ich will einfach sagen, dass Kaschgar schon sehr lange existiert. So lange, dass es jetzt bereits das dritte Kaschgar gibt. Das erste wurde durch eine Überschwemmung zerstört, das zweite verschwand in der Wüste, nachdem irgendein Intelligenzbolzen beschlossen hatte, den Fluss umzuleiten. Doch das dritte Kaschgar scheint sich gut zu halten. Es behauptet sogar, der größte Markt in Mittelasien zu sein. Nicht schlecht für eine Stadt, die mitten in einer riesigen Wüste liegt!

Meine Reise hat mich schon mit neuen und alten Handelswegen in Kontakt gebracht, doch Kaschgar ist unvergleichlich. Allein der Name klingt geheimnisvoll und magisch, wie Irland für den chinesischen Grenzbeamten. Kaschgar ist der Ort, über den die Leute im 14. Jahrhundert Geschichten erzählten. Es war und ist ein Stück „altes" China. Ich bin hergekommen, um der sich herausbildenden chinesischen Mittelschicht ein neues Produkt zu verkaufen: südafrikanischen Wein. Aber damit muss ich bis Schanghai warten. Hier bin ich zwar im selben Land, aber es fühlt sich an, als sei ich in einem anderen Jahrhundert. Das ist im Augenblick der außergewöhnliche Aspekt von Chinas Potenzial. Im Westen staunen wir ja bereits über seine wirtschaftliche Entwicklung in den letzten 20 Jahren, doch als ich hier stehe, wird mir klar, dass das erst der Anfang war.

Xinjiang ist eine der wenigen chinesischen Provinzen, wo die Han-Chinesen nicht in der Mehrheit sind, obwohl sie der Region jetzt allmählich ihren Stempel aufdrücken. Unternehmern, die aus den großen Städten im Osten des Landes hierherkommen und neue Firmen gründen, werden großzügige Steuervergünstigungen gewährt. Am Stadtrand von Kaschgar gibt es zahlreiche neue Fabriken und Lager. Die einheimischen Uiguren und ihre Kultur werden im Laufe der Zeit sicher ausgelöscht werden, wenn Xinjiang auf die gleiche Weise modernisiert wird wie Tibet. Im Augenblick verkaufen auf dem alten Markt von Kaschgar aber immer noch Uiguren uigurische Produkte an andere Uiguren.

Auf dem Markt wird eine große Palette von Produkten angeboten: Mützen aus Wildkatzenfell, prallvolle Jutesäcke mit Walnüssen, ganze Ziegen, die geschlachtet an Haken hängen … Es gibt zahllose Reihen von Kästen mit farbenprächtigen Gewürzen wie Kardamom, Kurkuma und Senfsamen. An einem Stand werden Sportsocken von Nike verkauft, am nächsten hängen zu Hunderten islamische Gebetsteppiche. Uigurische Männer mit randlosen Hüten fahren auf Eselwagen über den Markt; ihre Frauen tragen bunte Kopftücher und bemühen sich, hinten das Gleichgewicht zu halten. Die Straßen sind von einem süßlich riechenden Rauch erfüllt, der von den Ständen herüberweht, an denen Lamm- und Hühner-Kebab gebraten wird. Alle Stände sind mit roten Planen oder Stoffen bedeckt – Rot gilt in der chinesischen Kultur als Glücksfarbe (deshalb habe ich in Südafrika ja keinen Weißwein gekauft, sondern Rotwein). Die Leute hier sind eben trotz ihres sehr islamischen Aussehens immer noch Chinesen.

Ich halte natürlich wieder nach irgendetwas Ausschau, mit dem ich Geld erwirtschaften kann. China ist eifrig damit beschäftigt, sich zu modernisieren, doch manche Aspekte der alten Gesellschaft gelten immer noch viel. Es gibt auf dem Markt jedoch nichts, was mir so wertvoll erscheint, dass ich damit einen ordentlichen Gewinn machen könnte. Die einheimischen Uiguren scheinen auch nicht genug Geld zur Verfügung zu haben, um eine einträgliche Zielgruppe zu sein. In diesem Land befindet das Geld sich in den Händen der Han-Chinesen. Ich muss hier also etwas finden, bei dem der Transport in den Osten sich lohnt. Ich brauche gar nicht lange zu suchen – am Rande des Marktes gibt es Straßen mit viel edler aussehenden Läden, die alle dasselbe verkaufen: die wertvollste Ressource von Xinjiang, Jade.

Leider kenne ich mich mit Jade überhaupt nicht aus. Wenn ich ernsthaft erwägen will, Geld in diesen harten Schmuckstein zu investieren, muss ich mich also ganz schnell darüber informieren. Wie kann man denn etwas kaufen, über das man nichts weiß? Man muss sich beraten lassen. In Kirgisien hat sich ja gezeigt, dass man sich nicht allein in einen unbekannten Markt wagen darf.

Es ist billiger, vorher für gute Beratung zu bezahlen als hinterher für eine schlechte Investition. Daher nehme ich Kontakt zu dem einzigen Menschen auf, den ich in Kaschgar kenne: John Hu. Als ich noch Pferde nach China importieren wollte, hatte ich Johns Café im Internet gefunden. Da er Touristen in diesem Teil des Landes hilft, sich Visa zu besorgen und alles zu organisieren, hatte ich ihn per E-Mail um Rat gefragt. Aufgrund der Änderung der chinesischen Quarantänevorschriften habe ich jetzt zwar keine Pferde nach China bringen können, doch wo ich nun schon mal in der Stadt bin, halte ich es für eine gute Idee, John aufzusuchen und ihn zu fragen, ob er etwas über Jade weiß.

John schlägt mir vor, sich im Jadeladen seines Freundes

mit mir zu treffen. Mit fast 1,85 Metern ist er für einen Han-Chinesen ziemlich groß; noch seltener für einen Han-Chinesen ist, dass er in Kaschgar geboren wurde. Vermutlich verdankt er es gerade dieser Tatsache, dass er hier so viel Einfluss gewinnen konnte. Natürlich weiß er sehr viel über Jade – er ist ja Chinese, und die kennen sich alle mit Jade aus. Der Laden seines Freundes ist klein und hat eine Glasfassade wie die Juweliergeschäfte an den Hauptstraßen in Irland. Hier werden hinter den Glasscheiben die verschiedensten Arten Jade präsentiert, in unterschiedlichen Farben, teils geschnitzt, teils noch in der kieselartigen Rohform.

Johns Freund hält mich anscheinend für einen echten Kaufinteressenten. Er widmet mir wirklich gern eine Stunde Zeit und spricht mit mir über die verschiedenen Jadesorten in seinem Angebot. Er erläutert mir, dass Betrüger auf Hunderte von Weisen versuchen werden, mir unechte Jade anzudrehen. Zu viel Rot auf weißer Jade lässt sie einfach zu perfekt aussehen, sodass man sie als Fälschung erkennen kann. Wenn beim Reiben an Glas ein beißender Geruch entsteht, handelt es sich ebenfalls um eine Fälschung. Auch mangelnde Durchsichtigkeit, wenn man ein helles weißes Licht darauf richtet, ist ein verräterisches Zeichen. Mir wird schnell klar, dass ich ein Problem habe: Wie kann ich dafür sorgen, dass ich keine Fälschung kaufe?

Johns Freund legt sich mächtig ins Zeug, um mich davon zu überzeugen, dass sein Laden eine gute Lösung für mein Problem ist. Das kann ich ihm nicht zum Vorwurf machen, doch ich bin überzeugt, dass mein Gewinn umso größer sein wird, je weniger Zwischenhändler an dem Geschäft beteiligt sind. Die gesamte Jade, die in Kaschgar angeboten wird, wird fast 500 Kilometer entfernt abgebaut, in Hotan. Natürlich kennt John dort jemanden, der mir helfen kann. Ich mag John. Er scheint es sehr witzig zu finden, dass ich Jade kaufen will, wo ich doch kein Chinese bin, scheint aber auch ernsthaft besorgt zu sein, dass man mich über den Tisch ziehen könnte. Ich muss ihm versprechen, mich mit seinem Freund in Hotan zu treffen, bevor ich dort irgendetwas kaufe. Er wird ihn anrufen.

Die Fahrt von Kaschgar nach Hotan dauert acht Stunden. Wir werden dabei in Staubwolken gehüllt, denn sie führt durch das Randgebiet der öden, braunen, eintönigen Taklamakan. Die einzige Abwechslung bietet die Stadt Jarkand. In ihrer Umgebung sind Hunderte von Eselkarren unterwegs, die Menschen und ihre Ziegen zum Markt oder nach Hause bringen. In der Stadt selbst wimmelt es von Leuten, die Handel treiben – eine kleinere Version von dem, was ich in Kaschgar gesehen habe. Die uigurischen Bauern sind damit beschäftigt, Vieh zu kaufen und zu verkaufen. Der Handel hat hier nur kleine Ausmaße, ist aber trotzdem vorherrschend. In diesem Teil der Taklamakan haben die Han-Chinesen noch keinen großen Einfluss, doch ein paar Kilometer außerhalb der Stadt erblicken wir eine Baustelle, auf der eine riesige Zementfabrik errichtet wird – die Han kommen! Hotan erinnert mich sofort an Kaschgar und seine moderne, brutale Architektur. Hier hat man offensichtlich Geld.

Am nächsten Morgen werde ich mich um neun mit Johns Freund, Herrn Chen, treffen. In Wirklichkeit bedeutet das allerdings elf Uhr, da sich in Hotan alle nach der „inoffiziellen“ Zeit richten, also zwei Stunden voraus sind. Heute Abend findet das Endspiel der europäischen Champions League statt, das dieses Jahr gleich zwei englische Klubs erreicht haben. Einer von ihnen ist mein Verein, Manchester United. Bei einer Sache kann man sich überall auf der Welt absolut sicher sein: Es wird eine (wahrscheinlich irische) Bar geben, wo dieses Spiel gezeigt wird. Davon bin ich hundertprozentig überzeugt. Leider irre ich mich da gewaltig – in Hotan gibt es gar keine Bars.

Nachdem ich in allen Restaurants, Läden und Internetcafés der Stadt vergebens nachgefragt habe, gehe ich in das Restaurant in der Nähe meines Hotels zurück, wo das Spiel, wie ich zu meiner Enttäuschung feststellen muss, immer noch nicht gezeigt wird. Das Restaurant ist leer, bis auf einen Nebenraum, wo eine laute Gruppe von Chinesen sich gutes chinesisches Essen und zwei Flaschen Johnnie Walker schmecken lässt. Vielleicht handelt es sich ja um einen Umtrunk vor der Fußballübertragung? Leider nicht, und nach ein paar Gläsern Whisky überzeugen meine neuen Freunde mich davon, die Suche aufzugeben. Nicht einmal sie selbst haben hier Satellitenfernsehen, da hat es mit Sicherheit auch niemand anders.

Diese Männer gehören zu einem neuen Schlag von Han-Chinesen, der Xinjiang derzeit übernimmt. Einer kommt aus Schanghai und besitzt eine Seidenfabrik in der Stadt; ein anderer kommt aus Peking und ist Vice President eines Herstellers von Grabegeräten mit einem großen Werk in Hotan, in dem über 500 Menschen arbeiten. Die Männer treffen sich einmal in der Woche zu einer Art Stammtisch, und heute ist dieser Tag. Als wir gerade den letzten Rest des Essens und des Whiskys verputzen, donnert eine Gruppe uigurischer Jungen im Teenageralter von außen gegen die Fensterscheibe. Nachdem sie unsere Aufmerksamkeit erregt haben, machen sie beleidigende Gesten, dann laufen sie weg. Daran sieht man, wie unbeliebt die Han hier sind, und ich frage mich unwillkürlich, weshalb jemand in eine Stadt mitten in der Wüste ziehen sollte, wo ihn jeder hasst. Dann kommt die Rechnung. Wir haben zu zwölft fürstlich getafelt, mit Fleisch, Fisch, Gemüse, Reis und Nudeln, und Unmengen von Whisky und Bier getrunken, doch die Rechnung beläuft sich auf nicht einmal sechs Dollar pro Kopf. Das dürfte wohl die Antwort auf meine Frage sein.

Als ich am anderen Morgen aufwache, habe ich einen

pappigen Mund und mir zerspringt fast der Kopf. Ich fühle mich exakt so, als wäre ich bis in die Puppen aufgeblieben, um zu feiern, dass Manchester United seinen dritten Europapokal gewonnen hat. Ein schneller Blick auf die Textbotschaften von meinen Freunden und Verwandten in der Heimat zeigt mir, dass ich genau das getan habe, wenn auch ohne es zu wissen. Danach fühle ich mich ein bisschen besser, aber noch längst nicht gut genug. Um halb neun läutet mein Wecker. Ich springe aus dem Bett, dusche schnell, laufe nach unten und schnappe mir auf dem Weg zu meiner Verabredung mit Herrn Chen rasch noch etwas zum Frühstück. Erst als ich an unserem Treffpunkt ankomme, bei der Mao-Statue auf dem großen Platz, fällt mir ein, dass mein Wecker noch immer auf die „offizielle" Peking-Zeit gestellt ist und ich jetzt zwei Stunden warten muss.

Die Mao-Statue in Hotan ist die größte in China und damit vermutlich auf der ganzen Welt. Es ist unwahrscheinlich, dass irgendwo anders eine größere errichtet wurde. Mao steht triumphierend da und blickt über den riesigen Platz. Ich stehe genau in der Mitte und warte auf Herrn Chen. Nach einer Weile sprechen mich ein paar Jugendliche aus der Stadt an und zeigen mir einige glänzende Steine, bei denen es sich angeblich um Jade handelt. Ich halte sie zwar für Fälschungen, doch um die Zeit totzuschlagen, fange ich an, mich ein bisschen im Feilschen zu üben. Ich kann ja zumindest mal herausfinden, wie ihre Preise aussehen. Offensichtlich habe ich aus lauter Spaß begonnen, mit Fremden zu feilschen.

Als ich mich gerade so richtig amüsiere, tritt ein Chinese mittleren Alters zu uns. Er trägt ein rotes Fußballtrikot, wie die Fans von Manchester United. Während ich mich noch frage, ob er wohl gestern Abend das Spiel gesehen hat, betrachtet er die Steine der Jungen. „Gefälscht. Gefälscht. Gefälscht." Er nimmt die Steine nacheinander, wirft einen ganz kurzen Blick darauf und gibt sie den Jungen mit diesem vernichtenden Urteil zurück. Einen mustert er etwas länger, dann reicht er ihn mir. „Was halten Sie von dem?"

Dazu kann ich nichts sagen. Er sieht wie Jade aus, aber was verstehe ich schon davon? Wer ist dieser Mann überhaupt?

„Der hier ist in Ordnung." Er nimmt ihn noch einmal in die Hand und untersucht ihn genau. Dann fragt er den Jungen: „Wie viel?"

Der Junge fordert 200 Dollar, lässt sich aber im Handumdrehen auf 20 Dollar herunterhandeln. „Gefälscht." Der Chinese gibt den Stein seinem Besitzer zurück und wendet sich wieder an mich: „Wenn der Stein echt wäre, wäre der Junge nicht so bereitwillig mit dem Preis heruntergegangen." Toll! Dieser Mann kennt sich wirklich mit Jade aus. Es ist Herr Chen.

„Kommen Sie mit! Wir wollen eine Tasse Tee trinken und darüber sprechen, was Sie suchen." Ich folge ihm zu seinem Auto, einem neuen, goldfarbenen Toyota Corolla. Wir fahren ans andere Ende der Stadt und setzen uns dort in einen Teeladen. Ich erzähle Herrn Chen alles über meine bisherige Reise, über meine Geschäfte und die Länder, die ich besucht habe. Dann erkläre ich ihm, dass ich glaube, mit Jade aus Hotan einen anständigen Gewinn machen zu können, wenn ich sie mit nach Osten nehme. Herr Chen ist der gleichen Ansicht. Er bietet mir für zwei Tage seine Dienste an – für 100 Dollar, einschließlich Spesen, wird er mir helfen, ein geeignetes Stück Jade zu finden. Nach den Preisen von gestern Abend zu urteilen kann er hier dafür ungefähr 15-mal groß ausgehen. Da sonst die Gefahr besteht, dass ich einen gefälschten Stein kaufe und mir die Finger verbrenne, bin ich mit unserer Vereinbarung trotzdem sehr zufrieden.

Herrn Chen zufolge sollten wir mit unserer Suche möglichst nahe an der Quelle beginnen, also zu der Stelle am Fluss fahren, wo die Jade abgebaut wird. Wir steigen in seinen glänzenden neuen Toyota und biegen nach etwa 20 Minuten auf einen steinigen Weg ab, der zum Ufer hinunterführt. Der Toyota holpert über Felsen und durch Schlaglöcher, Steinhaufen auf beiden Seiten zeugen von früheren Grabungen. Dann kommt das breite Flussbett vor uns in Sicht.

Um den Juli herum, wenn er die größte Wassermenge führt, ist der Hotan fast 300 Meter breit. Dann schießt das Schmelzwasser vom Pamir herab und er ist vier Monate lang ein breiter, schneller Fluss. In den restlichen acht Monaten führt er allerdings überhaupt kein Wasser. Die langen, kalten Winter halten den Schnee auf den Berggipfeln fest, sodass der Fluss völlig austrocknet. Übrig bleibt nur das, was ich jetzt sehe: eine ausgedehnte, flache Ansammlung trockener Steine. Das ist für Tausende von Männern, die hier Jade abbauen, das Zeichen, mit der Arbeit zu beginnen.

Sie bilden Gruppen von etwa 15 Leuten pro Mine, stecken sich ein Stück Flussbett von rund neun mal zwei Metern ab und fangen dann an, mit Schaufeln und Hacken bis zu einer Tiefe von ungefähr zwei Metern zu graben. Vier Männer drehen jeden Stein in dem Loch einzeln um und werfen ihn zum nächsten heraus, der ihn dann wieder an den nächsten weitergibt. Wenn es sich bei einem Stein um Jade handelt, wird er für den Verkauf an die Seite gelegt. Das kommt allerdings selten vor – die meisten Steine sind wertlos und landen auf dem Abfallhaufen.

Wenn das ganze Stück Flussbett zwei Meter tief aufgegraben worden ist, werden die Seiten mit größeren Steinen abgestützt und man beginnt, auf dem Stück daneben zu graben, dieses Mal bis in eine Tiefe von vier Metern. Der Prozess wird so fortgesetzt, sodass eine Reihe großer Stufen entsteht, die weit in den Grund des Flussbetts hinabreicht. Der Haufen der wertlosen Steine wächst derweil ständig in die Höhe.

Als ich meinen Blick vom Rand dieser Grabung aus über die staubige Fläche des Flussbetts schweifen lasse, kann ich rund 100 derartige Minen sehen. Und das sind bei Weitem nicht alle auf diesem knapp fünf Kilometer langen Stück, wo Jade zu finden ist.

Herr Chen führt mich in die Mine hinab, um sich zu erkundigen, ob die Männer heute schon etwas gefunden haben. Die Mine befindet sich auf der vierten Stufe, der Abbau erfolgt also rund acht Meter unterhalb der Stelle, wo wir stehen. Die Steine werden über die Menschenkette weitergereicht und landen alle auf dem Abfallhaufen. Herr Chen fragt die Männer, ob sie etwas zu verkaufen haben, doch sie haben leider nichts. Der Mann ganz oben erklärt uns, letzte Woche hätten sie einen kleinen Stein gefunden, der aber schon verkauft sei. Davor hätten sie eine Durststrecke gehabt, drei Wochen ohne auch nur einen Krümel Jade. Ich frage ihn, wie sie es denn schaffen, trotzdem weiterzumachen, und er lacht – vielleicht werden sie ja eines Tages einen großen Stein finden und dann alle reich sein.

Das ist der Traum, der diese Stadt am Leben erhält. Medienberichten zufolge gehen die Jadevorkommen im Hotan zur Neige und werden in fünf Jahren erschöpft sein. Das hat den Jadepreis in die Höhe getrieben, er ist in den letzten fünf Jahren auf das mehr als Zehnfache gestiegen. Nun kommen jedes Jahr mehr Spekulanten, wenn das Wasser versiegt und der Fluss ein frisches Bett und die Chance auf neue große Gewinne bietet.

Jetzt werden erstmals Maschinen zum Graben benutzt, die Investoren aus Peking und Schanghai bezahlen. Der Jadepreis ist inzwischen so hoch, dass es sich für Geschäftsleute aus Peking lohnt, für eine Grabung samt den nötigen Maschinen 20 000 bis 30 000 Dollar auszugeben. Wenn sie ein paar ordentliche Funde machen, können sie ihr Geld leicht verdreifachen. Dass diese Form des Abbaus nur noch eine kurze Zukunft hat, verleiht der Sache zusätzlichen Reiz. In fünf Jahren wird hier nur noch ein breites, staubiges Flussbett mit wertlosen Steinen zu sehen sein.

Unten am Ufer sind Zelte aufgeschlagen worden, in denen die Bergleute in den acht trockenen Monaten leben. In den restlichen vier Monaten, wenn aufgrund des Wassers nicht gegraben werden kann, kehren sie zu ihren Familien in allen Winkeln von China zurück. Jeder im Lager hat Jade zu verkaufen. Herr Chen rät mir, auf der Hut zu sein, da dieser Markt förmlich von Fälschungen überflutet sei. Ich versichere ihm, dass ich gar nicht daran denke, irgendetwas zu kaufen, ohne ihn vorher um Rat zu fragen.

In der Mitte des Zeltlagers bietet eine große Gruppe von Arbeitern ihre Funde feil. Die Männer halten uns die Steine ganz offen auf der Handfläche hin. Jeder scheint Käufer und Verkäufer zugleich zu sein, sie gehen hin und her und betrachten die Steine der anderen. Herr Chen sieht sich Stein um Stein an; er kann offensichtlich erkennen, welche gut und welche schlecht sind. Er reicht mir einen und fragt mich, was ich von ihm halte. Ich irre mich, ich merke nicht, dass es sich um eine Fälschung handelt. Gut, dass ich Herrn Chen dabeihabe!

Herr Chen entdeckt einen Mann mit einem Stein, dessen Aussehen ihm gefällt. Er betrachtet ihn mehrmals prüfend von allen Seiten. Es handelt sich um einen der weißen Jadekiesel, die für Hotan typisch sind. Der Fluss spuckt alle möglichen Jadearten aus, doch am begehrtesten ist die weiße Jade, die wegen ihrer milchigen Beschaffenheit auch „Hammelfett“ genannt wird. Je größer der Brocken ist, desto wertvoller ist er generell, doch auch andere Eigenschaften spielen eine Rolle: Eine kleine rotbraune Verfärbung auf einem Teil des Steins wird besonders geschätzt, und wirklich wertvoll sind Steine, deren weißer Teil makellos ist. Ein faustgroßer reinweißer Brocken ohne Makel, vielleicht mit roter „Haut“ in einer Ecke, kann es leicht auf einen Wert von über

50 000 Dollar bringen. Herr Chen kauft diesen daumengroßen Kiesel für rund 100 Dollar. Für mich ist er nichts – es gibt hier überhaupt nichts für mich.

Ungefähr auf halber Strecke auf dem Rückweg zur Stadt wird ein Jademarkt abgehalten. Herr Chen und ich parken das Auto und überqueren die Straße. Auch hier bieten zahlreiche Männer ihre Steine an. Und es gibt noch mehr Fälschungen als am Flussufer. Wir kommen an einem Schild vorbei, das am Eingang zum Markt steht. Der Text ist auf Chinesisch, Uigurisch und, zum ersten Mal seit meiner Ankunft in China, Englisch abgefasst. Die englische Version lautet übersetzt in etwa: „Flegen Sie den richtigen Wettbewerbsgeisd und bekämbfen Sie Tricksereien, um den Jademarkt zu förderen." Ich bin froh, dass Herr Chen mir helfen wird, etwaige doch nicht ausgemerzte Tricksereien zu erkennen.

Auf dem Markt sitzen Uiguren in drei Reihen hinter Becken aus Metall, die an Küchenspülen erinnern und mit Wasser und Jade gefüllt sind. Unter dem Wasser wirken die Steine fast wie Zierfische. Das Wasser soll ihnen mehr Glanz verleihen und sie ein bisschen größer erscheinen lassen, als sie sind. Doch so leicht lässt Herr Chen sich nicht täuschen. Hier warten Hunderte von Steinen auf uns, und wir gehen von einem Becken zum nächsten. Herr Chen nimmt mehrere interessant aussehende Steine in die Hand, erkundigt sich manchmal nach dem Preis, manchmal auch nicht, legt sie aber alle wieder ins Wasser. Einerseits ist es furchtbar frustrierend, dass wir nichts finden, was gut genug ist, andererseits ist es ungemein beruhigend, dass Herr Chen sich so viel Mühe gibt. Als die Händler gegen 17 Uhr nach Peking-Zeit anfangen, ihre Sachen zusammenzupacken, stehe ich immer noch mit leeren Händen da. Was für ein toller Trick – der Markt beginnt um neun nach Xinjiang-Zeit und endet um fünf nach Peking-Zeit! Hier macht man wirklich das Beste aus den beiden Zeitzonen.

Herr Chen hat genug gesehen. Er bittet mich, jetzt zu entscheiden, wie viel ich ausgeben will. Bisher habe ich mich da bewusst nicht festgelegt und immer gesagt, ich sei flexibel, je nach der Qualität des Steins. Angesichts der großen Palette von Steinen, die wir uns heute angeschaut haben, muss ich ihm aber wohl wirklich helfen, die Suche ein bisschen einzugrenzen. Ich sage, dass ich nicht mehr als 5 000 Dollar ausgeben will. Er erklärt mir, dass ich dann noch eine Entscheidung treffen muss.

Will ich einen kleinen Stein ohne Makel und mit guter Haut, einen Stein der Art, die man auf keinen Fall schnitzen lassen sollte? So ein Stein wird im Osten zweifellos mehr wert sein, doch die Gewinnspanne wird klein sein: zehn bis 15 Prozent. Oder will ich einen größeren Stein, der mit Sicherheit einige Makel aufweisen wird, aber von einem guten Schnitzer bearbeitet werden könnte, in einer alten Schnitzereistadt wie Suzhou, in der Nähe von Schanghai, was dann natürlich zusätzliche Kosten verursachen würde?

Falls ich mich für den größeren Stein entscheide, wird sein wahrer Wert sich erst nach dem Schnitzen zeigen. Es gibt Leute, die auf diese Weise einen Gewinn von 500 bis 600 Prozent erzielen konnten, doch andere mussten feststellen, dass der Stein im Inneren mit großen Fehlern behaftet war oder dass der Schnitzer schlechte Arbeit geleistet hatte, und verloren daher Geld. Sie können sich sicher denken, welche Möglichkeit mir besser gefällt: Wir werden morgen nach einem großen Stein suchen.

Am nächsten Tag nutze ich die Chance, ein paar Stunden länger zu schlafen, und treffe mich gegen elf Uhr mit Herrn Chen im Jadeladen seines Freundes. Er gleicht dem in Kaschgar, in dem ich mich mit John verabredet hatte, fast aufs Haar. Die ganze Straße besteht aus einer Aneinanderreihung von Läden, die alle so ziemlich das Gleiche verkaufen. Bedeutsame Funde aus dem Flussbett werden meist sofort hierher gebracht. Wir wollen versuchen, eine dieser Lieferungen abzufangen, bevor sie zu den Ladenbesitzern gelangt. Wir brauchen nicht lange zu warten.

Ein großer Uigure, der Herrn Chen zufolge ein Händler ist, fährt in einem alten Datsun Cherry vor. Es überrascht mich nicht, dass Herr Chen ihn erkennt, denn er hat eine Glatze und einen Bart, der rund 60 Zentimeter lang ist und aussieht, als hätte er ihn in einem Laden für Scherzartikel gekauft. Wir gehen sofort zu ihm hinüber. Auf ein paar schnelle Worte von Herrn Chen hin öffnet der Mann seinen Kofferraum, in dem sich zwei Metallbecken mit frisch abgebauter Jade befinden. Wieder beginnt der mir inzwischen vertraute Prozess der eingehenden Betrachtung, doch dieses Mal findet Herr Chen zwei wirklich interessante Steine.

Er schlägt vor, sie mit nach drinnen zu nehmen, damit er sie genau untersuchen kann.

Der erste Stein ist riesig: Er wiegt acht Kilo und hat die Größe eines Brotlaibs. Herr Chen rät mir eindringlich, mein Budget zu überschreiten und ihn zu kaufen. Er wird jedoch mindestens 30 000 Dollar kosten – definitiv zu viel für mich, da muss ich passen. Ich befinde mich ja in einem Markt, in dem ich mich nicht auskenne, und eine Investition dieser Größenordnung könnte mich ruinieren, falls sie schiefgehen sollte. Natürlich will ich letztlich alles auf eine Karte setzen, nach dem Motto „das Doppelte oder gar nichts“, doch ich bin mir nicht sicher, dass das hier das Richtige ist. Bevor ich die Rückreise antrete, will ich alles, was ich erwirtschaftet habe, in ein letztes Geschäft stecken, aber das wird etwas so Überzeugendes sein müssen, dass ich einfach nicht daran vorbeigehen kann. Und auf diesen teuren Brocken trifft das nicht zu.

Der andere Stein entspricht meinen finanziellen Möglichkeiten besser und sieht mit seinen 3,5 Kilo auch noch ziemlich gewichtig aus. Herrn Chen zufolge handelt es sich um eine gute Chance. Der Stein hat auf der Oberfläche ein paar Flecken, was ein Zeichen dafür sein könnte, dass er darunter nicht reinweiß ist, doch Herr Chen nimmt seine Taschenlampe und schickt einen starken weißen Lichtstrahl hindurch. Die Durchsichtigkeit ist gut – Herr Chen ist der Ansicht, dass die Flecken auf die Oberfläche beschränkt sind. Die erste Preisforderung des Mannes ist so riesig und so lächerlich wie sein Bart: fast 10 000 Dollar.

Üblicherweise würde nun eine langwierige Verhandlung folgen: Ich biete 3 000 Dollar, er verlangt 8 000, und so weiter, bis ich immer noch ein bisschen zu viel zahle, um dann später feststellen zu müssen, dass ich über den Tisch gezogen wurde. Zumindest hat dieses Gefühl mich seit meinen Erfahrungen mit den Pferden beschlichen.

Doch Herr Chen ist definitiv auf meiner Seite. Ein paar Minuten lang wechseln er und der Langbart schroffe Worte. Mandarin klingt in meinen Ohren immer schroff. Dann wendet Herr Chen sich an mich. Die Preisforderung liegt jetzt eher in der Nähe von 5 000 Dollar. Gute Arbeit, Herr Chen! Jetzt bin ich bereit, mich mit einer weiteren Verhandlungsrunde einzuschalten, und biete 4 000 Dollar. Der arme Mann weiß nicht, wie ihm geschieht. Hier arbeiten ja zwei zusammen, um ihn übers Ohr zu hauen! Er hat sich doch gerade erst auf die Hälfte seiner ursprünglichen Forderung herunterhandeln lassen, und da verlangt dieser unverschämte Fremde einen weiteren Nachlass … Es folgt ein erneuter lautstarker Wortwechsel zwischen ihm und Herrn Chen. Ich finde, dass sie beide mit den Stimmen sprechen, die die Kung-Fu-Meister in den alten John-Woo-Filmen benutzen, und stelle mir vor, dass ihre Auseinandersetzung etwa so verläuft:

CHEN: „Er sagt, er sei nicht bereit, mehr als 4 000 Dollar zu zahlen.“

LANGBART: „4 000 Dollar! Eben hatten wir doch noch eine Vereinbarung über 5 000!“

CHEN: „Ja, aber ich bin nicht derjenige, der den Stein kaufen will. Es ist sein Geld.“

LANGBART: „Sie haben mich betrogen, Chen!“

CHEN: „Und was wollen Sie jetzt machen? 4 000 Dollar – ja oder nein?“

LANGBART: „Zum Teufel mit Ihnen – auf wessen Seite stehen Sie eigentlich?“

CHEN: „Auf seiner.“

LANGBART: „Sie haben mich hintergangen, Chen, wo ist denn Ihre Loyalität?“

CHEN: „Er bezahlt mich.“

LANGBART: „Oh. Na schön, in Ordnung. Aber 4 000 Dollar ist auf jeden Fall zu wenig.“

CHEN: „Gut – wie wäre es denn, wenn wir uns in der Mitte treffen? Bei 4 500 Dollar?“

Wir sind uns einig. 4 500 Dollar für einen Brocken weiße Hotan-Jade. Ich habe keine Vorstellung davon, was ich gerade getan habe, und weiß auch nicht, wie diese Sache sich entwickeln wird. Herr Chen rät mir, nach Suzhou zu fahren und mir dort den besten Schnitzer zu suchen, den ich mir leisten kann. Falls alles gut geht, könnte der geschnitzte Stein mir seiner Ansicht nach 20 000 Dollar bringen, wenn ich im Osten einen Sammler finde. Als ich ihm seine 100 Dollar gebe, schicke ich ein Stoßgebet zum Himmel, dass er recht haben möge. Eines weiß ich aber: Falls es mir nicht sofort gelingt, einen Käufer zu finden, ist der Stein im Gegensatz zu einer Pferdeherde klein genug, dass ich ihn in meine Tasche packen und mein Glück irgendwo anders versuchen kann. Ich habe zumindest etwas gelernt.

13 Der Meisterschnitzer

INVESTITIONEN:
- **Wein: 15 218 Dollar**
- **Jade: 4 643 Dollar**

AUF DER BANK: 32 084 Dollar

Ich entschloss mich, mit dem Zug nach Schanghai zu fahren. Mit dem Flugzeug hätte es zwei Tage weniger gedauert, doch eine 56-stündige Reise mit dem Zug klang in meinen Ohren zu romantisch, um sie zu verpassen (außerdem kostete die Fahrkarte nur 30 Dollar). In all diesen Zügen gibt es Schlafwagen, jeder bekommt ein Bett. Ich dachte mir, dass das doch eine großartige Gelegenheit war, mir die chinesische Landschaft anzusehen und mein Schlafdefizit abzubauen, bevor ich in Schanghai eintraf. Mein Bett war eines der untersten in einem Sechserabteil mit jeweils drei Betten übereinander und ich wünschte mir eigentlich nur noch, die ganzen 56 Stunden über zu schlafen. Die Anstrengungen der letzten sechs Wochen, in denen ich über 19 000 Kilometer zurückgelegt hatte, forderten jetzt allmählich ihren Tribut. Ich packte aus und ließ mich sofort in mein Bett fallen. Als ich einschlief, fragte ich mich noch, wofür das Metallschälchen neben meinem Bett wohl gedacht war.

Gegen sechs begannen sich die Leute im Zug zu rühren. Ihre Lungen auch. Einer nach dem anderen widmete sich seiner morgendlichen Reinigung, hustete und beförderte alles nach oben, was sich im Laufe der Nacht in seiner Lunge angesammelt hatte. Ich entdeckte schnell, wofür die Schälchen gedacht waren: Auf jedes Husten folgte sofort der satte Klang des Schleims, der mit Wucht in das Metallgefäß gespuckt wurde. In meinem Wagen befanden sich weit über 100 Menschen, und ich lag in meinem Bett und hörte jedem einzelnen bei seiner „Morgentoilette“ zu. Von wegen romantisch …

Es gelang mir immerhin, ein paar ordentliche Nickerchen einzulegen. Ich war von der schieren Größe Chinas beeindruckt, als zweieinhalb Tage am Fenster vorbeizogen. Wüsten, Gebirge, Ebenen, Reisfelder und noch mehr Reisfelder … Die Reisfelder werden gebraucht, um jeden Tag 1,3 Milliarden Menschen ernähren zu können. Die in den 1980er-Jahren eingeführte Einkindpolitik hat sich als bemerkenswert effektives Mittel zur Eindämmung der Bevölkerungsexplosion erwiesen. Die westlichen Medien geißelten sie zwar als grausam, doch aus Sicht des chinesischen Staates war sie unerlässlich, um das Überleben zu sichern. Jeder geeignete Quadratzentimeter Land, den ich vom Zug aus sah, wurde bereits zur Erzeugung von Nahrung genutzt. China könnte einfach nicht noch eine Milliarde hungrige Mäuler stopfen.

Fünf Stunden vor dem Ende der Fahrt veränderte die Landschaft sich allmählich. Wir fuhren durch immer weniger landwirtschaftlich genutztes Gebiet, die Verstädterung des chinesischen Ostens wurde deutlich. Die Gebäude wurden immer höher und standen immer enger, bis wir schließlich die Randgebiete von Schanghai, der viertgrößten Stadt der Welt, und des ökonomischen Erfolgs im neuen Jahrtausend erreichten. Ich war sehr aufgeregt darüber, dass ich hier war, ich hatte ja einen weiten Weg zurückgelegt, um dieses neue China zu sehen. Jetzt hätte ich mich am liebsten gleich hineingestürzt, doch mein Wein befand sich noch auf hoher See und ich musste ein Stück Jade schnitzen lassen. Schanghai musste warten, bis ich das erledigt hatte.

Obwohl Suzhou fünf Millionen Einwohner hat, wissen viele Leute im Westen gar nicht, dass diese Stadt existiert. Ich hatte das bisher auch nicht gewusst, und hätte ich nicht einen 3,5 Kilo schweren Jadebrocken schnitzen lassen müssen, hätte ich es wohl auch nie erfahren. Ich kam mit dem Hochgeschwindigkeitszug aus Schanghai, der für die 160 Kilometer lange Strecke zwischen den beiden Städten nur etwas mehr als eine halbe Stunde braucht. Das westliche China war heiß, aber trocken und staubig gewesen. Die hohe Luftfeuchtigkeit (80 Prozent) in Suzhou führte jetzt dazu, dass ich sofort ermüdete. Schon nach fünf Minuten im Freien war mein Hemd klatschnass.

Herr O, Besitzer eines Jadegeschäfts in Suzhou, war meiner Ansicht nach ein ziemlich objektiver Mann, bei dem ich mich danach erkundigen konnte, mit wem ich über die Bearbeitung meines teuren Steinbrockens sprechen konnte. Er war ein ulkig aussehender kleiner Dicker mit widerspenstigem schwarzem Haar und einem eigenen Jadeladen. Im hinteren Bereich betrieb er außerdem ein Kulturzentrum, in dem zwei Schauspielerinnen und eine Musikgruppe gerade Lieder für eine anstehende Produktion probten.

Herr O zeigte mir seine Jade und ich zeigte ihm meine. Er sagte, mein Stein gefalle ihm, doch seinen Wert könne er erst mit Sicherheit beurteilen, wenn er geschnitzt worden sei. Das stand im Einklang mit dem, was Herr Chen in Hotan gesagt hatte – Herr O wusste also offenbar zumindest, wovon er sprach. Er hatte eine gute Vorstellung davon, wer daran interessiert sein könnte, ihn zu schnitzen. In Suzhou gab es mehr als 100 Schnitzer, und ich musste ja unbedingt einen guten finden. Daher steckte ich die Jade wieder in meine Tasche und wir stiegen in eine Autorikscha, um seinen Kontaktmann aufzusuchen.

Ein ruhiges, heruntergekommenes Gebäude in einer ruhigen, heruntergekommenen Nebenstraße einer ruhigen, heruntergekommenen Hauptstraße – einen Meisterschnitzer hätte ich nicht in so einer Umgebung vermutet. Unten gab es keine Tür, auf den beiden Treppen, die wir hinaufstiegen, stank es nach Urin. Am Ende eines grauen Korridors, der noch nie einen Tropfen Farbe gesehen hatte, befand sich eine Tür, hinter der ich das laute Surren von Bohrern hören konnte. Als wir sie öffneten, erblickte ich zahlreiche Arbeiter, die sich über wie Nähmaschinen montierte Bohrer beugten. Sie schnitzten Buddhas, Frösche, Drachen und andere traditionelle chinesische Motive. Einige schauten ganz kurz auf.

Im Büro nebenan saß der Schnitzer mit seinem Sohn. Herr O stellte mich ihnen vor, und ich zeigte dem Schnitzer die Jade, die ich aus Hotan mitgebracht hatte. Er reichte sie sofort an seinen Sohn weiter und erklärte, das sei mehr dessen Sache. Das sollte doch wohl nicht bedeuten, dass mein Stein ihm nicht gut genug war? Der Sohn wendete ihn in der Hand hin und her und fuhr mit dem langen Nagel seines kleinen Fingers darüber. In China ist es derzeit Mode, dass die Männer sich den Nagel am kleinen Finger wachsen lassen, um zu betonen, dass sie nicht manuell arbeiten. Der Sohn holte den Schlüssel zum Safe aus seiner Tasche und nahm ein Stück Jade heraus, das etwa die gleiche Größe hatte wie meins und kunstvoll zu einem Abbild Buddhas geschnitzt worden war. Dieses meisterhafte Können beeindruckte mich, doch für meine eigene Jade wollte ich kein religiöses Motiv, um mir nicht selbst Verkaufschancen zu verbauen – ich wusste ja immer noch nicht genau, auf welchem Markt ich sie schließlich loswerden konnte.

Der junge Meister sagte auf meinen Wunsch nach einem anderen Motiv hin ungerührt, er sei ein Künstler und seiner künstlerischen Meinung nach eigne das Stück sich am besten für eine ähnliche Schnitzerei wie die, die er mir gerade gezeigt hatte. Wenn mir das gefalle, würde er mir für die Arbeit 60 000 Renminbi Yuan, also 10 000 Dollar, berechnen. Mir war sofort klar, dass ich mir das nicht leisten konnte, selbst wenn mir so ein Motiv gefallen hätte, doch ich wollte sehen, wie weit ich ihn herunterhandeln konnte. Ich bot ihm die Hälfte, rund 5 000 Dollar. Nichts zu machen. Für diese Arbeit würden viele Stunden in seiner Werkstatt erforderlich sein, und angesichts der Größe des Steins gab es nur zwei Männer, die sie übernehmen konnten. Unter 8 000 Dollar könne er auf keinen Fall gehen. Vermutlich musste er eine Menge teuren Nagellack kaufen … Ich bezweifelte stark, dass mehr als 500 meiner 8 000 Dollar bei den Männern landen würden, die nebenan die harte Arbeit erledigten, und beschloss, das Angebot abzulehnen.

Als wir gingen, war Herr O sehr lebhaft, jedenfalls erheblich lebhafter als bisher. Er war sehr darauf erpicht, dass ich zurückgehen und das Angebot annehmen sollte. Ich hingegen war darauf erpicht, es woanders zu versuchen. Herr O sagte allerdings mit großer Bestimmtheit, ich würde niemand anders finden. Moment mal – noch vor einer Stunde hatte er mir doch erzählt, in der Stadt gebe es 100 Schnitzer. Hier ging offensichtlich irgendetwas vor … Eine kurze Befragung von Herrn O ergab, dass er mit dem Schnitzer eine Provision von satten 20 Prozent vereinbart hatte. Jetzt war er gern bereit, sie auf zehn Prozent zu reduzieren, wenn ich einschlug. Damit würde der Preis auf 7 200 Dollar sinken. Keine Chance, Herr O!

Das war mir eine Warnung – ich musste die Augen offen halten, um versteckte Kosten zu entdecken. Selbst im Westen, wo wir die Landessprache sprechen, übersehen wir ja oft die versteckten Kosten im Kleingedruckten. Sie brauchen nur mit jemandem zu sprechen, der in letzter Zeit einen Billigflug gemacht hat; er wird Ihnen von Gebühren für Übergewicht beim Gepäck oder anderen Gemeinheiten berichten. Solche Kosten findet man überall, auch auf dem chinesischen Markt der Jadeschnitzerei. Wenn wir nicht darauf achten, können sie unsere Gewinne schmälern, und im Augenblick konnte ich es mir einfach nicht leisten, unnötige Provisionen zu zahlen.

Ich sagte zu Herrn O, ich würde mich wieder bei ihm melden, wolle die Sache aber erst einmal überschlafen. In Wirklichkeit machte ich mich allein auf die Suche, nachdem ich ihn in ein Taxi gesetzt hatte. Im Internet fand ich schnell die Telefonnummern von einem halben Dutzend der besten Jadeschnitzer in Suzhou, und nach einem halben Dutzend Anrufe hatte ich ein halbes Dutzend Termine.

Natürlich könnte ich Ihnen diese Besprechungen jetzt in allen Einzelheiten beschreiben, doch dann würden Sie sich wohl genauso langweilen wie ich, und das möchte ich Ihnen nicht zumuten. Die Höhepunkte waren, dass mein Stein einigen Jadeschnitzern gefiel, während ein paar andere sich abfällig über ihn äußerten. Mehr als einer sagte, er würde seine Zeit ohnehin nicht für ihn verschwenden wollen. Der Höchstpreis lag bei 17 000 Dollar, was ich angesichts der Tatsache, dass der Stein lediglich 4 500 Dollar gekostet hatte, erstaunlich fand. Als nur noch ein Termin ausstand, war ich sehr niedergeschlagen und dachte sogar schon daran, den Stein so, wie er war, zu einem der Jademärkte in Schanghai mitzunehmen. An diesem Punkt hätte ich mich damit zufriedengegeben, ohne Verlust davonzukommen.

Das Geschäft und die Werkstatt von Herrn Zhao lagen in einem der besseren Stadtteile von Suzhou. Selbst mein ungeübtes Auge erkannte sofort, dass seine Arbeit bemerkenswert war. Ich war jetzt ja in mehreren Jadegeschäften gewesen, doch dort hatte ich nichts gesehen, was an die Qualität der Steine und die Kunstfertigkeit herankam, die ich hier erblickte. Als ich auf Herrn Zhao wartete, der oben in der Werkstatt war, hatte ich das Gefühl, recht töricht zu sein – wie konnte ich ihn überhaupt fragen, ob er meinen Stein (an dem ich inzwischen ein bisschen zweifelte) bearbeiten würde?

Er zündete sich eine Zigarette an und schob sich seinen ziemlich affigen Pony aus den Augen, während er den Stein hin und her wendete. Ich erzählte ihm, dass ich von hier aus nach Osten reisen wolle, nach Taiwan und weiter nach Japan. Er sagte, in Taiwan gebe es viele Leute, die diese Art von Jade sammelten, doch bei Japan wisse er das nicht. Ich erklärte ihm, ich wolle den Stein dem besten Schnitzer anvertrauen, den ich mir leisten konnte, um mir optimale Verkaufschancen zu verschaffen. Was konnte er damit machen? Zu einem erschwinglichen Preis?

Er holte einen Stein aus seinem Safe, der ungefähr ein Drittel so groß war. Er war mit musterhafter Präzision geschnitzt worden und zeigte einen einsamen Reisenden, der im Schnee auf einem Esel durch eine Gebirgslandschaft ritt. Die Arbeit war von höchster Qualität – ich wäre begeistert gewesen, wenn mein Stein nur halb so gut aussehen konnte. Plötzlich wurde mir klar, wie viel Vertrauen ich in den Schnitzer setzte, dem ich meinen Stein übergab. Wenn ich meine Wahl nicht mit großer Sorgfalt traf, bestand die Gefahr, dass meine Investition durch schlechtes handwerkliches Können an Wert verlor.

Herr Zhao sprach wie jemand, der zumindest die Kunst der Zirkularatmung beherrschte. Das meiste von dem, was er sagte, hatte ich an diesem Tag schon gehört. Der Stein wies Mängel auf, die berücksichtigt werden mussten. Es gab keine Garantie dafür, dass er innen sehr gut sein würde. Er würde rund um die Uhr daran arbeiten müssen, um ihn bis zu meiner Abreise fertig zu bekommen. Trotzdem könne er es für 4 500 Dollar machen. Er erklärte mir, das sei ein Sonderpreis – er wolle mir helfen, weil ich Ausländer sei. Die Menschen außerhalb von China sollten sehen, dass Jade ein wertvoller Schmuckstein war, der hinter keinem anderen zurückstand, und auch, wie gut seine Gestaltung und das handwerkliche Können seiner Schnitzer waren. Er würde es für mich machen und dabei überhaupt nichts verdienen. Ich traute meinen Ohren nicht. Da sein Angebot um 2 500 Dollar unter dem bisher günstigsten lag und seine Arbeit von so hoher Qualität war, feilschte ich gar nicht erst. Ich ließ ihm den Stein da und versprach, ihn in ein paar Wochen abzuholen.

Die Jade repräsentiert einen seltsamen Widerspruch beim modernen China. Schon die Schnitzereistile, die noch heute in Mode sind, zeigen, dass sich in den letzten zwei Jahrtausenden nicht viel geändert hat. Suzhou ist ein gutes Beispiel dafür: Es war die ganze Zeit über das Zentrum der Jadeschnitzerei. Das gilt auch sonst für große Teile der chinesischen Kunst – die Techniken sind moderner geworden, doch die Themen sind immer noch dieselben wie zur Zeit der Ming-Dynastie. So stark China sich auch entwickeln mag, seine Bewohner werden weiter dieselben Figuren und Geschichten schätzen wie ihre Vorfahren. Die Entwicklung des Landes ist aber erheblich vorangeschritten und ich bin überzeugt, dass es hier auch Platz für neue Ideen gibt. Darauf habe ich ja immerhin 3 000 Flaschen südafrikanischen Rotwein gesetzt.

14 Ihr Wunsch ist mir Befehl!

INVESTITIONEN:
- **Wein: 15 218 Dollar**
- **Jade (einschließlich des Schnitzens): 9 214 Dollar**

AUF DER BANK: 27 513 Dollar

David Lu kann alles herstellen. Mit 1,58 ist er der kleinste Händler, der mir bisher begegnet ist, und dass er seine Haare mit reichlich Gel nach oben gestrichen hat, ändert daran auch nichts. Er spricht mit einer Geschwindigkeit von 160 Stundenkilometern Englisch und seine Stimmlage lässt vermuten, dass er heliumsüchtig sein könnte. Wir befinden uns in seiner Fabrik, in einem grauen Gewerbegebiet in Yongkang. Draußen gießt es in Strömen, und er erklärt mir gerade, wie es dazu gekommen ist, dass er aufblasbare Boogie Boards (besonders breite, dafür aber kürzere Surfbretter) produziert.

Vor ein paar Jahren war David in der Textilbranche und produzierte billige T-Shirts der Art, die man als Sonderangebot kaufen kann. Eines Tages spazierte ein amerikanischer Geschäftsmann mit einer ganz neuen Idee herein: David sollte ein Surfbrett herstellen, das man am Strand aufblasen und aus dem man die Luft dann für die Reise wieder herauslassen konnte. David hat noch nie gesurft, er ist nicht einmal irgendwo am Strand gewesen, doch er einigte sich mit dem Amerikaner auf einen Preis und änderte dann einfach seine Produktionslinie: keine T-Shirts mehr, sondern Surfbretter.

Ich wollte vor meiner Abreise nach Amerika in China außer der Jade noch etwas anderes finden, was ich kaufen konnte. Das hätte eigentlich verhältnismäßig einfach sein müssen. China ist heute der weltweit mit Abstand führende Exporteur von Produkten, und diese Produkte landen zu einem recht großen Teil in Amerika. Ich zog vieles in Betracht, von Spielzeug bis zu Toilettenbecken, hielt es aber für sicherer, mir etwas zu suchen, was der Jahreszeit entsprach. Ich würde mitten im Sommer in Mexiko ankommen, und dann würden Millionen von Europäern, Amerikanern und Einheimischen an die Strände strömen. Es war also sinnvoll, hier in China nach etwas Ausschau zu halten, was in diesen Markt passte. Falls das bedeuten sollte, dass ich selbst einige Zeit am Strand verbringen musste, um es zu verkaufen, musste ich eben in den sauren Apfel beißen …

Mit dem Kaffee und der Chilisoße hatte ich einen ordentlichen Gewinn erzielt, doch die Pferde hatten mir einen Verlust von 1 000 Dollar eingebracht. Insgesamt belief mein Gewinn sich also erst auf knapp 2 000 Dollar, sodass ich von meinem Ziel, 100 000 Dollar, noch sehr weit entfernt war. Ich hatte viel Vertrauen in Rotwein gesetzt – um genau zu sein, Vertrauen im Wert von 15 000 Dollar – und nun weitere 9 000 Dollar in einen Jadebrocken gesteckt. Allmählich wurde ich ein bisschen nervös, weil ich mehr ausgab, als ich einnahm, doch ich tröstete mich mit dem Gedanken, dass es sich dabei um meine goldenen Eier handelte, um die entscheidenden Investitionen, von denen mein Gesamtgewinn abhängen würde. Zum Glück hatte ich immer noch genug Geld für ein weiteres Geschäft in der Kasse.

David hatte ich über eine Website namens alibaba.com gefunden. Zurzeit entstehen mehrere Websites dieser Art, die Käufern aus der ganzen Welt helfen sollen, chinesische Hersteller wie David zu finden. Tausende kleiner Fabrikbesitzer werben dort für sich, und wenn der Preis stimmt, können sie alles produzieren, was man möchte. Ich suchte nach einem chinesischen Hersteller von aufblasbaren Boogie Boards, da ich sie im Vorjahr an den britischen Stränden gesehen hatte und sie für eine großartige Idee hielt. Im Internet war ich dann auf Davids Website gestoßen.

Bei einem kann man sich ganz sicher sein: Falls irgendjemand auf der Welt etwas herstellt, wird es in China nachgemacht. Das Land wird von Kopien aller Art überflutet. Nicht einmal Coca-Cola bleibt davon verschont – es gibt ein Produkt, das in roten Dosen verkauft wird und wie Coca-Cola aussieht und schmeckt, aber keine Coca-Cola ist. Das scheint allerdings niemand für ein Problem zu halten. Aus Sicht des chinesischen Staates ist das ja auch durchaus sinnvoll. Da stellt irgendwo in China ein Mann in seiner Fabrik Poka Cola her, und dann kommt ein großer amerikanischer Konzern, beschwert sich lautstark und pocht auf sein Copyright. Auf welche Seite wird die Kommunistische Partei Chinas sich wohl stellen? Natürlich auf die des kleinen Mannes, der begonnen hat, eine Fabrik aufzubauen. So kann man sich ja als gute Kommunisten erweisen und zudem das freie Unternehmertum fördern.

Wir im Westen sollten uns das kapitalistische Modell der Chinesen mal genau ansehen. Als ich nach Großbritannien zurückkehrte, richtete die Kreditklemme gerade große Verheerungen bei unserer Wirtschaft an – uns geht das Geld aus, und auch das Vertrauen, uns gegenseitig Geld zu leihen. Wie sich das auf unsere Lebensweise auswirken wird, ist noch nicht ganz klar, doch es gibt ein Land auf der Welt, das sicher sein kann, dass es dort nicht zu einem Liquiditätsengpass kommen wird, weil es genug ausländisches Kapital angehäuft hat: China. Ironischerweise könnte eine ganz stark regulierte Wirtschaft, die kapitalistischem Unternehmertum ein solides Fundament bietet, sich als neues Modell dafür erweisen, wie wir uns in Zukunft organisieren. Die Zeit wird es zeigen.

Ich mochte David vom ersten Augenblick an. Irgendwie verkörperte dieser Mann mit dem Gel im Haar und der quietschigen Stimme die neue chinesische Einstellung gegenüber der Weltwirtschaft. In Großbritannien würde es wohl niemandem gelingen, so mir nichts, dir nichts von Textilien auf die Produktion aufblasbarer Surfbretter umzuschwenken …

Die Bretter, die ich mit so großer Sorgfalt ausgewählt hatte, waren nicht die wackligen Dinger, die man an den meisten Strandbuden bekommt. Sie waren viel stabiler, sie waren im voll aufgeblasenen Zustand fest und mit dem dicken Neopren überzogen, aus dem normalerweise Taucheranzüge gemacht werden. Die Idee ist, dass die Leute sie statt der üblichen Styroporbretter benutzen können. Für die meisten Touristen, die im Urlaub gern surfen, ist es nämlich ein Problem, das sperrige Ding dann nach Hause zu transportieren. Bei aufblasbaren Brettern ist das natürlich ganz einfach: Man braucht nur die Luft herauszulassen und schon rollen sie sich auf Handtuchgröße zusammen. Meiner Meinung nach würden sie in Mexiko – wo die Wellen an der Ostküste perfekte Surfbedingungen bieten – weggehen wie warme Semmeln.

David hatte noch keine Kunden in Mexiko. Und auch keine in Europa. Ich stellte mir vor, dass er mir die Bretter zu einem guten Preis überlassen und ich sie dann in Mexiko verkaufen würde. Wenn alles gut ging, würde ich neue Kunden finden und sie für weitere Bestellungen direkt mit David in Kontakt bringen. Diese Taktik hatte sich ja beim Kaffeehandel als sehr effektiv erwiesen, und David war offenbar durchaus interessiert. Üblicherweise verkaufte er die Bretter für 15 Dollar das Stück an seinen amerikanischen Kunden. Zumindest sagte er das. Ich handelte ihn auf 13,50 Dollar herunter. Es war schon schwierig, ihm diese 1,50 Dollar abzuringen. Ich musste im Grunde das ganze Brett auseinandernehmen, den Preis jedes einzelnen Teils ermitteln und schließlich alles zusammenzählen. Dabei kam ich zu dem

Ergebnis, dass die Herstellung ihn insgesamt nur etwa neun Dollar kostete, sodass er immer noch einen großen Gewinn machen würde. Vielleicht würde ich im Hinblick auf die Herstellung von Kontakten zu neuen Kunden doch nicht so zuvorkommend sein … Falls Sie selbst daran interessiert sein sollten, zwischen China und Mexiko mit aufblasbaren Boogie Boards zu handeln, brauchen Sie nur weiterzulesen – Sie werden hier alle nötigen Informationen finden, bevor David sie erhält.

David würde zwei Wochen brauchen, um die 750 Bretter, die ich bestellt hatte, zu produzieren. Wir vereinbarten, dass ich sofort eine Anzahlung von 20 Prozent auf sein Konto überweisen und den Rest des Gesamtbetrags von 10 182 Dollar zahlen würde, nachdem die Surfbretter im Hafen von Schanghai angeliefert worden waren. Obwohl ich David mochte, befolgte ich damit den guten Rat, nie eine so große Anzahlung zu leisten, dass es sich für den Fabrikbesitzer lohnt, einfach seine Zelte abzubrechen und sich mit einem hübschen Sümmchen in der Tasche irgendwo anders niederzulassen. Angesichts der Tatsache, dass David mit solcher Leichtigkeit die Branche gewechselt hatte, wäre das für ihn ja ein Kinderspiel gewesen.

Ich organisierte den Transport der Bretter von Schanghai nach Mexiko und hatte nun alles erledigt. Es würde rund fünf Wochen dauern, bis ich sie im Hafen von Manzanillo in Mexiko abholen konnte. Diese Zeitfenster waren bei meinem Plan von großer Bedeutung. Ich hatte jetzt genug Spielraum, um nach Schanghai zurückzukehren und meinen Wein zu verkaufen. Danach würde ich wieder nach Suzhou fahren, zu dem Jadeschnitzer. Vorausgesetzt, dass alles gut ging, würde ich dann in der nächsten Woche nach Taipeh fliegen.

Viele der großen Städte auf der Welt haben im Laufe der Geschichte eine besondere Blütezeit erlebt: London und Paris, später New York, in der letzten Zeit Tokio, Hongkong und Singapur. Jetzt scheint Schanghai an der Reihe zu sein, das Aushängeschild der gerade entstehenden freien chinesischen Wirtschaft. Diese neue Wirtschaft hatte eine neue Mittelschicht produziert, auf deren Geld ich aus war.

Ich hatte mir immer vorgestellt, dass meine Ankunft in Schanghai sich wie das Erreichen eines wichtigen Meilensteins bei meiner Reise anfühlen würde, und da hatte ich mich auch nicht geirrt. Mein Gedankengang hatte so ausgesehen: Wenn ich es bis Schanghai geschafft hatte, mussten die Dinge zumindest zum Teil richtig gelaufen sein. Bei meinem Aufbruch vor drei Monaten hatte ich ein klares Bild von meiner Route gehabt, aber keine festen Pläne im Hinblick darauf, womit ich handeln würde. Ich hatte jedoch immer das Gefühl gehabt, dass Schanghai zu den Orten gehörte, wo ich einen wirklich großen Gewinn erzielen und meinem Ziel von 100 000 Dollar ein gutes Stück näher kommen konnte. Ich war allerdings noch nie in Schanghai gewesen, konnte mich also nur auf das stützen, was ich über diese Stadt gelesen hatte und was andere über sie sagten.

Dank seiner Lage an der Mündung des Jangtse wurde Schanghai ein bedeutender Hafen, als China sich Mitte des 19. Jahrhunderts erstmals für den Handel mit anderen Ländern öffnete. Zu Beginn des 20. Jahrhunderts gehörte die Stadt zu den wichtigsten Seehandelszentren der Welt. Sie war schon immer offener als das übrige China. Aus aller Welt kamen Händler dorthin, um Firmen zu gründen. Die Franzosen, Briten, Amerikaner und Russen ließen sich in eigenen Vierteln nieder und handelten mit allem vom Opium bis zur Seide. Aus dem Fenster meines Zimmers in einem Hotel im französischen Viertel hatte ich einen guten Blick auf die von Bäumen gesäumten Straßen mit ihrer Betriebsamkeit, die Cafés und Boutiquen. Ich musste mich bewusst daran erinnern, dass ich nicht in Paris war, sondern in China. Sobald ich aus dem Hotel trat und in die andere Richtung schaute, sah ich aber, wo ich in Wirklichkeit war.

Direkt östlich vom Fluss, im Zentrum von Schanghai, liegt Pudong. In manchen der Bars und Restaurants in den älteren Stadtteilen hängen heute gerahmte Fotos von Pudong vor 20 Jahren. Farbaufnahmen, die erst 1990 gemacht wurden, zeigen es als Gebiet mit noch nicht erschlossenen Reisfeldern. Wenn man sich das heutige Pudong ansieht, erkennt man, dass die Chinesen ein Reisfeld in nur 18 Jahren in eines der großen Finanzzentren verwandelt haben. Hier erheben sich jetzt Wolkenkratzer, zu denen einige der weltweit höchsten gehören. Bei ihrem Anblick fühlte ich mich unbehaglich – es war irgendwie, als würde die Zeit hier anders funktionieren, als hätten sie Manhattan über Nacht erbaut.

Diese Kaufkraft wollte ich anzapfen. Ich unterschied mich nicht von all den Händlern, die vor so vielen Jahren nach Schanghai gekommen waren, um dort ihr Glück zu machen. Schanghai erlebte wieder eine Blütezeit, ich sah überall Anzeichen für die neue Mittelschicht, die Unmengen von Geld ausgeben konnte. Deshalb hatte ich an Schanghai gedacht, als ich vor zwei Monaten in Südafrika war. Ich war überzeugt, dass diese Stadt der richtige Ort für 3 000 Flaschen Rotwein war. Wenn die Leute reicher werden, wollen sie überall Produkte aus dem Ausland und Luxusgüter, und mein Wein passte in beide Kategorien.

Aus meinen Erfahrungen in Delhi hatte ich gelernt, dass es keinen Sinn hatte, die Bars und Restaurants abzuklappern – dafür besaß ich einfach zu viele Flaschen. Daher beschloss ich, den direkten Weg zu nehmen und mich an die Großhändler zu wenden (in Schanghai gibt es in der Weinbranche rund ein Dutzend bedeutende). Ich hatte mich mit meinem Freund Geoff De Freitas in Verbindung gesetzt, dessen Zeitschrift, die Shanghai Business Review, gute Kontakte zur Branche hatte. Er hatte mir eine Reihe entsprechender E-Mail-Adressen gegeben. Ich wollte eine abendliche Weinprobe veranstalten und alle Großhändler aus der Branche dazu einladen. Den perfekten Ort dafür hatte ich bereits gefunden: Vino Venue, einen schicken Weinklub im reichsten Teil von Schanghai, in dem zahlreiche Villen liegen.

Vino Venue geht das Marketing von Wein auf ganz eigene Weise an. Die Besitzerin, Carol Lee, hat blitzende neue Automaten aus Chrom und Glas aus Italien importiert. Man steckt seine Kreditkarte in den Schlitz, gibt die gewünschte Glasgröße an und bekommt seinen Wein. Vino Venue präsentiert jede Woche eine andere Weinauswahl, die die Klubmitglieder dort glasweise kosten können. Man hofft, dass sie eine Flasche oder sogar eine ganze Kiste kaufen werden, wenn ein Wein ihnen schmeckt. Ich brauchte jemanden, der 50 Kisten kaufen würde.

Der Besuch war ein bisschen enttäuschend. Es waren rund 40 Leute gekommen, doch die meisten waren Klubmitglieder, die nur die Neugier hergetrieben hatte. Außerdem hatten sich zwei Vertreter der Großhändler und einige Einkäufer von Restaurantketten eingefunden, und das war ermutigend. Ich erzählte kurz von meiner bisherigen Reise und von dem Wein, den ich aus Südafrika mitgebracht hatte, und beantwortete dann Fragen, während alle kosteten. Die meisten Fragen betrafen meine Reise, nur wenige den Wein.

Da ich jahrelang Banker und Buchhalter aus einigen der größeren Londoner Firmen geschult hatte, war ich daran gewöhnt, vor so vielen Menschen zu stehen und Fragen zu beantworten. Es war allerdings seltsam, dass es bei den Fragen um mich selbst ging. Noch einmal zu erläutern, wie das Modell für die Bewertung von Dividenden funktioniert, ist etwas ganz anderes, als zu erklären, weshalb ich mich entschlossen hatte, meinen gut bezahlten Job aufzugeben und als Händler um die Welt zu reisen.

Ich überstand das Kreuzverhör durch das Publikum, doch die chinesischen Interessenten bereiteten mir einen gemischten Empfang. Hier ist ein Snobismus im Hinblick auf Wein entstanden, und ich bekam zum Teil recht erstaunliche Kommentare zu hören. Am bemerkenswertesten fand ich „Südafrika hat nicht die Kultur dafür, Wein herzustellen. Nur Frankreich macht guten Wein“ – das hätte ja direkt aus der Revue du Vin de France stammen können. In Anbetracht der Tatsache, dass meine beiden Weine ziemlich schlichte, gut zugängliche Rotweine waren – der Arniston Bay war sogar so fruchtig, dass er fast wie Saft schmeckte –, wunderte ich mich schon darüber, dass sie als „rauchig“, „würzig“ und sogar „eichig“ beschrieben wurden. Eins war klar: Die Chinesen, die zu meinem Weinabend gekommen waren, wollten den Eindruck erwecken, sie wüssten viel über Wein, doch bei den meisten war das nicht der Fall. Da Wein in China so neu ist, war das keine allzu große Überraschung für mich – die Briten tranken ja vor nicht allzu langer Zeit auch noch Liebfrauenmilch.

Es ist interessant, sich in einem Markt zu bewegen, der einem Muster zu folgen scheint, das man schon mal erlebt hat. Ökonomen sehen sich natürlich häufig frühere Erfahrungen an, um daran zukünftige Trends abzulesen – was kann man also aus der Entwicklung der Weinbranche in Großbritannien lernen und auf China anwenden? Die deutschen Weine, die in Großbritannien beliebt waren, ließen sich sehr leicht trinken und zogen viele neue Weintrinker an. Im Laufe der Zeit wurden die Leute dann anspruchsvoller und wussten auch exquisitere Weine zu schätzen. Das war der Durchbruch, der Weinabsatz ist seit etwa 1980 jedes Jahr gestiegen.

Die chinesische Weinbranche arbeitet derzeit angestrengt daran, eine solide Basis von Weintrinkern aufzubauen. Dabei benutzt sie die gleiche Taktik: Sie will den Wein als kulturelle Norm etablieren, nicht als Luxusgut für die Reichen, und importiert daher leichte, anspruchslose Weine. Großbritannien hat nur 60 Millionen Einwohner, China dagegen 1,3 Milliarden; wenn der chinesische Markt zu einem ähnlichen Höhenflug ansetzt, werden ein paar Leute richtig reich werden.

Trotz der gemischten Kritik gelang es mir, Termine mit mehreren Personen aus meiner Zielgruppe zu vereinbaren. Die vielversprechendsten waren Jon Benn, ein ehemaliger Star aus den alten Bruce-Lee-Filmen, jetzt Einkäufer für die Restaurantkette Malone's, und ein australischer Großhändler namens Michael Lee, der sein Angebot um südafrikanische Weine ergänzen wollte. Außerdem hatte ich noch einen Kontakt geknüpft, aus dem sich vielleicht ein Geschäft ergeben konnte: Aurélie Mazella, die bei einer der großen Firmen im Einkauf arbeitete, gefiel der Rozier Bay, doch sie musste ihn zunächst ihrem Chef zeigen. Ich verabredete mich für den nächsten Tag mit Michael; Jon forderte mich auf, seinen Barmanager aufzusuchen und mit ihm darüber zu sprechen, wie viel Wein er im Augenblick brauchte; Aurélie sagte, sie würde mich am Nachmittag anrufen.

Interessanterweise waren diese Marktteilnehmer alle keine Chinesen. Der Markt wird noch immer von Menschen aus weinproduzierenden Ländern beherrscht. Beim Verkauf von Importwein führen in China derzeit die Australier, Franzosen und Amerikaner – sie machen ihr ungemein wertvolles Fachwissen und ihre Kontakte zur Heimat zu Geld.

Insgesamt hatte der Abend keine schlechten Ergebnisse gebracht. Am nächsten Tag hatte ich zwar noch nichts von Aurélie gehört, doch Michael wollte sich mit mir zum Essen treffen – den Wein brachte ich natürlich mit. Michael war aus Australien nach Schanghai gekommen und hatte vorher beim größten Großhändler in der Stadt, ASJ Wines, gearbeitet. Jetzt war er bei einem kleineren Konkurrenten, der sein

Angebot erweitern wollte. Er fragte mich nach dem Preis für den Rozier Bay, der ihm wirklich gut gefiel. Da ich Adam ja versprochen hatte, ihn nicht als Billigwein zu verkaufen, fühlte ich mich verpflichtet, einen möglichst hohen Preis zu verlangen: 85 Yuan (rund 12,50 Dollar) pro Flasche. Das war ein ganz entscheidender Augenblick. Michael war der Erste, dem ich einen Preis genannt hatte, und er kannte den Markt genau. Es war ungemein wichtig für mich, was er von dem Wein und dem Preis hielt. Ich war sehr erleichtert, dass er ihm schmeckte. Er nahm noch einen großen Schluck und nickte: „Das ist ein wirklich guter Preis für diesen Wein." Dabei lächelte er sogar. Und? Würde er ihn kaufen?

Als Michael seinen nächsten Satz mit den Worten „Das Problem für kleine Großhändler ist, dass ..." begann, blendete ich mich aus. Natürlich hatte der Satz einen Schluss, der sicher auch ganz vernünftig war, doch als ich Michael anblickte, hörte ich nur: „Nein! Nein! Nein!" Das reichte mir. Ich dachte schon darüber nach, ob Aurélie mir wohl inzwischen eine Voicemail hinterlassen hatte und ob mein Gespräch mit dem Barmanager von Malone's erfolgreicher verlaufen würde. Wir trennten uns dann bald. Es schien Michael wirklich leidzutun, dass er mir nicht helfen konnte. Er riet mir, mich an seinen alten Chef zu wenden. ASJ Wines habe genug Kaufkraft, um mir meinen gesamten Wein abzunehmen.

An jenem Abend ging ich mit je einer Flasche Rozier und Arniston Bay unter dem Arm zu Malone's. Ich kam mir wie ein Vertreter für alkoholische Getränke vor, und genau das war ich ja wohl auch. Es handelte sich um eine der typisch amerikanischen Sportbars, um die ich gewöhnlich einen Bogen mache. Auf großen Leinwänden wurden Wettbewerbe von den Olympischen Spielen in Peking gezeigt, am Tresen drängten sich Chinesen und Westler. Mein erster Gedanke war, dass sie alle Bier tranken.

Als ich den Barmanager kennenlernte, wusste ich sofort, was kommen würde. Sean, der irische und amerikanische Wurzeln hat, nutzte das neue Wirtschaftswunder in Schanghai weidlich aus, indem er Sportfans hier und in einer weiteren Bar am anderen Ende der Stadt Bier verkaufte. Bier, keinen Wein. Sean gefiel der Wein (er gefiel ja allen), doch er sagte verständlicherweise: „Meine Kundschaft bei einem Fußballspiel [ich vermute, er meinte ‚Footballspiel', doch das ist im Grunde egal] nippt nicht an einem Glas Wein, sondern schüttet Bier und Tequila in sich hinein." Das klang nach viel Spaß – ich nahm mir vor, bei meinem nächsten Besuch in der Stadt wiederzukommen und das Erlebnis bei Malone's voll auszukosten, doch in diesem Augenblick wollte ich dort nur noch weg. Ich kam mir wie ein Vollidiot vor, weil ich versucht hatte, in einer Bierschenke Wein zu verkaufen, und war wütend auf Kung-Fu-Jon, der mich so in die Irre geführt hatte. Ich hatte noch seine Worte im Ohr: „Bei uns fließt viel Wein durch die Kehlen."

Ich hatte also wieder mal ein Problem, und dieses Mal ging es um wirklich viel Geld. Ich war in einer fremden Stadt und hatte ein großartiges Produkt, doch es fehlte mir leider an Interessenten. In den beiden nächsten Tagen setzte ich mich mit allen in Verbindung, bei denen ich auch nur die kleinste Chance witterte. ASJ Wines, Michaels früherer Arbeitgeber, hatte bereits einen Exklusivvertrag mit einem großen südafrikanischen Lieferanten – diese Tür blieb mir also verschlossen. Zwei andere Händler waren noch nicht so weit, südafrikanischen Wein in ihr Angebot aufzunehmen. Ein chinesischer Händler, auf den ich eine ganze Stunde wartete, versetzte mich. Ein großer Wein-Discounter war zwar interessiert, doch der Chefeinkäufer war gerade für 14 Tage in Australien. Ich versuchte mein Glück sogar bei der Hotelkette Marriott; den Leuten dort gefiel mein Wein (er gefiel ja allen), doch sie sagten, sie könnten nur ein Dutzend Flaschen kaufen, probehalber. Wenn ich sechs Monate Zeit gehabt hätte, wäre das natürlich schön gewesen, angesichts meines engen Zeitrahmens musste ich dieses Angebot aber ablehnen. Dann rief Aurélie an. Sie hatte versucht, ihren Chef zu überreden, doch mein Wein sei leider nicht das Richtige für sie. Allmählich überkam mich Panik.

Ich hatte ein gutes Produkt nach Schanghai mitgebracht (ich habe ja wohl schon erwähnt, dass der Wein allen gefiel) und bot es zu einem guten Preis an. Alle Gespräche waren auf so ziemlich die gleiche Weise abgelaufen: Es gab weder bei der Qualität noch beim Preis ein Problem, doch offenbar verhinderte immer irgendetwas, dass wir ins Geschäft kamen. Das überraschte mich ein bisschen, denn ich sah, dass hier in Schanghai unzählige Leute Geld erwirtschafteten. Die Stadt schien von einer echten unternehmerischen Aufbruchstimmung erfüllt zu sein und ich war mir sicher gewesen, dass ich dort jemanden finden würde, der die Sache als echte Chance betrachtete. Ich ermöglichte den Händlern eine sehr große Gewinnspanne, doch anscheinend interessierte sich einfach niemand dafür.

Außerdem sprach noch ein anderer Faktor für mich: Es ist heutzutage sehr schwierig, neue Weine nach China einzuführen. Selbst die erfahrenen Großhändler hier sagten, damit sei zu viel Papierkram verbunden und der chinesische Zoll sei ein bisschen schwierig geworden. Ich hatte den gesamten Papierkram bereits erledigt, während der Wein sich auf See befand, über einen Agenten vor Ort, und alles war sehr glatt gelaufen. Meine Weine waren jetzt also in China registriert; jeder, der sie kaufte, würde problemlos noch mehr importieren können. Alle sagten, da habe ich Glück gehabt – aber offenbar nicht genug Glück, um jemanden zu finden, der bereit war, den nächsten Schritt zu machen.

Mir blieb jetzt nur noch ein Tag in Schanghai. Ich begann, Vorkehrungen für den Fall zu treffen, dass ich den

Wein nicht loswurde. Der Agent, den ich beauftragt hatte, konnte ihn für mich lagern, doch ich würde weiter versuchen müssen, per E-Mail und Telefon Interessenten zu finden. Vielleicht würde ich später im Jahr sogar nach Schanghai zurückkehren müssen. Das war natürlich alles andere als ideal und würde bedeuten, dass viel Geld gebunden war und mir für neue Geschäfte fehlte. Daher war ich nicht gerade glücklich. Dann bekam ich einen Anruf von einem ganz kleinen Großhändler, den ich am Vortag unangemeldet kontaktiert hatte – die Leute baten mich, bei ihnen vorbeizukommen. Ich musste mir die Hand auf die Brust drücken, denn mein Herz schlug einen wahren Trommelwirbel. Das war meine allerletzte Chance!

The Merchant ist eine sehr kleine Firma in einem schmuddeligen, industriell aussehenden Gebäude. Die Außenwände bestehen aus grauem Beton, die Korridore aus unbearbeitetem Schlackenstein. Ich hätte nicht damit gerechnet, hier einen Weinhändler zu finden, doch drinnen erlebte ich eine Überraschung: Die erste Firma war eine Modellagentur, die zweite eine Werbeagentur. Diese Art von industriellem Schick findet man auch in Shoreditch und anderen angesagten Teilen von London. The Merchant residierte sogar in einem todschicken Büro am Ende des Flurs. Als ich am Empfang auf den Chef, Jonathon Lim, wartete, erblickte ich auf einem Tischchen ein Exemplar von Geoffs Shanghai Business Review. Solche Zufälle betrachte ich immer als gutes Vorzeichen.

Jonathon war genauso klein wie David Lu und sah aus, als würde er auch zum selben Friseur gehen. Er wirkte nicht viel älter als die Mitglieder der meisten Boygroups. Ich war froh darüber, dass er Kelvin mitbrachte, seinen Weinbereichsleiter. Trotz der englischen Namen, die sie sich zugelegt hatten, waren Jonathon und Kelvin chinesische Malaysier.

Wir setzten uns in ihren Konferenzraum, an einen langen Mahagonitisch, um den sich Regale mit „prämierten“ Weinen in ansprechend gestalteten Kartons zogen. Wieso ist Wein eigentlich immer „prämiert“?

Die Verkostung begann in der üblichen Weise. Große Gläser, intensives Schwenken, dann Schnuppern und Schlürfen und Einsaugen des Weins durch die Zähne – all das, was man macht, wenn man Wein verkostet, aber nie, wenn man ihn tatsächlich trinkt. Ich schickte ein Stoßgebet zum Himmel, dass niemand „Marzipan!“ rufen möge.

Kelvin war für den Geschmack zuständig, und er sagte, beide Weine würden ihm schmecken. Nun kam Jonathon, der für die finanzielle Seite verantwortlich war, ins Spiel. Wie viel? Bei dem Rozier blieb ich fest und verlangte 85 Yuan (rund 12,50 Dollar), für den Arniston schlug ich 65 Yuan (rund 9,50 Dollar) vor. Die beiden jungen Männer warfen sich einen Blick zu – sie wussten, dass ich ihnen wirklich gute Preise bot. Der Rozier war zu diesem Preis ein Schnäppchen und sie versuchten gar nicht erst, zu handeln. Bei dem Arniston sah es allerdings ein bisschen anders aus. Jonathon fand ihn recht teuer, und so ging ich auf 50 Yuan (rund 7,50 Dollar) hinunter, unter der Bedingung, dass er mir meinen gesamten Bestand abnahm. Bei diesen Preisen würde ich immer noch einen riesigen Gewinn erzielen: 80 Prozent. Bei der Berechnung ihres Großhandelspreises würden sie 50 Prozent aufschlagen. Die Einzelhändler würden den Preis dann verdoppeln, und im Supermarkt oder Restaurant würden die Weine schließlich jeweils rund 30 Dollar kosten.

Es ist immer sehr frustrierend, wenn die Leute sagen, sie müssten die Sache erst mal „überschlafen“. Da ich das selbst ständig sage, weiß ich, was für eine gute Verhandlungstechnik es ist. Jonathon wollte die Zahlen mit dem Leiter seiner Finanzabteilung durchgehen. Er bezweifelte ohnehin, dass sie mir den ganzen Wein abnehmen würden, doch sie würden mir am nächsten Tag Bescheid geben. Da es in China immer besser ist, sich bei Geschäften persönlich gegenüberzusitzen, sagte ich, ich würde morgen zur gleichen Zeit wiederkommen.

In dieser Nacht fand ich kaum Schlaf. Wenn die Sache klappte, war ich alle Sorgen los, und das hieß im Umkehrschluss, dass ich andernfalls in Schwierigkeiten steckte. Zumindest würde mein Kapital dann gebunden sein, bis es mir gelang, den Wein loszuwerden. Da der Verkauf schon schwierig gewesen war, als ich in Schanghai war, würde er nach meiner Abreise noch viel schwieriger werden.

Als ich das schicke Büro wieder betrat, war Jonathon nicht da. Kelvin saß an seinem Schreibtisch. Er hatte beide Flaschen vor sich stehen. „Sie haben gesagt, 85 Yuan für den hier, oder?“ Er klopfte auf die Rozier-Flasche. „Und für den hier 45 Yuan?“ Er versuchte, mich reinzulegen!

„50 für den da!“, erwiderte ich. Ich nahm ihm das nicht übel, ich freute mich ja darüber, dass er sich tatsächlich für beide Weine interessierte. Ich hatte geglaubt, dass er nur einen nehmen würde.

„Wenn wir Südafrika in unser Angebot einbauen wollen, sollten wir unseren Kunden zwei Weine bieten können. Wir könnten Ihnen allerdings nicht gleich den ganzen Betrag zahlen.“

Jetzt hatte ich Blut geleckt. „Wie viel können Sie mir denn sofort zahlen? 50 Prozent?“

„Ja, das sind unsere üblichen Bedingungen – 50 Prozent gleich, 50 Prozent in einem Monat.“ Das klang doch einfach wunderbar! Ich würde 15 000 Dollar auf die Bank bringen können und den Rest auch noch bekommen, bevor ich mich auf die Heimreise machen musste. Unter den gegebenen Umständen war das wie eine Begnadigung durch den Gouverneur kurz vor der Hinrichtung.

Geschäfte in letzter Sekunde sind immer sehr dramatisch. Vielleicht kann man sagen, dass alle Geschäfte erst in letzter Sekunde abgeschlossen werden, doch dieses hatte für meinen Geschmack wirklich entschieden zu lange auf der Kippe gestanden. Eben war noch meine ganze Reise gefährdet gewesen, jetzt befand ich mich wieder in der Spur und konnte meinen ersten wirklich großen Gewinn einstreichen. Mit der Chilisoße und dem Kaffee hatte ich zwar auch Profite gemacht, aber nicht in dieser Größenordnung. Nun kam ein warmer Regen von 14 344 Dollar dazu. Trotz des Verlusts mit den Pferden stand ich also insgesamt mit über 16 500 Dollar im Plus. Mein Ziel von 100 000 Dollar sah jetzt zum ersten Mal erreichbar aus. Wenn ich diesen Schwung beibehalten konnte, würde ich es schaffen und vielleicht sogar übertreffen. Ich hatte jetzt genug Geld auf der Bank, um in China etwas zu kaufen – und eine Verabredung mit einem Schnitzer in Suzhou.

Ich hatte mir ein bisschen Sorgen darüber gemacht, ob ich genug Geld zur Verfügung haben würde. Schließlich hatte ich große Beträge in die Jade und den Wein gesteckt, die zweite Rate von Puneet Gupta für die Chilisoße stand noch aus und ich würde den Schnitzer bezahlen müssen, wenn ich meine Jade abholte. Nachdem ich den Wein losgeworden war, fühlte ich mich richtig beschwingt. Als ich in den Hochgeschwindigkeitszug nach Suzhou stieg, war ich in Hochstimmung. Wenn der Schnitzer gute Arbeit geleistet hatte, konnte ich beim Verkauf im Idealfall einen Gewinn in Höhe des Drei- oder Vierfachen erzielen. In diesem Teil der Welt gab es einen Markt dafür, der mir von allen Seiten empfohlen wurde: Taiwan.

Zum Glück hatte ich einen guten Schnitzer an Bord. Ich fand ihn genau so vor, wie ich ihn verlassen hatte: Er saß in seinem Laden und rauchte eine Zigarette. Da ich meine Ankunft per E-Mail angekündigt hatte, war er nicht überrascht, mich zu sehen. Er wirkte sogar aufgeregt, als wir nach oben in die Werkstatt gingen. Seine Arbeiter waren sehr beschäftigt, 15 Leute, die alle eifrig mit dem Bohrer an anderen Steinen werkelten. Da die Jadevorkommen nahezu erschöpft sind, arbeiten derzeit alle Werkstätten auf Hochtouren, um noch möglichst viele Aufträge erledigen zu können. Ein kleines Goldkästchen auf dem Schreibtisch des Meisters erregte sofort meine Aufmerksamkeit. Er führte mich zu ihm – der Augenblick der Wahrheit war gekommen.

Meisterschnitzer ist ein Titel, den man sich nicht leicht verdienen kann. Ich erwartete viel von ihm, und er enttäuschte mich nicht. Als ich das Kästchen öffnete, erblickte ich einen Stein, der fast nicht wiederzuerkennen war. Er hatte einen Berg hineingeschnitzt, von dem sich ein vereister Fluss herabzog. In Höhlen hingen Stalaktiten. Der Berg war mit Nadelbäumen bedeckt, die so aussahen, als läge Schnee auf ihren Zweigen. Die Makel des Steins waren ziemlich ausgeprägt, doch er hatte sie so weit wie möglich genutzt, um den Eindruck von frisch gefallenem Schnee zu erwecken.

Den Mittelpunkt bildete ein einsamer, erschöpft aussehender Mann auf einem müden Esel, der von seinem Diener begleitet wurde. Sie befanden sich in einer so lebensfeindlichen Umgebung, dass ich mich fragte, was sie dort wohl machten.

„Sie suchen nach Pflaumenblüten im Schnee." Er fuhr mit dem gepflegten langen Nagel seines kleinen Fingers über die Flecken im Stein. „Diese Flecken sind Pflaumenblüten. Er hat sich verirrt und sieht sich jetzt nach einem Unterschlupf um. Und hier oben auf dem Berg" – mein Auge folgte seinem Finger zu einem kleinen Haus, das fast von einem schneebeladenen Ast verdeckt wurde – „ist sein Zufluchtsort. Es geht darum, dass Reisende bei ihrer Suche beharrlich sein müssen, dann wird das Schicksal sie beschützen." Ohne dass ich es gemerkt hätte, liefen mir Tränen über das Gesicht.

Ich weiß nicht, was der Grund dafür war: die Schönheit dieses Kunstwerks, die Bedeutung der Geschichte für meine eigene Reise oder einfach nur Erleichterung darüber, dass er die Sache nicht vermasselt hatte? Ich war jedenfalls überglücklich. Obwohl Berührungen in der chinesischen Gesellschaft eher unüblich sind, umarmte ich ihn herzlich. Ich war so stolz auf ihn, er hatte sich als meines Vertrauens würdig erwiesen. Ich besaß jetzt ein wundervolles echtes chinesisches Kunstwerk, das ich ohne Mühe verkaufen können würde. Ich überreichte ihm die 32 000 Yuan (4 500 Dollar) und versprach ihm, ihn wissen zu lassen, ob der Verkauf in Taipeh geklappt hatte.

15 Der Spatz in der Hand ...

LETZTES GESCHÄFT:

- **Wein: 14 344 Dollar Gewinn**

INVESTITIONEN:

- **Surfbretter (einschließlich Steuern und Transport): 12 156 Dollar**
- **Jade: 9 214 Dollar**

AUF DER BANK: 44 919 Dollar

In der letzten Zeit ist es Mode geworden, dass Länder sich uns als Orte vorstellen, die wir unbedingt besuchen müssen. Die Tourismusämter haben Slogans erfunden, die vermeintlich das Wesen ihrer Länder einfangen, damit wir genau wissen, was uns dort erwartet, sozusagen als Urlaubsleitbild für uns. Das irische Tourismusamt beispielsweise fordert Sie auf: „Entdecken Sie Ihr ganz persönliches Irland!“, das taiwanische verspricht Ihnen „an jeder Ecke eine Überraschung“. Während meines Aufenthalts in Taiwan habe ich festgestellt, dass das zutrifft. Leider waren die Überraschungen aber fast alle unangenehm.

Ich war in Hochstimmung nach Taiwan gekommen. Nach dem guten Geschäft mit dem Wein in China hatte ich das Gefühl, endlich auf einer Erfolgswelle zu schwimmen. Das Fiasko mit den Pferden hatte ich weggesteckt und daraus gelernt, nicht alles auf eine Karte zu setzen. China war die perfekte Rampe gewesen, von dort aus war ich zu meinem Ziel, einem Gewinn von insgesamt 50 000 Dollar, gestartet. Taiwan erwies sich nun allerdings als Brandstifter unter dieser

Rampe, der alle Schrauben lockerte, ein großes Feuer entfachte und dann die Flucht ergriff. Ich sollte hier viele neue Lektionen lernen und zahlreiche Überraschungen erleben.

Die erste Überraschung kam gleich nach meiner Ankunft. Ich unterhalte mich auf der Fahrt vom Flughafen in die Stadt oft mit dem Taxifahrer, um mir einen Eindruck von der Lage im Land zu verschaffen. Im Gegensatz zu dem, was ich in den letzten Jahren in der Presse gelesen hatte, brummte Taiwan keineswegs vor wirtschaftlicher Zuversicht, sondern war sehr – na ja – ruhig. Natürlich kam ich gerade aus der Boomstadt Schanghai, doch ich hatte das Gefühl, dass Taipeh unter einem kollektiven Kater litt, der so große Übelkeit hervorrief, dass alle beschlossen hatten, den ganzen Tag im Bett zu bleiben und sich Videos anzusehen.

Taiwan ist eine von Han-Chinesen bewohnte Insel vor der Ostküste des chinesischen Festlands, südwestlich von Japan. Die Japaner hatten mehrmals für längere Zeit Einfluss auf die Insel und herrschten in der ersten Hälfte des 20. Jahrhunderts sogar über sie, bis zum Ende des Zweiten Weltkriegs. Der starke japanische Einfluss hat dazu geführt, dass Taiwan sich stark vom chinesischen Festland unterscheidet, obwohl es sich ausgesprochen chinesisch anfühlt. Schon die zahlreichen Karaoke-Bars, an denen man in Taipeh auf der Fahrt vom Flughafen vorbeikommt, zeigen, wie stark die japanische Kultur hier noch ist. Meiner Ansicht nach war das eine Chance für mich – ich hatte ja bereits beschlossen, von hier aus nach Japan zu fliegen.

Außerdem gibt es in Taiwan einen recht starken amerikanischen Einfluss. Die Taiwaner sind beispielsweise eingefleischte Baseballfans. Das beruht wahrscheinlich auf der umfangreichen Unterstützung, die das Land in den 1950er-Jahren erhielt und die den Taiwanern half, den Sprung von einer größtenteils landwirtschaftlichen Ökonomie zu einer industrialisierten zu vollziehen. Man investierte klug in

Bildung für alle und legte schnell die Grundlagen dafür, dass Taiwan in den 1990er-Jahren einer der „Tigerstaaten" werden konnte. Im Laufe der Jahre exportierte es zunehmend Elektronik und Textilien in die großen Märkte in den USA und Japan, doch hier erzählte mir ein Taxifahrer, dass die Entwicklung inzwischen erheblich an Schwung verloren hatte.

Die taiwanische Wirtschaft sah sich einem gravierenden Problem gegenüber. Die chinesischen und vietnamesischen Arbeitskräfte waren jetzt so viel billiger, dass es in den letzten Jahren zu zwei wichtigen Veränderungen gekommen war. Zum einen lagerten taiwanische Firmen die Produktion ins Ausland aus, zum anderen legten taiwanische Investoren ihr Geld in Übersee an. Allein die privaten taiwanischen Investoren haben jetzt über 100 Milliarden Dollar in China angelegt. In Taiwan bekam man allmählich das Gefühl, dass die Blütezeit vorüber war und das Land im Schatten seines großen Bruders stand. Nicht unbedingt ein Ort, an den man mit einem dreieinhalb Kilo schweren „Luxusgut" in der Tasche reisen sollte …

Es kommt oft vor, dass der Käufer sich in ein Produkt „verliebt", insbesondere, wenn es sich um ein Kunstwerk handelt. Wenn es mir gelang, jemanden zu finden, der das Gefühl hatte, diese Jade einfach besitzen zu müssen, konnte ich dafür verlangen, was ich wollte. Der Handel mit Luxusgütern hat jedoch den Nachteil, dass sie die ersten Dinge sind, bei denen die Leute sparen, wenn sie den Gürtel enger schnallen müssen. Die Informationen aus meiner Heimat deuteten darauf hin, dass auch dort die dunklen Wolken einer Rezession heraufzogen. Damals wusste ich das noch nicht, doch es brauste ein wirklicher Sturm heran, der zukünftige Handelsgeschäfte stark beeinträchtigen könnte.

Ich war zur rechten Zeit für den wöchentlichen Jademarkt in Taiwan eingetroffen. Der Platz unter einer großen Überführung aus Beton wird jeden Samstag in einen Markt verwandelt, auf dem Hunderte von Händlern aus allen Ecken der Insel Jade in den verschiedensten Farben, Schnitten und Größen feilbieten. In dieser Jahreszeit herrschten in Taipeh 38 Grad und eine Luftfeuchtigkeit von 98 Prozent. Das bedeutete nichts anderes, als dass man unter der Dusche noch am trockensten war; danach würde man richtig nass werden.

Ich betrat den Markt am frühen Morgen, meine Jade unter dem Arm. Ich hatte dem Vorsitzenden des Jade-Verbands Anfang der Woche einige E-Mails geschickt und ihn um Hilfe bei der Organisation eines Standes gebeten. Jetzt wollte ich mich mit ihm treffen. Auf dem Markt wimmelte es bereits von Händlern. Hier waren keine Anzeichen für einen wirtschaftlichen Niedergang zu erkennen – zumindest nicht auf den ersten Blick.

Um die extreme Hitze und Luftfeuchtigkeit zu mildern, haben die Händler sich zusammengeschlossen und lassen jetzt eine Klimaanlage einbauen. Zu meinem Pech war ich allerdings einen Monat zu früh gekommen, um ihre zweifellos beträchtlichen Vorteile genießen zu können. Im Augenblick benutzte der Markt noch ein altes, behelfsmäßiges System: Aus Rohren, die unter der Decke verliefen, wurde Wasserdampf gesprüht. Vom Ergebnis her glich das einer Trockeneismaschine, sodass ich über Schulterhöhe kaum noch etwas sehen konnte. Daher entschloss ich mich, draußen auf den Verbandsvorsitzenden zu warten. Schließlich tauchte er aus dem Nebel auf und machte sich mit mir bekannt.

Er war ein aufgekratzter kleiner Mann mit der Neigung, bei allem etwas zu viel zu nicken, und erinnerte mich an den Hund bei einer nervtötenden Versicherungswerbung zu Hause. Er hatte meine E-Mails bekommen und mich erwartet. Natürlich war ein Stand auf dem Markt kein Problem. Die Taiwaner haben eine sehr wohltuende Einstellung gegenüber Ausländern: Sie praktizieren noch die heute fast überall in Vergessenheit geratene Kunst der universellen Gastlichkeit. Schon in wenigen Jahren werden viele von ihnen die große weite Welt bereist und erkannt haben, dass wir anderen alle ausländerfeindliche Bastarde sind. Dann werden sie aufgeben und genauso werden wie wir. Im Augenblick war das allerdings eine glückliche Fügung.

Der Jademarkt bestand aus etwa 500 Ständen, die in langen, schier endlosen Reihen aufgestellt waren. Meiner lag sehr günstig, an einem der Hauptgänge, knapp 50 Meter vom Eingang entfernt. Gerade hier hörten die meisten Besucher auf, sich zu unterhalten, und wendeten sich der Jade zu. Mir fiel außerdem auf, dass ich der Einzige war, der nur einen Stein anbot. Ich hoffte, dass das Aufsehen erregen würde.

Neben mir stand eine charmante junge Taiwanerin namens Jenny. Sie war Mitte 20 und trug eine große, runde Brille, die ihr ein beschlageneres und zugleich reiferes Aussehen verleihen sollte. Sie bot rund 30 kleinere Schmuckstücke an, aus einem Material, das ich für grüne Nephrit-Jade hielt. Jenny klärte mich jedoch darüber auf, dass es sich um einen anderen grünen Schmuckstein handelte: Chrysokoll. Auf dem Jademarkt konnte man also nicht nur Jade kaufen.

Der Stand gehörte eigentlich Jennys Onkel, doch er verbrachte den größten Teil des Tages damit, mit seinen Kumpeln Dame zu spielen. Um die Kunden kümmerte sich Jenny. Als er mal herüberkam, um nach dem Rechten zu sehen, zeigte er Interesse an meinem Stein. Er drehte ihn ein paarmal hin und her, schürzte die Unterlippe und nickte mir zu, als wollte er sagen: „Ich bin beeindruckt!" Dann erkundigte er sich nach dem Preis. Eine sehr gute Frage ...

Leider hatte ich nicht die geringste Vorstellung davon, wie viel ich für meinen Stein verlangen konnte. In Suzhou und Hotan hatte ich Leute danach gefragt – und sehr unbestimmte Antworten bekommen. Bei Jade gibt es keinen festen Preis, keinen Wert pro Karat wie beispielsweise bei Diamanten. Jetzt musste ich mich also für eine Zahl entscheiden. Ich beschloss, optimistisch zu sein und aufs Ganze zu gehen: 40 000 Dollar. Darüber ließ sich natürlich noch verhandeln, doch ich sagte mir, dass ich mein Geld selbst dann verdoppeln konnte, wenn ich mich von einem Interessenten auf die Hälfte herunterhandeln ließ – ich hatte ja rund 9 500 Dollar dafür bezahlt. Ich rechnete damit, dass die Taiwaner genauso feilschen würden wie die Leute auf dem Festland. Doch Jennys Onkel feilschte nicht – er legte den Stein einfach zurück.

Der Verbandsvorsitzende kam wieder zu mir und brachte einen Freund mit, der mir seiner Ansicht nach helfen konnte, einen jungen Taiwaner namens Rolf, der in Los Angeles aufgewachsen und nach Taiwan zurückgekehrt war, um über seine Onlinefirma Chrysokoll und andere Quarzsorten in die USA zu verkaufen. Mit Jade kannte er sich zwar überhaupt nicht aus, doch er konnte für mich übersetzen. Er ließ sich an seinem eigenen Stand von seiner Frau vertreten und schien sich sehr darauf zu freuen, einige Zeit bei mir zu verbringen. Im Laufe dieser Reise war mir klar geworden, dass es den Händlern auf Märkten recht langweilig werden kann. Wenn ein verrückter Ausländer auftaucht, der etwas verkaufen will, von dem er offensichtlich nicht die geringste Ahnung hat, bietet das allen anderen gute Unterhaltung. Es gibt dann ein gesundes Gleichgewicht zwischen dem Drang, ihm zu helfen, und dem Wunsch, ihn voll auf die Nase fallen zu sehen.

Ich stand schnell im Mittelpunkt der Aufmerksamkeit. Unzählige Leute waren gern bereit, mir zu sagen, was sie von meiner Jade hielten. Ein gutes Stück, ein schlechtes Stück, sie kommt aus Hotan, sie ist gefälscht, sehr groß, nicht groß genug, gut geschnitzt, schlecht geschnitzt, nicht weiß genug, wenn sie weißer wäre, wäre sie weniger wert … Die taiwanische Bruderschaft der Jadekäufer riss sich geradezu darum, mir ihre Meinung mitzuteilen. Es gab allerdings keine ernsthaften Interessenten. Schließlich stellte der Vorsitzende mir aber einen Freund vor, der sich den Stein mal ansehen wollte: Herrn Chen.

Herr Chen hatte einen Stand in der Nähe und verkaufte Steine, die meinem ähnelten. Er setzte sich mit dem Vorsitzenden zusammen, um eingehend über den Kauf meiner Jade zu sprechen. Ich hielt an 40 000 Dollar als Preisforderung fest, und sie führten darüber ein sehr lebhaftes Gespräch. Zum Glück war Rolf ja da und übersetzte mir, was sie sagten. Offenbar war der Vorsitzende selbst daran interessiert, den Stein zu kaufen, doch Herr Chen sollte 50 Prozent übernehmen. Herr Chen ließ sich das durch den Kopf gehen. Die beiden waren sich bei zwei Punkten einig: So große Steine wurden in Taiwan immer seltener, da die Jadevorkommen in Hotan ja fast erschöpft waren, und gerade die weiße Jade wurde immer wertvoller. Bei ihrer Diskussion ging es darum, wie viel jeder von ihnen beisteuern sollte und wie lange sie den Stein behalten müssen würden, um einen Gewinn erzielen zu können.

Ich konnte es nicht glauben. Wenn es mir gelang, den Stein so leicht für das Vierfache von dem zu verkaufen, was ich selbst bezahlt hatte, konnte es das Ende meiner Reise bedeuten. Dann würde ich mir nämlich ernsthaft überlegen müssen, ob ich sie nicht abbrechen und mich ganz dem Jadehandel widmen sollte. Ich würde ins nächste Flugzeug nach Hotan steigen …

Der „Kriegsrat“ der beiden Männer dauerte eine Stunde, und sie tranken dabei viele Tassen Tee. Allmählich gelang es dem Vorsitzenden, Herrn Chen zu überreden. Plötzlich bekam er jedoch kalte Füße, und nun versuchte Herr Chen, ihn zu überreden. Schließlich war der Vorsitzende sehr verärgert darüber, dass Herr Chen ihn so unter Druck setzte, und die beiden Männer begannen, sich zu streiten. Ich musste sie bitten, meinen Stand zu verlassen – sie waren jetzt schlecht fürs Geschäft, und inzwischen hatte sich eine Schlange von anderen Käufern gebildet.

Ich war zuversichtlich, wirklich zuversichtlich. Ich war zusammen mit zahllosen anderen Jadehändlern auf dem Jademarkt in Taipeh und mein Stein erregte viel Interesse. Er gefiel nicht allen, doch ich bekam Angebote. Sie lagen zwar nicht sehr weit über dem, was ich selbst gezahlt hatte – 10 000 Dollar, 12 000 Dollar –, doch es bestand Interesse. Ich feilschte sogar mit einem Mann, um sein Angebot auf 13 000 Dollar zu steigern, hatte aber nicht vor, es anzunehmen. Es war ja noch nicht mal Mittag. Weshalb sollte ich mich da mit einem Gewinn von lumpigen 3 500 Dollar zufriedengeben?

Eines dämmerte mir allerdings: Die Angebote waren vermutlich ein Zeichen dafür, dass ich meine Forderung von 40 000 Dollar aufgeben und einen realistischeren Preis verlangen musste. Ich hatte das Gefühl, dass es sich dabei immer noch um 20 000 Dollar handeln konnte, vielleicht sogar um 25 000, wenn ich den richtigen Interessenten fand. Jemanden, der am Samstagmorgen aufsteht und denkt: „Ich hab's! Statt mir heute ein neues Auto zu kaufen, gehe ich lieber auf den Markt und gebe das Geld für einen schönen Stein aus."

Rolf hielt meine neue Forderung, 25 000 Dollar, auch für realistischer. Im Laufe des Tages erkundigten sich jedoch immer weniger Leute nach meinem Preis. Schließlich leerte der Markt sich allmählich und mir wurde klar, dass ich gleich am Anfang das beste Angebot bekommen hatte. Jetzt war der Nachmittag bereits vorbei und es gab einfach keine Interessenten mehr. Als der Markt seinem Ende entgegenging, begann ich mir zu wünschen, ich hätte das Angebot von 13 000 Dollar angenommen, als ich die Chance dazu hatte.

Taiwan war seinem Ruf gerecht geworden und hatte mich dadurch überrascht, dass es mich etwas gelehrt hatte, was ich eigentlich schon wusste: Der Spatz in der Hand ist besser als die Taube auf dem Dach. Ich war gierig gewesen und wurde jetzt dafür bestraft. Außerdem hatte ich den Fehler begangen, in einem Markt mitmischen zu wollen, mit dem ich mich kaum auskannte. Leider wurde ich durch diesen Schaden nicht klug, sondern machte den gleichen Fehler dann noch einmal.

16 Vom Regen in die Traufe

INVESTITIONEN:
- **Surfbretter: 12 156 Dollar**
- **Jade: 9 214 Dollar**

AUF DER BANK: 44 919 Dollar

Ich beschloss, die Jade zunächst wieder in meiner Tasche zu verstauen und mir zu überlegen, was ich hier in Taiwan kaufen konnte. Dass die wirtschaftliche Lage es schwierig machte, Luxusgüter zu verkaufen, hatte auch eine positive Seite: Es würde einfach sein, Luxusgüter zu erwerben. Die Situation war nicht ideal, da ich 9 000 Dollar in die Jade und weitere 12 000 Dollar in die Surfbretter gesteckt hatte. Außerdem wartete ich immer noch auf 4 000 Dollar als zweite Rate aus Indien für die Chilisoße. Das waren insgesamt 25 000 Dollar, über die ich nicht verfügen konnte. Ich suchte jetzt im Grunde nach einem kleinen Geschäft, damit ich nicht aus der Übung kam und meine Kasse vor meiner Abreise nach Japan noch um ein paar Tausend Dollar aufstocken konnte.

Ich interessierte mich besonders für ein Produkt, das sich in London teuer verkaufen ließ: Oolong-Tee. Ein Freund, der Harrods und Selfridges edlen Tee liefert, hatte mir vorgeschlagen, mich mit einem französischen Teehändler mit Sitz in Taiwan in Verbindung zu setzen. Ich vereinbarte einen Termin mit ihm, weil ich mir davon gute Tipps versprach. An der angegebenen Adresse in einem Vorort von Taipeh befand sich ein großes Mietshaus. Ein Portier mit Schirmmütze musterte mich argwöhnisch, als er mich durch das Tor in einen traditionellen chinesischen Innenhof ließ. Dort saß ein Franzose mittleren Alters an einem niedrigen Tisch und sah seinen Kindern zu, die sich auf einer Rutsche (sie stand in einer Ecke und schien nicht so recht in diese Umgebung zu passen) vergnügten.

Stefan kümmerte sich um die Kinder, seine Frau, eine Taiwanerin, ging arbeiten – ein sehr westlicher Rollentausch, der hier, wie er mir erklärte, immer noch ganz ungewöhnlich war. Um seinen Kopf nicht einrosten zu lassen (und nebenbei ein bisschen Geld zu verdienen), hatte er beschlossen, aus seinem geschulten französischen Gaumen Kapital zu schlagen. Er erzählte mir, er habe sich früher eher mit dem französischen Rotwein ausgekannt, jetzt aber auf taiwanischen Oolong-Tee umgesattelt.

Eine gute Tasse Oolong (ich muss immer aufpassen, das nicht mit drei O zu schreiben) zuzubereiten ist eine wahre Kunst. Die Kanne muss vorgewärmt werden, die Tassen auch; dann wird heißes Wasser auf den Tee in der Kanne geschüttet, die danach ebenfalls mit heißem Wasser übergossen wird. Das Ganze lässt man kurz ziehen, und die erste Tasse ist fertig.

Wenn man diese Zeremonie mehrmals wiederholt, wird jede Tasse ein bisschen anders schmecken. Es gibt viele verschiedene Oolongs, mit unterschiedlichen Geschmacksprofilen, ähnlich wie beim Wein. Manche gewinnen an Qualität, wenn sie älter werden. Die besten Tees sind generell diejenigen, die in der größten Höhe wachsen. Dort lässt Tee sich allerdings auch am schwersten anbauen. Wie bei fast allem anderen auf der Welt ist das Beste also das Seltenste – und auch das Teuerste.

Stefan machte mir zwei Vorschläge: Ich konnte einen Fachmann in Taipeh aufsuchen und bei ihm einen erstklassigen Spitzentee kaufen, der einem Sammler in Übersee viel

Geld wert sein würde. Ich konnte aber auch versuchen, eine kaum bekannte Plantage zu finden, von der ihm vor Kurzem ein anderer Teefan aus dem Westen, ein Russe, erzählt hatte. Sie lag auf dem Gipfel eines der schönsten Berge von Taiwan und man musste eine tiefe Schlucht überqueren, um dorthin zu gelangen. Ich hatte das Gefühl, dass jetzt ein Ausflug aufs Land angesagt war.

Als ich Taipeh verließ, konnte ich mich lediglich auf Stefans recht vage Vorstellung davon stützen, wo sein russischer Freund jene kaum bekannte Plantage gefunden hatte. Ich hatte nur ein Kreuz auf einer Landkarte, das anzeigte, wo ein Schild mit der Aufschrift „85 Kilometer“ an der Straße stand – keine Ahnung, was da 85 Kilometer entfernt war. Stefan glaubte, dass es eine Schlucht gab, die man an dieser Stelle überqueren musste, doch ich würde mich danach erkundigen müssen, wenn ich dort war. Das nächste Dorf, Lischan, lag ein paar Kilometer vorher an der Straße.

Es war eine Erleichterung, Taipeh hinter mir lassen zu können. Ich hatte in den letzten Wochen viel zu viel Zeit in Städten verbracht und sehnte mich sehr danach, wieder Landluft in die Lungen zu bekommen. Bald lag Taipeh weit zurück und ich fuhr nach Süden, auf der Straße, die an der Westküste der Insel entlangführt. Ich nahm die Abzweigung nach Lischan und fand mich auf einer kleineren, kurvenreichen Straße wieder, die sich die saftigen grünen Berge hinaufschlängelte. Kleine Bauernhöfe klammerten sich an die Hänge – ich befand mich jetzt eindeutig in einem Gebiet, in dem Tee angebaut wurde.

Die Straße nach Lischan wand sich immer weiter hinauf, die Schlucht daneben wurde immer tiefer. Um die Gipfel der steilen grünen Berge rankten sich prachtvolle Schäfchenwolken. Dem Kreuz auf der Karte zufolge lag die Plantage, nach der ich suchte, rund 2 100 Meter über dem Meeresspiegel und Lischan, das nächste Dorf, auf einer Höhe von 1 800 Metern. Ich fuhr durch Lischan und hielt nach einem Straßenschild mit der Aufschrift „85 Kilometer“ Ausschau. Erstaunlicherweise stand das Schild genau dort, wo es Stefan zufolge stehen sollte, und gegenüber lag eine Teefabrik. Ich parkte dort und stieg aus, um mich nach dem Weg zu erkundigen.

Fabriken, in denen Oolong-Tee verarbeitet wird, sehen außen so ziemlich wie andere Fabriken aus, und innen auch. Der größte Unterschied liegt in der Art der Maschinen und anderen Utensilien. Zu den typischen Zeichen gehören die großen runden Trockengestelle, auf denen hier noch ein paar vereinzelte Teeblätter lagen, und die beiden langen, zylindrischen Trommeln, in die die Blätter nach dem Trocknen geschüttet werden, damit sich erbsengroße Kügelchen bilden. In diesem Zustand wird der Tee dann verpackt. Damals wurde aber gerade nichts in der Fabrik verarbeitet – alles war sehr still, und bis auf zwei Männer mittleren Alters, die sich im Büro ein Tässchen gönnten, war niemand zu sehen.

Die Männer schienen sich darüber zu freuen, dass sie Besuch bekommen hatten, und boten mir auch ein Tässchen an. Einer war in den 50ern und trug eine Brille und ein elegantes gestreiftes Hemd. Das war Herr Him, der Fabrikbesitzer. Sein Freund war Herr Ho, dem die Plantage auf der anderen Seite der Schlucht gehörte. Der Tee, den wir jetzt trinken würden, stammte von Herrn Hos Plantage, und Herr Him erzählte mir sofort, er sei wirklich gut, der beste im Gebiet um Lischan. Offenbar war ich durch schieres Glück auf eben den Mann gestoßen, den ich suchte, und er bot mir nun eine Tasse seines Tees an.

Nachdem wir unseren Tee getrunken hatten, lud Herr Ho mich ein, ihn zu seiner Plantage zu begleiten und mir selbst ein Bild davon zu machen, woher er stammte. Als wir die Straße entlanggingen, redete er wie ein Wasserfall über seine

Plantage auf der anderen Seite der Schlucht. Es sah so aus, als hätten wir mindestens einen Tagesmarsch vor uns. Die Schlucht fiel über 900 Meter zu einem breiten Fluss hin ab, erhob sich auf der anderen Seite durch einen Waldstreifen und stieg dann steil an, dorthin, wo ich Herrn Hos Teefelder sehen konnte, fast direkt gegenüber von der Stelle, an der wir standen. Ich befürchtete, dass wir dort auf keinen Fall vor Einbruch der Dunkelheit ankommen würden, und machte mir große Sorgen um Herrn Ho, der mindestens 60 sein musste. Wie sollte er das denn schaffen? Herr Ho selbst schien sich deswegen allerdings keine Sorgen zu machen.

Ein Stück weiter unten an der Straße blieben wir bei etwas stehen, was wie eine lärmerfüllte Werkstatt am Rand der Schlucht aussah. Dort waren ein paar rauchende Männer damit beschäftigt, einen alten Motor zu reparieren. Der Motor trieb offenbar ein Rad an, das ein Drahtseil bewegte, das über die etwa 800 Meter breite Schlucht gespannt war. Zwei andere Männer tauschten gerade ein Stück des Seils aus. Sie hielten ihre Zigaretten in den gespitzten Lippen, während sie das neue Stück mit dem alten verbanden. An dem Drahtseil, das sie reparierten, hing ein großer Korb. Ich mag die lästige auf „Gesundheit und Sicherheit" bedachte Kultur, der wir erlaubt haben, unser ganzes Leben zu übernehmen, genauso wenig wie alle anderen, doch hier hätte man wirklich zumindest jemanden mit einem Klemmbrett brauchen können.

Beunruhigung ist ein merkwürdiges Gefühl, denn man kann dabei graduelle Abstufungen unterscheiden. Ich bin ein bisschen darüber beunruhigt, dass ich aus Versehen eine dunkle Socke in meine weiße Wäsche gesteckt haben könnte; ich bin sehr beunruhigt, weil mein Arbeitgeber vielleicht Stellen abbauen muss und ich meinen Job verlieren könnte. In jenem Augenblick war ich ein bisschen darüber beunruhigt, dass anscheinend ein langer Fußmarsch zu der Teeplantage auf der anderen Seite der tiefen Schlucht mit dem schnell dahinfließenden Fluss vor uns lag. Ich war aber äußerst beunruhigt, als Herr Ho sagte, wir würden die Schlucht in dem Korb überqueren, der an dem Seil hing, das die Männer gerade reparierten.

Als das Klopfen und Hämmern endlich aufgehört hatte, forderte Herr Ho mich auf, in den Korb zu steigen. Das konnte doch wirklich niemand von mir verlangen! Da ich nicht wie ein Feigling dastehen wollte, folgte ich dem kleinen Plantagenbesitzer jedoch auf Gedeih und Verderb und kletterte mit ihm zusammen in den Korb. Von dort oben aus konnte ich sehen, dass sich im ganzen Tal noch viele andere Seile über die imposante Schlucht zogen. Kleine Körbe, die daran hingen, transportierten Menschen von der Straße zu den Teefeldern und in der umgekehrten Richtung. Es war klar, dass dieses recht ungewöhnliche Transportmittel für die Leute hier sehr wichtig war, doch mir drehte sich trotzdem der Magen um, als ich mich nun selbst in so einem Korb befand.

Der altertümliche Motor stieß dunkle Dieselschwaden aus, das verrostete Rad begann sich zu drehen. Als das Seil sich bewegte, löste der Korb sich vom Rand der Schlucht. Durch die Löcher im Boden konnte ich die ganzen 900 Meter bis zum Fluss hinunter sehen, und gleich darauf glitten Herr Ho und ich in etwas, was kaum mehr war als ein Wäschekorb, der an einem Draht baumelte, von einem Berg zum anderen. Ich habe festgestellt, dass es mir in solchen Situationen hilft, laute Schreie auszustoßen. Herr Ho bemühte sich nach Kräften, mich davon zu überzeugen, dass diese Reise noch nie jemandem das Leben gekostet hatte, doch obwohl ich ihm glaubte, schrie ich weiter aus vollem Hals, bis wir auf der anderen Seite ankamen.

Der Tag neigte sich seinem Ende zu, die Sonne versank schnell hinter dem Berg. Herr Ho schlug mir vor, etwas zu essen und mir die Plantage am nächsten Morgen anzusehen.

Das Haus hatte zwei Stockwerke, Herr Ho wohnte mit seiner Familie oben. Er machte dort ein Bett für mich, wo seine Arbeiter schlafen, wenn die Ernte in vollem Gang ist – in einer Art mannsgroßem Kaninchenstall im Erdgeschoss. Ich kletterte in meinen Stall und machte es mir für die Nacht bequem. Es war eine bemerkenswerte Leistung gewesen, diese Plantage zu finden. Jetzt, wo ich das geschafft hatte, war ich entschlossen, Herrn Ho am nächsten Tag einen Teil seines Tees zu einem wirklich niedrigen Preis abzukaufen.

Wie fast immer auf dem Land begann der Tag hier in aller Frühe. Kurz vor der Dämmerung. Während Frau Ho sich um unser Frühstück kümmerte, sah ich mich draußen ein bisschen um. Die Berge waren nebelverhangen, die Sonne ging gerade hinter ihnen auf. Gelbe Lichtstrahlen kletterten zum Himmel empor und begannen, den Nebel aufzusaugen. Einzelne Schwaden trieben an mir vorbei und hüllten mich kurz in einen grauen Schleier. Zum ersten Mal seit Ewigkeiten war mir kalt. Bald würde die Sonne den ganzen Nebel aufgesogen haben und die daraus resultierende Feuchtigkeit würde unten in Taipeh jeder zu spüren bekommen, doch hier oben war die Luft klar und frisch. Die Stille wurde nur hin und wieder durch ein Gurren von Herrn Hos hochgezüchteten Brieftauben unterbrochen.

Herr Ho hat eine Leidenschaft für diese Tauben. Er lässt sie, wie viele seiner Landsleute, regelmäßig an Wettflügen teilnehmen, bei denen es zu meiner Verblüffung Preise bis zu Hunderttausenden von Dollar zu gewinnen gibt. Herrn Hos Champion hatte ihn im Vorjahr 40 000 Dollar gekostet, und er hoffte, ihn im nächsten Jahr beim großen taiwanischen Rennen starten lassen zu können. Dabei bringt man die Tauben auf einem Schiff weit aufs Meer hinaus und lässt sie alle zur gleichen Zeit aufsteigen. Der Vogel, der seinen Stall auf der Insel als Erster erreicht, gewinnt eine Million. Für dieses Rennen, über das in Fernsehen und Radio berichtet wird, trainierten Herr Ho und sein Champion. Ich fragte ihn, was er denn mit dem Geld machen würde. Seine Antwort lautete: „Einen besseren Taubenstall bauen“ – er war mit seinem Schicksal offensichtlich sehr zufrieden.

Es war nicht schwierig, mit Herrn Ho ein Geschäft zu machen. Er ging mit mir auf die Felder, um mir alles zu zeigen, und erklärte mir, dass ich zu einem günstigen Zeitpunkt gekommen sei. Sein Frühjahrstee war gerade gepflückt worden und wurde jetzt verarbeitet. Die Ernte im Frühjahr bringt den besten Oolong-Tee. Er hatte noch einen Rest, den er mir verkaufen konnte, doch den überwiegenden Teil seines Bestandes hatte er an einen Großhändler verkauft, für den Export nach Europa und in die USA. Der Preis, den der Großhändler ihm dafür gezahlt hatte, schien Herrn Ho ein bisschen zu deprimieren, doch er nannte ihn mir ganz offen, was für mich natürlich wunderbar war.

Auch wenn ich den ganzen Tag lang mit Herrn Ho verhandelt hätte, wäre ich nicht unter den Preis gekommen, den der Großhändler gezahlt hatte. Diesen Preis hatte er mir ja bereits genannt, mehr würde ich also nicht zahlen, und er schien sich ohnehin damit abgefunden zu haben, dass das ein angemessener Preis war. Ich konnte im Kielwasser des Großhändlers segeln. Als ich Herrn Ho fragte, ob ich seine letzten sechs Kilogramm (das entspricht 40 Tüten) bekommen könne, erwiderte er, er sei gern bereit, sie mir zum selben Preis zu verkaufen wie dem Großhändler. Da ich nur eine kleine Menge wollte, hätte er mehr von mir fordern können, doch das tat er nicht. Wir einigten uns an Ort und Stelle auf einen Preis von insgesamt 1 000 Dollar, also 25 Dollar pro Tüte. Ich hatte vom Verhandlungsgeschick des Großhändlers profitiert, ohne auch nur einen Teil der schweren Arbeit selbst leisten zu müssen. Stattdessen konnte ich mich an der Landschaft erfreuen und mich mental auf die Rückfahrt im Korb vorbereiten.

Auf dem Rückweg nach Taipeh erhielt ich einen Anruf von Stefan. Falls ich interessiert sei, könne er mir die Chance bieten, an einige der sehr seltenen Oolong-Tees zu kommen, von denen er mir erzählt hatte. Er würde ein Treffen mit einem Teemeister arrangieren, der Herr Teaparker hieß, in dessen Wohnung im Stadtzentrum von Taipeh. Ich hatte zwar definitiv nicht geplant, gleich zwei Teesorten zu kaufen, lerne aber immer gern Leute kennen, die behaupten, Meister ihres Fachs zu sein. So konnte ich ja zumindest mehr über das Produkt erfahren, in das ich bereits Geld gesteckt hatte. Ich gab meiner Neugier nach und bat Stefan, das Treffen zu arrangieren.

Ich stieg im Zentrum von Taipeh, das Welten von der erhabenen Berglandschaft um Lischan entfernt zu sein schien, aus der U-Bahn. Obwohl es schon fast neun war, wurden die Straßen noch immer von zahllosen Neonreklamen erleuchtet, die für das neueste elektronische Spielzeug und den neuen Batman-Film warben. Junge Leute, deren Kleidung von der Mode der japanischen Jugend inspiriert war, liefen in Gruppen herum. In Taipeh bekommt man schnell das Gefühl, dass die Leute stark von dem beeinflusst werden, was anderswo vor sich geht; sie sind sehr gut dabei, alles nachzuahmen, was sie interessant finden.

Daher überraschte es mich nicht besonders, dass Herr Teaparker in einer schicken Wohnung lebte, die nach dem Stil des Londoner Westens eingerichtet war. Mich erwartete aber trotzdem eine Überraschung: Ich hatte mit einer eher ungezwungenen Besprechung gerechnet, doch es kam ganz anders. Herr Teaparker war ein kleiner, entschieden zu dicker Mann mittleren Alters mit einer runden, dunklen Brille, durch die er ein bisschen wie ein verrückter Schuljunge aussah.

Wir setzten uns an einen langen Kiefertisch, auf dem er einige Proben von Tees, die für Sammler interessant waren, aufgestellt hatte. Einige waren fast 30 Jahre alt. Sechs Hostessen brachten Herrn Teaparker Kessel mit heißem Wasser, damit er die verschiedenen Sorten zubereiten und mich über die Eigenschaften aufklären konnte, die Oolong zu einem so guten Sammlertee machen. Außerdem zeigte er mir eine PowerPoint-Präsentation mit den Höhepunkten aus seinen 19 Büchern über die Themen Oolong-Tee, Teeservice, Teetassen und Teezeremonien. Er sah nicht nur aus, als wäre er verrückt …

Die Oolong-Blätter haben eine sehr dunkle grüne Farbe. Man bekommt sie in Form von Kügelchen, die man leicht für Drogen halten könnte. Für meinen ungeschulten Gaumen schmeckt der Tee ein bisschen wie grüner; selbst als ich Taiwan wieder verlassen und mehrere solcher Tees verkostet hatte, hätte ich nicht genau sagen können, weshalb einer so viel besser war als andere. Vielleicht war er nicht ganz so bitter, und die guten Sorten haben einen schwachen süßlichen Nachgeschmack, doch die Unterschiede sind so fein, dass es wohl Jahre dauern würde, meine Geschmacksknospen so weit zu entwickeln, dass ich den Finger darauf legen könnte.

Ich versuchte, Herrn Teaparker klarzumachen, dass ich auf keinen Fall alles lernen konnte, was ich wissen musste, um eine gut fundierte Entscheidung darüber zu treffen, welchen Tee ich kaufen sollte. Wenn ich mich für einen dieser Tees entschied, würde ich dabei ganz auf seine Fachkenntnis vertrauen müssen. Wenn er sagte, er sei gut, müsse er gut sein und ein Kaufinteressent müsse sich auf diese Empfehlung verlassen können. Ich musste ein paar Recherchen durchführen, Herr Teaparker musste herausfinden, ob er einige dieser seltenen Tees für mich besorgen konnte. Wir einigten uns darauf, die Sache erst einmal zu überschlafen.

Am nächsten Tag hatte Herr Teaparker einen interessanten Tee gefunden, den er mir zeigen wollte. Daher suchte ich ihn erneut auf, allerdings in einer längst nicht so schicken Umgebung. Unterwegs dachte ich darüber nach, weshalb ich eventuell noch einen Tee aus Taiwan kaufen wollte. Ich hatte doch bereits 1 000 Dollar in Oolong gesteckt, und wenn ich diese Summe in Japan verdoppeln konnte, war das ein großartiges Geschäft. Ich musste ja rechtzeitig nach Mexiko weiterreisen, um dort die Surfbretter unters Volk zu bringen. Wollte ich wirklich noch mehr Tee kaufen? Ich muss zugeben, dass ich meiner Neugier wider besseres Wissen nachgab.

Herr Teaparker konnte mir 100 Gramm eines Spitzen-Oolongs aus dem Jahre 1980 anbieten. Er wurde mir wunderbar präsentiert, in einer Zinndose, die in einem schmucken Mahagonikästchen lag. Der Tee war vor einigen Jahren bei einer Versteigerung für rund 1 000 Dollar weggegangen und sein Wert stieg jetzt schnell. Herr Teaparker war offensichtlich ganz aufgeregt darüber, dass er diesen Tee für mich gefunden hatte, und ging mit ihm um, als sei er der Gral. Er sagte, drei Sammler in Japan, die er persönlich kenne, würden über diesen Tee „entzückt" sein. Der Preis würde seiner Ansicht nach um 300 bis 400 Prozent über dem in Taiwan liegen. Davon war ich natürlich sehr beeindruckt. Doch warum brachte Herr Teaparker den Tee nicht selbst nach Japan und verkaufte ihn dort?

Der Teemeister erklärte mir das so: Er habe 19 Bücher über alle möglichen Aspekte von Tee und seine Bedeutung für die taiwanische Kultur geschrieben. Jetzt sei er auf der ganzen Welt ein Botschafter für taiwanischen Oolong und könne sich nicht mehr selbst mit dem Tee-„Geschäft" befassen, da das seinem Ruf abträglich wäre. Sein guter Name sei schließlich erheblich mehr wert als die 1 500 Dollar, die dieser Tee mich kosten würde.

Das war genau der Punkt, um den es hier ging: Wenn ich mit diesem Tee einen Gewinn machen wollte, musste ich mich auf seinen Ruf verlassen. Ich wollte gern wissen, wer in Japan das Drei- bis Vierfache dafür zahlen würde. Sammler faszinieren mich, und hier bot sich mir die seltene Gelegenheit, einen Blick auf diese oft verborgene Welt zu werfen und herauszufinden, was sie antrieb. Natürlich war das auch eine Chance, einen schnellen Gewinn von 4 000 Dollar zu erzielen. Ich beschloss, Herrn Teaparker zu vertrauen. Schlimmstenfalls würde ich eine Dose mit extrem teurem Tee mit nach Hause nehmen, den ich dort zu meinem Essen vom Chinesen trinken konnte. Ich hatte jetzt also zwei Sorten Oolong zu verkaufen und 2 500 Dollar investiert, wieder in ein Produkt, über das ich kaum etwas wusste.

Nach einem kurzen Flug von Taipeh aus stürzte ich mich in die nächste Millionenstadt. In Tokio war das Klima ebenso drückend wie in Taipeh – bei einer Luftfeuchtigkeit von 90 Prozent war das Letzte, was ich trinken wollte, eine Tasse heißer Tee. Ich hoffte jedoch, unter all den Tokiotern genug Leute zu finden, die ich dazu überreden konnte. Es würde sicher nicht allzu schwierig sein, den Tee zu verkaufen – vorausgesetzt, ich erlangte Zugang zum Markt.

17 Wer möchte denn ein Tässchen Tee?

INVESTITIONEN:
- **Surfbretter: 12 156 Dollar**
- **Jade: 9 214 Dollar**
- **Tee: 2 500 Dollar**

AUF DER BANK: 42 419 Dollar

Ich wollte mich in Japan zunächst darauf konzentrieren, die 40 Tüten mit Herrn Hos Tee zu verkaufen. In der Zwischenzeit sollte Herr Teaparker Treffen mit den Sammlern für mich arrangieren. Ich schickte den drei größten auf Tee spezialisierten Geschäften in Tokio E-Mails, doch kein einziges war auch nur bereit, mit mir zu sprechen, und ich bekam dafür nicht einmal eine Erklärung. Daher beschloss ich, es mit Straßenhandel zu probieren. Freunde, die in Japan gelebt haben, hatten mir erzählt, man habe dort ein Faible für alles, was ein bisschen verrückt sei. Ich dachte mir, wenn ich mit einem Kessel und einem Stand etwas Lustiges, Interaktives auf die Beine stellen könnte, würde das sicher ein paar Leute anziehen. Leider spielten die Japaner dabei nicht mit. Ich wendete mich an mehrere Marktbehörden in Tokio, um die Erlaubnis zu bekommen, für einen Tag einen Stand zu mieten, hatte aber nirgendwo Glück. Ich probierte es mit Anrufen, E-Mails und persönlichen Besuchen, doch selbst Geschenke nutzten nichts. Man verwehrte mir den Zugang zu meinem potenziellen Markt!

In meiner Verzweiflung beschloss ich dann, es auf andere

Weise mit dem Direktverkauf zu versuchen. Ich besorgte mir ein ganz normales Tablett, ein Poster und eine Rolle Bindfaden, bastelte mir eine Art Bauchladen und fuhr zur belebtesten Straße von Tokio, im Stadtteil Roppongi, mitten im Zentrum. Ich wollte die Leute einfach ansprechen und ihnen meinen großartigen taiwanischen Oolong-Tee schmackhaft machen. Es wurde ein langer Tag. Nach sechs Stunden und Hunderten von Versuchen war es mir gelungen, fünf Tüten Oolong für insgesamt 175 Dollar zu verkaufen. Bei diesem Tempo würde es Wochen dauern, den ganzen Tee loszuwerden. Als ich abends ins Bett ging, war ich etwas entmutigt und zermarterte mir den Kopf darüber, was ich jetzt denn noch machen konnte.

Bei meinem abendlichen Lauf durch das Bankenviertel, den einzigen ruhigen Bereich in ganz Tokio, wenn alle nach Hause gegangen sind, kam mir dann doch eine Idee. Irgendwo in Japan mussten die Leute viel Oolong-Tee trinken. Da ich so wenig Erfolg dabei hatte, meinen Tee an die Japaner zu verkaufen, beschloss ich, es bei den chinesischen Einwanderern zu probieren, in Chinatown, im nahen Yokohama.

Die Chinesenviertel gleichen sich überall auf der Welt, sie sehen alle aus, als wären sie vom selben Architekten entworfen worden. Es gibt ein großes Tor im chinesischen Stil am einen Ende, ein paar Straßen mit chinesischen Restaurants und Supermärkten und am anderen Ende wieder ein großes Tor. In Yokohama ist das auch so. An einer der Straßen entdeckte ich einen kleinen chinesischen Teeladen, in dem ein Mann saß, der mindestens 120 Jahre alt sein musste.

Natürlich wollte ich die Katze nicht gleich aus dem Sack lassen. Ich warf zunächst einen schnellen Blick auf die Tees, die hier angeboten wurden. Es gab ein paar ältere, doch die meisten waren Oolongs von ähnlicher Qualität wie meiner – zumindest waren sie ähnlich verpackt. Ich beschloss, mein Glück zu versuchen und den ältesten Mann der Welt zu fragen, ob er vielleicht daran interessiert war, Tee zu kaufen. Zu meiner Überraschung (ich war doch gar nicht mehr in Taiwan!) bejahte er das. Ich zeigte ihm eine Probe meines Tees; er nahm ein bisschen, schnupperte daran, zerrieb ihn zwischen den Fingern, roch noch einmal daran und fragte mich schließlich, ob er ihn kosten dürfe. Aber klar doch!

Wir setzten uns hin und tranken eine schöne Tasse Tee. Er sagte, er schmecke ihm und mit dem Gebiet um Lischan hätte ich mir eine gute Gegend von Taiwan ausgesucht. Ich bedankte mich für das Lob und erkundigte mich, ob er nicht 35 Tüten (fünf war ich ja am Vortag in Roppongi losgeworden) für, sagen wir mal, 3 000 Yen pro Stück kaufen wollte. Er lachte.

In Chinatown Oolong zu verkaufen hat einen großen Vorteil: Man weiß diesen Tee dort zu schätzen. Es hat allerdings auch einen Nachteil: In Chinatown kennt man den Preis von Oolong-Tee. Und das ist noch nicht alles – die Leute dort kaufen schon eine große Menge direkt, bei einer Plantage in Taiwan, die dem Cousin eines Freundes ihres eigenen Cousins gehört, zu einem Freundschaftspreis.

Für 3 000 Yen (30 Dollar) würde dieser Mann mir keinen Tee abnehmen. Er war zwar ein potenzieller Käufer, aber nur zum sehr niedrigen Preis von 750 Yen (7,50 Dollar) pro Tüte – weit weniger als die 2 500 Yen (25 Dollar), die ich dafür bezahlt hatte. Was konnte ich machen? Mir wurde klar, dass ich hier Prügel beziehen würde, doch ich musste unbedingt versuchen, meinen Verlust zumindest so weit wie möglich zu verringern. Ich bemühte mich, den alten Herrn nach oben zu treiben: 1 500 Yen? Er gab nicht nach. Nicht mal ein bisschen. Er würde sein Angebot aufrechterhalten, und wenn ich meine Meinung änderte, konnte ich gern zurückkehren, doch das Angebot stand bei 750 Yen pro Tüte. Ich beschloss, mich weiter umzusehen. Vielleicht würde ich ja irgendwo anders mehr bekommen? Ich brauchte gar nicht weit zu gehen.

Nebenan befand sich noch ein Teeladen. Wirklich direkt nebenan. Zuerst dachte ich sogar, es würde sich um denselben Laden handeln. Der Besitzer war ein Mann vom chinesischen Festland, der für taiwanischen Tee schwärmte. Als er sagte, meiner würde ihm schmecken, freute ich mich natürlich. Leider hatte er bereits eine gute Beziehung zu seinem Großhändler, die er nicht beschädigen wollte. Er war so freundlich, mir anzubieten, ein paar Tüten für seinen Eigenbedarf zu kaufen (das brachte mir weitere 100 Dollar), und gab mir noch einen guten Rat: „Ersparen Sie sich ein großes Problem! Ohne die nötigen Einfuhr- und Steuerbescheinigungen dürfen Ausländer keine Produkte nach Japan bringen und hier damit handeln. Die meisten Japaner werden es schlicht ablehnen, Ihnen etwas abzukaufen. Wenn der Alte nebenan sagt, er sei bereit, Ihnen Ihren Tee abzunehmen, sollten Sie unbedingt einschlagen. Ein Großhändler könnte ihn ohnehin nicht für mehr als rund 1 000 Yen [zehn Dollar] verkaufen."

Nach meinen fruchtlosen Versuchen, mir eine Genehmigung für den Handel auf den japanischen Straßenmärkten zu besorgen, glaubte ich ihm das sofort. Die japanische Bürokratie hatte mich schon wieder in die Enge getrieben. Zudem dämmerte mir allmählich, dass Herr Ho mir keinen so guten Preis gemacht hatte, wie ich dachte. Jetzt musste ich der Wahrheit ins Gesicht sehen, denn ich konnte nirgendwo anders mehr hingehen.

Der alte Ladenbesitzer freute sich, mich wiederzusehen. Falls sein Kollege nebenan recht hatte, sparte er rund 250 Yen (2,50 Dollar) pro Tüte gegenüber dem Preis, den er einem Großhändler normalerweise für so einen Tee zahlen müsste. Falls sein Nachbar mir auch nur Märchen erzählt hatte, sparte er sogar erheblich mehr. Doch ich war längst nicht fachkundig genug, um mich mit irgendjemand über die Qualität dieses Tees zu streiten, und das war mir auch bewusst. Ich hatte in einem Markt mitmischen wollen, mit dem ich mich überhaupt nicht auskannte, und daher war es wie bei der Jade schwierig für mich, mein Produkt zu verkaufen.

Ich überließ dem alten Mann also meine restlichen Tüten Oolong-Tee für klägliche 750 Yen pro Stück, was insgesamt einen Verlust von rund 475 Dollar bedeutete. Ich nahm mir fest vor, in Zukunft die Finger von Dingen zu lassen, mit denen ich mich nicht auskannte, und richtete mich an dem Gedanken auf, dass ja zumindest mein Spitzentee das Siegel von jemandem trug, der wusste, wovon er sprach. Ich verließ das Chinesenviertel ernüchtert, war aber entschlossen, die Verluste wettzumachen, wenn ich am nächsten Tag die Sammler aufsuchte, an die Herr Teaparker mich verwiesen hatte.

Nach einem Abendessen mit wunderbarem Sushi und einer Nacht, in der ich tief und fest geschlafen hatte, begann ich den nächsten Tag erfrischt und federnden Schrittes. Herr Teaparker hatte mir per E-Mail Informationen über einen Sammler in Tokio geschickt, den ich nun aufsuchen wollte. Ich hatte 100 Gramm eines 1980er-Oolongs aus dem Hochgebirge dabei, für die ich 1 500 Dollar (rund 150 000 Yen) bezahlt hatte. Der taiwanische Teemeister hatte mir versichert, ich könne das Drei- bis Vierfache dieser Summe verlangen, und ich wollte jetzt gern herausfinden, ob das stimmte. Noch mehr interessierte mich, wie ein Mensch aussah, der bereit war, über eine halbe Million Yen (5 000 Dollar) für eine Dose Tee auszugeben.

An der Adresse, die Herr Teaparker mir genannt hatte, befand sich eine vornehme Buch- und Kunsthandlung, die Herr Yoshi zusammen mit seiner Frau führte. Sie lag in einem gehobenen Vorort von Tokio. An der Treppe, über die man zu seinem Büro gelangte, hingen großartige Landschaftsdrucke von Hiroshige. Die Yoshis hatten offensichtlich einen sehr erlesenen Geschmack.

Herr Yoshi war viel jünger, als ich angenommen hatte, erst Anfang 30. Er trug ein Kakihemd und eine schicke Brille und sprach fließend Englisch – ein sehr moderner Japaner mit einer Vorliebe für sehr alte japanische Kultur und hoffentlich auch für alten taiwanischen Tee.

Ich reichte ihm das Mahagonikästchen. Sein Gesicht leuchtete auf, als er es öffnete und die schmucke Zinndose sah. „Mein Gott!" Das betrachtete ich als gute erste Reaktion. Ich sagte, er dürfe sie aufmachen, und er schüttete einige Teeblätter in den Deckel, um sie einer genauen Überprüfung zu unterziehen. Er war enorm beeindruckt und gurrte: „Gute Form, gleichmäßige Größe, sehr schön!" Dann roch er daran. „Toll, wirklich wundervoll!" Es war klar, dass es ihm mit dem Tee ernst war – die Frage war nur, zu welchem Preis?

Ich erklärte ihm, dass der Tee Herrn Teaparker zufolge mehr als eine halbe Million Yen wert war. War das in seinen Augen ein angemessener Preis? Er lachte nervös. „Das ist zu viel Geld."

„Wie hoch würden Sie seinen Wert denn schätzen?"

„Ich kann doch nicht eine halbe Million Yen für Tee bezahlen. Ich kann 100 000 Yen zahlen."

Das war weniger, als ich selbst dafür gezahlt hatte.

Das sagte ich ihm auch. „Ich finde, Sie müssen mir eher das Dreifache bieten, 300 000 Yen." Ich hatte mir ausgerechnet, dass diese Summe meinen Verlust bei dem anderen Tee ausgleichen und mir zudem einen ansehnlichen Gewinn bringen würde. Außerdem fand ich, dass der Tee jemandem gehören sollte, der ihn zu schätzen wusste, und Yoshi hatte sich zweifellos in ihn verliebt.

Leider aber nicht so sehr, dass er den Kopf verloren hätte. Er musste festbleiben – einen Preis von 300 000 Yen (3 000 Dollar) konnte er nicht akzeptieren. Ich ließ ihm meine Telefonnummer da, für den Fall, dass er seine Meinung noch änderte, und verabschiedete mich. Herr Teaparker hatte ja gesagt, es gebe in Tokio zwei weitere Sammler, mit denen ich sprechen könne. Es war an der Zeit, den nächsten aufzusuchen.

Herr Teaparker hatte mich nun zu einem Geschäft geschickt, in dem der Besitzer, Herr Lim, seine eigenen Werke – erlesene Teekannen – verkaufte. Er erwartete mich. Wir absolvierten das mir inzwischen vertraute Beschnupperungsritual und Herr Lim erkundigte sich nach meinem Preis. Ich erklärte ihm, dass Herr Teaparker den Wert meines Tees auf eine sehr hohe Summe geschätzt hatte, ich ihn aber zum herabgesetzten Preis von 400 000 Yen (4 000 Dollar) anbot, da ich ihn schnell verkaufen wollte. Ich wollte mir ein bisschen Verhandlungsspielraum lassen – in Wirklichkeit wäre ich hochzufrieden gewesen, wenn ich 250 000 Yen (2 500 Dollar) bekommen hätte.

Herr Lim trank gern Oolong-Tee und war manchmal bereit, für einen, der ihm schmeckte, 5 000 oder sogar 6 000 Yen zu zahlen, aber keinesfalls den Preis, den ich ihm genannt hatte. Er war kein Sammler, sondern nur ein begeisterter Amateur. Ich mochte ihn, war hier aber in einer Sackgasse gelandet.

Bisher hatte Herr Teaparker nur einen Sammler und einen begeisterten Amateur für mich gefunden. In Taiwan hatte er mir versprochen, mir drei Sammler zu nennen. Ich war in Tokio, wo ich keine Menschenseele kannte, und versuchte, ein Produkt zu verkaufen, über das ich (das lässt sich ja nicht leugnen) so gut wie nichts wusste. Ich war einfach darauf angewiesen, dass Herr Teaparker mir weitere Interessenten lieferte. Ich rief ihn an und erklärte ihm das alles. Ich erwartete gar nichts anderes von ihm als Telefonnummern, doch er konnte mir überhaupt nicht mehr weiterhelfen. Er versprach mir, umgehend zurückzurufen und mir eine weitere Telefonnummer zu geben, doch ich hörte dann nichts mehr von ihm. Ich saß wieder mal in der Klemme und konnte nur hoffen, den Tee in absehbarer Zeit irgendwie loszuwerden.

Taiwan war eine einzige Katastrophe für mich gewesen. Ich hatte die Jade nicht verkauft, obwohl ich ein sehr vernünftiges Angebot dafür bekommen hatte – ich hatte meine Chance verpasst, weil ich zu gierig gewesen war. Das hätte mir eigentlich eine Lehre sein sollen, ich hätte die Finger von Produkten lassen müssen, die mir nicht vertraut waren. Doch dann hatte ich diesen Fehler ganz schnell noch einmal gemacht und beschlossen, nicht nur eine Sorte Oolong-Tee zu kaufen, sondern gleich zwei. Der Gipfel meiner Dummheit war, dass ich mich auf ein Geschäft eingelassen hatte, bei dem ich völlig auf einen Mann angewiesen war, den ich nicht kannte. Kein Wunder, dass diese Sache mich rund 2 000 Dollar gekostet hatte!

Ich erging mich in Selbstmitleid. Der ganze Schwung, den ich in China gewonnen hatte, schien in Taiwan verpufft zu sein. Ich musste es irgendwie schaffen, wieder in die Erfolgsspur zu kommen. Wenn man von einem Pferd abgeworfen wird, soll man ja auch gleich wieder aufsteigen. Ich musste hier in Japan etwas finden, womit ich einen Gewinn machen und meiner Pechsträhne ein Ende setzen konnte. Es musste etwas sein, was sich auf jeden Fall verkaufen ließ, etwas, für das es definitiv einen Markt gab, ein Geschäft, bei dem ich nicht auf meiner Ware sitzen bleiben konnte. Sie haben sicher schon erraten, was mir da vorschwebte: Fisch.

18 Hinaus aufs Meer

LETZTES GESCHÄFT:

- **Oolong-Tee aus den Bergen: 475 Dollar Verlust**
- **Oolong-Tee der Spitzenklasse: 1 500 Dollar Verlust**

INVESTITIONEN:

- **Surfbretter: 12 156 Dollar**
- **Jade: 9 214 Dollar**

AUF DER BANK: 42 944 Dollar

Wir wissen alle, dass die Preise von den Umständen abhängen. Nehmen wir den Ölpreis als Beispiel, der einen Spitzenwert von fast 150 Dollar pro Barrel erreicht hatte, als ich in Japan ankam. Eine sehr starke Nachfrage nach Öl, vor allem aus der schnell wachsenden chinesischen Wirtschaft, führte in Verbindung mit einer (unter anderem durch Schwierigkeiten in Nahost bedingten) Angebotsverknappung dazu, dass man überall auf der Welt immer höhere Preise zahlen musste. In der wirklich globalisierten Welt von heute bekamen die Autofahrer in der Heimat die Auswirkungen ebenso zu spüren wie die Fischer hier in Japan, und sie waren schmerzhaft.

Es heißt, in London sei man nirgendwo mehr als drei Meter von einer Ratte entfernt. In Japan gilt das so ziemlich überall für Fische. Die Japaner sind geradezu versessen auf Sushi und Sashimi. Thunfisch, Lachs, Makrele, Oktopus – wenn die Japaner den berühmten Riesenkraken in die Finger bekommen könnten, würde er mit Sicherheit in einer Sushibar in Shibuya enden. Vorher würde man ihn natürlich auf dem Fischmarkt von Tokio in Tsukiji verkaufen müssen.

Tsukiji ist schlicht der größte Fischmarkt der Welt. Er ist riesig – seine Fläche entspricht der von Monaco oder 28 Fußballfeldern oder was weiß ich. Der Markt liegt im Süden Tokios, direkt am Sumida. Von vorne gesehen gleicht er einem typischen Großmarkt: reichlich Parkplätze, außen Ladebuchten für Lastwagen, innen unzählige Reihen von Ständen, an denen Fisch verkauft wird. Außerdem gibt es dort eine Anlegestelle, sodass Boote und Schiffe vom Meer aus den Fluss herauffahren und ihren Fang ausladen können.

Tag für Tag durchlaufen Millionen von Fischen diesen Markt, und zwar auf äußerst geordnete und systematische Weise. Es handelt sich in vieler Hinsicht um ein Feudalsystem. Nur sieben Familien dürfen Fisch aus den Booten und Schiffen ausladen. Thunfisch bringt hier viel Geld, er wird versteigert. Auf dem Markt gibt es rund 250 lizenzierte Großhändler, die bei der Versteigerung – die hinter verschlossenen Türen stattfindet und schon um vier Uhr morgens vorbei ist – mitbieten dürfen. Danach geht der Spaß erst richtig los.

Ich kam in aller Frühe in Tsukiji an, gegen halb sechs, um mir anzusehen, wie der japanische Fischmarkt funktioniert. Dort musste ich gleich zur Seite springen, um nicht von einem kleinen, batteriebetriebenen Hochgeschwindigkeitslaster gerammt zu werden. Er beförderte Kisten mit Fisch quer über den Markt und war keineswegs der einzige seiner Art – hier flitzten Hunderte dieser Laster mit Fisch hin und her.

Die Thunfischversteigerung war gerade vorbei, die kleinen Laster transportierten den Fisch jetzt vom Auktionsraum zu den Ständen der Großhändler, mit einem Tempo von rund 650 Stundenkilometern. Die Großhändler tun sich zu viert zusammen, um die Fische von dem kleinen Laster zu heben und auf eine Kettensäge (wie man sie normalerweise in einem Bauhof vorfinden würde) zu hieven. Dutzende dieser Sägen waren über den ganzen Markt verstreut.

Jeder Thunfisch wird in ein halbes Dutzend Stücke geschnitten und dann an die Einzelhändler verkauft: Restaurantbesitzer und Leute aus Sushibars und Supermärkten, die sich hier jeden Morgen frischen Fisch für ihre Kunden besorgen. Um fünf wimmelt es auf dem Markt von Käufern, die sich um die besten Fischstücke reißen. Ein ordentlicher Thunfisch bringt 4 000 bis 30 000 Dollar, und wenn die Stücke am Einzelhandelsende in kleinere Portionen zerlegt worden sind, hat diese Summe sich fast verdoppelt. Ein wirklich großes Geschäft! Noch vor der Dämmerung wird hier Fisch im Wert von 25 Millionen Dollar zweimal verkauft worden sein und sich auf dem Weg in einen japanischen Magen irgendwo in Tokio befinden. Das wirklich Erschreckende daran ist, dass das überall in Japan passiert, in allen Städten, von Choshi bis Nagasaki und von Kyoto bis Osaka.

Nicht einmal in meinen Tagen in der City von London hatte ich so früh am Morgen so viel Aktivität erlebt. Die Großhändler zersägten Thunfische, die so groß wie Rinder waren, die Stände wurden aufgebaut und die Leute aus den Restaurants drängten sich bereits aggressiv herein, um für ihre Gäste den am besten aussehenden Fisch zu ergattern. Auf dem Markt herrschte eine ansteckende, frische, brodelnde Energie, es machte offensichtlich allen Spaß, dass sie sich im Zentrum von etwas befanden, was so ungemein wichtig war. Hier boten sich so gigantische Chancen, dass ich unbedingt eine Möglichkeit finden musste, mich selbst in diesem Markt zu versuchen und mir ein Stück von dem Profit zu sichern, der durch ihn strömte. Wenn ich das richtig sah, hatte ich zwei Optionen: Ich konnte mir entweder eine Großhandelslizenz besorgen, bei der Versteigerung mitbieten und dann an die Einzelhändler weiterverkaufen oder den Fisch selbst fangen und ihn dann bei der Versteigerung verkaufen.

Was jetzt kam, wäre vermutlich sehr langweilig für Sie. Ich müsste Ihnen beschreiben, dass die japanische Wirtschaft enorm bürokratisch ist und die Behörden es Ausländern extrem ungern gestatten, irgendetwas zu tun, was aus dem Rahmen des Üblichen fällt. Da ich das schon selbst langweilig fand, wäre es für Sie zweifellos noch langweiliger, das alles zu lesen. Am besten glauben Sie mir einfach, dass es unmöglich ist, aufs Meer hinauszufahren, ein paar Fische zu fangen und mit ihnen in Tsukiji aufzutauchen, um sie an einen Großhändler zu verkaufen; wer keine Verbindungen zur Fischmafia hat, erhält schlicht keine Großhandelslizenz, sofern nicht jemand, den er kennt, zufällig bereits eine besitzt, stirbt und sie ihm vermacht. Allmählich kam ich schon zu der Überzeugung, dass die gesamte japanische Fischerei Ausländern versperrt war, doch dann gelang mir plötzlich ein Durchbruch: Die Fischergewerkschaft von Fukuoka erlaubte mir, mit ihren Mitgliedern zu sprechen. Wenn ich mich mit einem von ihnen einigen konnte, würde man mir gestatten, Fisch auf dem Markt von Fukuoka zu verkaufen – allerdings nur dann.

Fukuoka liegt auf der südlichsten der drei japanischen Hauptinseln. Sobald man Tokio hinter sich lässt, fühlt sich alles etwas entspannter an. Wenn man das Fischerdorf Kanasaki erreicht, in der Nähe von Fukuoka, kommt man sich wirklich wie in einem Tropenparadies vor. Die belebten Straßen von Tokio mit der grellen Neonreklame sind vergessen. Man befindet sich nun in einer verschlafenen Gemeinde von Fischern, deren Durchschnittsalter bei 128 liegt. Jetzt im Juli drängten sich Urlauber an den Stränden, die Hänge waren grün, die Reisfelder voll. Als ich an dem kleinen Hafen ankam, der Platz für rund 30 mittelgroße Fischerboote bietet, war weit und breit keine Menschenseele zu sehen – bis auf einen einsamen Mann, der neben seinem Boot auf mich wartete: Kirisaki-San.

Kirisaki-San ging auf die 50 zu, sah aber keinen Tag älter aus als 14. Das Leben an der frischen Luft und die Ernährung mit Fisch und gekochtem Reis sind eben sehr gesund. Obwohl er drei Töchter im Teenageralter hatte, sah er immer noch aus, als würde er überhaupt keinen Stress kennen – sein Gesicht war genauso glatt wie ihre. Er begrüßte mich fröhlich und wir gingen auf sein Boot.

Es handelte sich um einen für den Makrelenfang bestimmten Kutter, nicht ganz zehn Meter lang, mit zwei großen Wassertanks in der Mitte des Decks. Da die Japaner so viel Geschmack an rohem Fisch finden, lassen die Fischer ihren Fang möglichst lange am Leben. Sie werfen die Fische sofort in die Tanks und transportieren sie noch lebend an Land. Kirisaki-San erklärte mir, dass die Fischer in dieser Woche landesweit gestreikt hatten und das Boot daher zwei Tage lang unbenutzt im Hafen gelegen hatte. Wie die britischen Lkw-Fahrer protestierten auch die japanischen Fischer dagegen, dass sie aufgrund des weltweit hohen Ölpreises und der Steuern, mit denen der Staat das Öl belegte, keine Gewinne mehr erzielen konnten, und forderten Unterstützung.

Da ich ja gerade in das Geschäft mit dem Fisch investieren wollte, hätte ich das als beunruhigendes Zeichen ansehen können, doch ich betrachtete die Sache nicht auf diese Weise. Ich erkannte nämlich, dass sich mir hier, in einem winzigen Fischereihafen im fernen Südwesten Japans, dank der Entwicklung in China und Nahost eine gute Chance bot.

Zwei Tage, an denen die Fischer nicht hinausgefahren waren, bedeuteten ein knappes Angebot auf dem Markt. Beim Fisch ist es wie beim Öl: Wenn es beim Angebot zu einem Engpass kommt, steigt der Preis, solange die Nachfrage konstant bleibt – und die Japaner haben ja einen Riesenhunger auf Fisch. Dazu kam noch die Wettervorhersage: Ein Taifun zog von Taiwan herüber. Es sah so aus, als würde der nächste Tag der einzige in dieser Woche sein, an dem gefischt werden konnte. Kirisaki-San war offenbar durchaus bereit, mir sein Boot zu vermieten. Er bot mir sogar mehrere Optionen an.

Sein erster Vorschlag war, dass ich das Boot für 60 000 Yen (600 Dollar) chartern sollte und wir die auf dem Markt für den gefangenen Fisch erzielte Summe unter uns aufteilen sollten. Auf meine Fragen hin erklärte er mir, dass ein guter Tag 1 200 Dollar bringen konnte, ein schlechter hingegen nur 500 Dollar oder noch weniger. Das sah mir nicht wie eine wirklich gute Möglichkeit aus. Sein Alternativangebot lautete, dass ich das Boot für einen Pauschalpreis von 800 Dollar chartern und den ganzen Fisch behalten könne. Auch dann hätte ich offensichtlich das gesamte Risiko tragen müssen, während ihm ein ordentlicher Ertrag sicher gewesen wäre. Ich versuchte, ihm zu erläutern, was mit dem Sprichwort von dem Spatz in der Hand und der Taube auf dem Dach gemeint ist. Das schien er sehr komisch zu finden. Bei der Übersetzung muss irgendetwas verloren gegangen sein, denn ich halte dieses Sprichwort immer noch nicht für so witzig.

Ich war auf eine meiner Ansicht nach gerechtere Lösung gekommen. Wie wäre es denn, wenn ich sein Risiko abdeckte und ihm 600 Dollar garantierte, unabhängig davon, wie gut der Fang war? Auf diese Weise konnte er sicher sein, dass er zumindest einen durchschnittlichen Tag haben würde. Das gefiel ihm. Als Ausgleich dafür, dass ich sein Risiko abdeckte, würde ich die ersten 600 Dollar des Verkaufserlöses behalten; wenn wir nur Fisch im Wert von 600 Dollar fingen, würde ich also nicht schlechter dran sein und er würde trotzdem die 600 Dollar bekommen. Er fand auch, dass das sehr vernünftig klang. Bei allem, was über 600 Dollar hinausging, würden wir halbe-halbe machen. Da mein Erfolg bei dieser Sache von seinem Können als Fischer abhing, war es wichtig, ihn am Gewinn zu beteiligen. Ich wollte ihm ja schließlich nicht das Gefühl vermitteln, dass er sich einen schönen Tag machen konnte und es ganz egal war, wie viel Fisch er fing.

Er dachte kurz darüber nach und überraschte mich dann mit einem Gegenangebot: Er war einverstanden und zudem bereit, seinen Anteil auf 800 Dollar zu begrenzen. Falls wir einen Tag mit 1 200 Dollar hatten, würde er sich mit 800 Dollar zufriedengeben und der Gewinn von 400 Dollar würde ganz mir gehören. Das nahm ich als Zeichen dafür, dass er zuversichtlich war, und so schüttelten wir uns die Hände. Wir waren im Geschäft – nun mussten wir nur noch den Fisch fangen.

Die Sonne ging bereits hinter dem Hafen unter. Kirisaki-San erklärte mir den Zeitplan für die nächsten 36 Stunden. Wir würden uns hier um vier in der Frühe treffen und aufs Meer hinausfahren. Das Fischen würden wir gemeinsam übernehmen. Danach würden wir in den Hafen zurückkehren und ein paar Stunden schlafen. Um Mitternacht würden wir wieder zum Boot gehen, um die Fische zu töten, in Kisten zu legen und dann zum Markt zu bringen. Wir mussten vor drei in Fukuoka sein, wenn wir an der Versteigerung teilnehmen wollten. Sie würde gegen halb fünf beginnen und vor fünf zu Ende sein. Das hörte sich in meinen Ohren großartig an. Ich konnte es gar nicht abwarten, loszufahren. Jetzt musste ich nur noch wissen, was ich mitbringen sollte. Kirisaki-San sagte, das sei einfach: nur Ölzeug und einen Hut.

In meinem Hotelzimmer war es um halb vier noch stockdunkel. Ich entfernte das Preisschild von meinem neuen Ölzeug und zog es an. Darunter trug ich nur Shorts, da ich meine lange Hose nicht dem unvermeidlichen Fischgestank aussetzen wollte. Ich fand, dass ich mit meinem breitkrempigen Fischerhut eher die richtige Kleidung für Glastonbury (wo der Puls der Zeit ja besonders stark schlägt) als für ein japanisches Fischerboot anhatte. Ich war mir allerdings ziemlich sicher, dass das den Fischen nichts ausmachen würde.

Wenn sie sahen, wie ich angezogen war, würde es für sie ohnehin zu spät sein.

In einem Laden, der sogar um 3.45 Uhr geöffnet hatte, kaufte ich mir einen Apfel zum Frühstück, eine Bento-Box für das Mittagessen und eine Fünfliterflasche Wasser für die Zeit dazwischen. Mit ein bisschen Glück würde die See so ruhig sein, dass ich zumindest einen Teil davon zu mir nehmen konnte.

Ich muss zugeben, dass es mich angesichts der frühen Stunde schon ärgerte, dass Kirisaki-San noch nicht da war. Schließlich kam er aber, voller Unternehmungslust. Sein kleiner Laster war mit einem halben Dutzend übel riechender Schalen mit gerade auftauenden Minigarnelen beladen, die uns als Köder dienen würden. Seine gute Laune war vermutlich darauf zurückzuführen, dass er jetzt nicht mehr mit ihnen zusammen in seinem Laster sitzen musste. Wir trugen sie mit einem Kühler und unserem Essen aufs Boot und waren bald so weit, dass wir ablegen und losfahren konnten. In ein paar Minuten würde sich schon der erste Schimmer der Dämmerung am Horizont zeigen.

Es gibt kaum etwas, was mir noch besser gefallen hat als der Anblick der über dem Wasser aufsteigenden Sonne. Es ist einfach wunderbar, in der Morgendämmerung auf dem Wasser zu sein, die Wärme der Sonne auf dem Gesicht zu spüren und zu sehen, wie ihre Strahlen das Meer langsam in rotes Licht tauchen. Ich weiß, dass man sich an so etwas leicht gewöhnt, doch ich bin mir sicher, dass die Fischer auf der ganzen Welt dieses Erlebnis immer noch jedes Mal genießen. Kirisaki-Sans Fröhlichkeit trotz der frühen Stunde deutete auch darauf hin, dass er mit seinem Schicksal zufrieden war.

In weniger als einer Stunde erreichten wir die Stelle, an der wir den Tag über fischen würden. Es waren noch sechs bis sieben andere Boote in Sicht. Kanasaki liegt wie einige andere Häfen an einer Rinne, in der die Strömung aus dem

Süden auf die aus dem Norden stößt. Dadurch bietet das Wasser den Fischen, auf die wir aus waren, besonders viel Nahrung: den Rossmakrelen.

Wer schon mal in Cornwall Urlaub gemacht und dort Makrelen geangelt hat, wird wissen, wie das vor sich geht. Die Schnur ist ziemlich dick, wie eine Wäscheleine, und mit vier bis fünf Haken versehen. Unmittelbar über den Haken befindet sich ein kleiner Drahtbehälter für die stinkenden Minigarnelen, die Kirisaki-San auf seinem Laster mitgebracht hatte. Man wirft das Ganze über Bord und gibt Schnur nach, bis es den Grund erreicht. Dann holt man die Schnur langsam wieder ein, immer nur meterweise, und hält nach jedem Zug inne, um zu überprüfen, ob man einen Fisch erwischt hat, was man durch einen spürbaren Ruck an der Leine erkennt. So weit die Theorie. In der Praxis ist die Sache allerdings längst nicht so einfach.

Im Laufe der nächsten beiden Stunden füllte ich den Köderbehälter immer wieder, warf ihn ins Wasser und zog ihn hoch, sobald ich den Ruck an der Schnur spürte. Oft hing überhaupt nichts an den Haken. Zu meinem Ärger kam es auch vor, dass ein Fisch (oder sogar zwei) an der Schnur hing, aber so wild zappelte, als ich ihn an Bord holen wollte, dass er sich befreien und in die Tiefe des Meeres entkommen konnte.

Kirisaki-San dagegen arbeitete schnell und geschickt und schaffte es jedes Mal, einen Fisch (oder auch zwei oder drei) an Bord zu ziehen. Dabei erzählte er fröhlich von seinem ganzen Leben. Jedes Mal, wenn mir ein Fisch vom Haken entwischte, bog er sich vor Lachen. Er fand das einfach zu lustig. Zu allen Fischen, die ich an Bord ziehen konnte, gab er einen Kommentar ab, in neun von zehn Fällen zu seiner Größe: „Ein großer“, oder: „Ein kleiner.“ So ging es stundenlang weiter.

Gegen acht bekam ich den Dreh dann allmählich heraus.

Ich konnte den durch einen Fisch verursachten Ruck jetzt von dem durch die Unterströmung im Meer bewirkten unterscheiden und holte schließlich mit ebenso großer Regelmäßigkeit Fische an Bord wie Kirisaki-San. Ich bekam sogar das Kompliment „wie ein Profi“ von ihm. So stolz war ich noch nie gewesen!

Nun entwickelte sich bei uns ein Rhythmus, und der Inhalt der Tanks im Rumpf des Bootes sah langsam beeindruckender aus. Natürlich wollte ich gern wissen, wie wir vorankamen. Zu meiner Freude sagte Kirisaki-San, wenn wir so weitermachten, würden wir wohl einen guten Gewinn erzielen können. Also kein Druck – einfach nur weiter Fische fangen! Ich begann, darüber nachzudenken, wie es sein würde, einen Profit zu erzielen. Nach den Katastrophen in Taiwan und Tokio war es mir ungemein wichtig, wieder auf die Gewinnerseite zu kommen. Die mit dieser Sache verbundene körperliche Anstrengung führte dazu, dass ich mich besser fühlte. Ich mühte mich ab und konnte das richtig spüren.

Um die Monotonie zu vertreiben und unsere Leistung zu steigern, schlug ich einen kleinen Wettkampf vor: Wer konnte am schnellsten zehn Fische fangen? Ich würde gern sagen können, dass ich an sich nicht wette, aber das würde leider nicht stimmen. Was Kirisaki-San mir anbot, sagte mir allerdings nicht zu: Wenn er gewann, musste ich seine Tochter heiraten! Obwohl er mir das in den glühendsten Farben ausmalte – ich würde das Boot erben, ich würde die japanische Staatsbürgerschaft bekommen, sie war eine sehr gute Köchin –, wollte ich nicht einschlagen, doch er ließ sich nicht davon abbringen. Er zog seinen ersten Fisch schon an Bord, als ich „Los!“ rief, und verkündete: „Eins zu null!“

Ich kam zu dem Schluss, dass der einfachste Ausweg darin bestand, zu gewinnen, und so schlug ich sofort zurück: „Eins zu eins!“ So ging das Spiel weiter – bis „Zwei zu zwei!“ Dann zog er in rascher Folge zwei oder drei auf einmal heraus und gewann zehn zu zwei. Er drehte sich gelassen zu mir um und sagte, ich solle ihn jetzt „Papa" nennen.

Die anderen Fischer und Kirisaki-San vergnügten sich ständig mit ihren CB-Geräten. Theoretisch konkurrieren sie um den Fisch, doch in Wirklichkeit bilden sie eine Gemeinschaft. Bei schlechtem Wetter können sie nur überleben, wenn sie sich umeinander kümmern. Sie witzeln über ihre Fortschritte und teilen sich ihre Beobachtungen mit, um sich gegenseitig Gesellschaft zu leisten und wahrscheinlich auch, um zu verhindern, dass sie den Verstand verlieren. Als eines der Boote in unserer Nähe wendete und Richtung Küste fuhr, wurde die Unterhaltung über Funk lebhafter. Es war noch nicht mal halb zwölf – wieso fuhr jemand so früh zurück? Zog der Taifun etwa schon auf? Würde unser Tag auch vorzeitig enden? Ich befürchtete, dass ich jetzt um die Chance kommen würde, einen Gewinn zu machen. Doch Kirisaki-San beruhigte mich – der Mann wollte nach Hause, weil ihm die Zigaretten ausgegangen waren! Gut zu wissen, dass hier trotz allen Gewinnstrebens noch Platz dafür blieb, sich etwas zu gönnen …

Zur Mittagszeit sah es so aus, als würden wir gut vorankommen. In den Tanks befanden sich jetzt mindestens 80 Fische, etwa je zur Hälfte große und kleine. Kirisaki-San erklärte mir, „ein großer" könne bis zu acht Dollar bringen, „ein kleiner" eher rund vier Dollar. Eine Überschlagsrechnung ergab, dass unsere Fische rund 400 Dollar wert waren. Wir hatten noch genug Zeit, um die 600-Dollar-Marke zu erreichen, doch Kirisaki-San wies mich darauf hin, dass uns allmählich die Köder ausgingen. Meine ganzen stümperhaften Versuche in den ersten beiden Stunden schienen mich jetzt meinen Gewinn zu kosten. Nun musste unbedingt jeder Wurf einen Fisch bringen.

Nach dem Mittagessen machten wir weiter, doch nach mehreren Fehlversuchen sah ich ein, dass ich langsamer werden musste, weil Kirisaki-San die Köder einfach besser verwerten konnte. Ich gab mich mit jeweils einem Wurf auf drei von ihm zufrieden, und das erwies sich als sehr klug, denn er zog weiter immer mindestens einen Fisch aus dem Wasser, wie eine gut geölte Maschine. Er holte Fische an Bord, bis die Garnelen alle waren. Als auch der letzte Fisch im Tank schwamm, rechneten wir die Sache durch. Wir hatten rund 100 Fische unterschiedlicher Größe. Reichte das, um die Kosten zu decken? Kirisaki-San hielt es für möglich, doch es würde wie immer vom Markt abhängen. Vorher mussten wir allerdings noch zurückfahren, den Fisch verstauen und ein paar Stunden schlafen.

Im Hafen vertäuten wir das Boot und luden die Köderschalen aus. Zum Glück war Kirisaki-Sans Tochter nicht gekommen, obwohl er mir das doch versprochen hatte – so konnte ich mich entspannen und ihm helfen. Wir schöpften den ganzen Fisch aus den Tanks und schütteten ihn in ein großes Netz, das wir über Bord warfen. Dort würden die Fische während der nächsten sieben Stunden bleiben, und wir konnten uns solange hinlegen. Als wir das Boot gereinigt und die Tanks ausgespült hatten, konnten wir gehen. Normalerweise kann ich tagsüber nicht besonders gut schlafen, doch nach zwölf Stunden an der Angelschnur war ich völlig erschöpft. Ich ging mit brennenden Armen zum Hotel und fragte mich, ob wir wohl so viel Fisch gefangen hatten, dass ich mein Geld auf dem Markt zurückbekommen würde.

19 Die Wende

INVESTITIONEN:
- **Surfbretter: 12 156 Dollar**
- **Jade: 9 214 Dollar**
- **Fisch: 600 Dollar**

AUF DER BANK: 42 344 Dollar

Um Mitternacht geweckt zu werden ist brutal. Es ist dann ja noch nicht mal morgen, sondern noch heute. Zumindest fühlt es sich immer noch an wie der Tag, an dem ich früher aufgewacht bin. Mein Kopf ist schwer und dunkel – ich will nicht aufstehen! Dann fällt mir ein, wo ich bin, und ich quäle mich seufzend aus dem Bett. Falls das Leben eines Fischers so aussieht, kann es mir gestohlen bleiben. Dann stehe ich lieber wieder beim Morgengrauen auf und fahre an meinen Schreibtisch in London. Na ja, jedenfalls würde ich das fast lieber machen.

Zum Glück wartet Kirisaki-San bereits auf mich, als ich beim Boot eintreffe. Wenn er sich wieder verspätet hätte, wäre ich wirklich wütend geworden. Ich weiß jetzt, dass es ausgesprochen schwierig ist, nachts um halb eins in einem kleinen Fischerdorf in der südwestlichen Ecke von Japan an eine Tasse Kaffee zu kommen. Man findet hier allerdings, wie überall in Japan, Automaten. Auf dem Gipfel des Fudschijamas steht ein Automat, an jeder einsamen Bucht ebenfalls, und wer mitten in der Nacht in einem kleinen Fischerdorf einen sucht, wird auch nicht enttäuscht. Nach zwei Dosen Cola bin ich bereit, meine große gelbe Fischerhose aus Gummi anzuziehen und mich der Aufgabe zu stellen, die Fische zu töten.

Wir holen alle Fische aus dem Netz und werfen sie in eine Kiste auf dem Deck. Kirisaki-San hat zwei große Eimer mit Eiswasser gefüllt. Er zeigt auf den linken: „Für die großen", und auf den rechten: „Für die kleinen." Dann nimmt er einen Fisch aus der Kiste, schiebt Mittel- und Zeigefinger unter sein Kinn und in seine Kiemen, bricht ihm mit einem Ruck nach hinten das Genick und wirft ihn in den linken Eimer. Um sicherzugehen, dass ich es begriffen habe, wiederholt er: „Für die großen."

Ich habe auch früher schon Makrelen gefangen. Oft. Das Angeln selbst hat mir immer Spaß gemacht, doch ich muss zugeben, dass ich nie so recht wusste, wie man Fische auf möglichst humane Weise tötet. Ich habe alles Mögliche ausprobiert, ich habe ihnen mit einem scharfen Messer den Kopf abgetrennt, sie mit einem schweren Gegenstand erschlagen und sie sogar mit einer Plastiktüte erstickt. Jetzt weiß ich, wie einfach und schmerzlos die richtige Tötungsmethode ist, und über mir schlagen die Schuldgefühle zusammen, die sich in Jahren aufgestaut haben. Hätte ich das doch nur schon damals gewusst!

Um diese nachträgliche emotionale Belastung abzuschütteln, stürze ich mich in das Unterfangen, möglichst viele Fische auf humane Weise umzubringen. Dadurch sinkt ja der Prozentsatz der Fische, die ich brutal getötet habe. Kirisaki-San hat beim Fangwettkampf gewonnen, doch ich bin der bessere Scharfrichter. Es dauert nur ein paar Minuten, dem gesamten Fang den Garaus zu machen. Finger rein, Genick brechen, die Größe schätzen, den Eimer wählen. Her mit dem nächsten! Das ist einfach. Ich habe nicht mal genug Zeit, um zu registrieren, dass jeder tote Fisch mich mit ein bisschen Blut besprüht. Erst als der letzte Fisch im Eimer liegt, merke ich, dass mein Gesicht und meine Arme mit Blutspritzern übersät sind. Ich sehe aus wie ein wahnsinniger Killer aus einem Psychothriller, der im Fischereimilieu spielt.

Als mein Durst nach Blut sich etwas gelegt hat, beginne ich, unseren Fang zu analysieren. Kirisaki-San glaubt, dass er gerade eben reichen wird. Erwartet mich ein Gewinn? Das kann er nicht sagen. Es wird knapp werden und von den Marktbedingungen abhängen. Wir müssen den Fisch jetzt noch verpacken und rechtzeitig auf den Markt bringen. Bisher haben wir alles getan, um ihn frisch zu halten und einen möglichst guten Preis zu erzielen. Beim Verpacken erweist Kirisaki-San sich nun als wahrer Meister.

Ich hole ein Dutzend Styroporkisten aus dem Laderaum und wir beginnen, die Fische nach der Größe zu sortieren. Die Kisten füllen sich eine nach der anderen, in jede passen rund 15 kleine Fische oder acht große. Vor meinem geistigen Auge tauchen alle Fische auf, die mir im Laufe des Tages entwischt sind, und all die zusätzlichen Kisten, die jetzt vor mir stehen könnten, wenn ich nur schneller und beim Einholen der Schnur sorgfältiger gewesen wäre. Von diesen Kleinigkeiten hängt es ab, ob ein Fischer sich sein Brot verdienen kann. Wir haben insgesamt 16 Kisten, die wir nun hinten auf Kirisaki-Sans Kleinlaster laden. Wir reinigen die Eimer und das Boot schnell, dann können wir losfahren, in die Nacht hinein, zum Markt in Fukuoka. In ein paar Stunden werde ich wissen, ob ich Jona oder Ahab bin.

Kirisaki-San und ich können durch die Straßen von Fukuoka brausen, da alle vernünftigen Leute unter den sechs Millionen Einwohnern dieser Stadt noch tief und fest schlafen. In ein paar Stunden werden sie zur Arbeit fahren, und zum Mittagessen werden sie frisches Sushi erwarten. Um diese landesweite Besessenheit befriedigen zu können, muss der Markt früh beginnen. Als wir um Viertel vor drei dort ankommen, wimmelt es bereits von Händlern und Fischern. Wie in Tsukiji trägt hier fast jeder weiße Gummistiefel – wer nicht in ihnen herumläuft, flitzt wahrscheinlich in einem der kleinen Hochgeschwindigkeitslaster in ihnen herum. Ich bin ein bisschen enttäuscht, als es heißt, unser toller Fang sei zu klein, als dass man uns einen Minilaster zuweisen könne, und der Mann am Tor uns einfach durchwinkt.

Wir fahren mit Kirisaki-Sans Laster rückwärts an ein Förderband in einem riesigen Lagerhaus am Hafen. Einige der größeren Boote transportieren ihren Fang sogar direkt von hier aus in die Markthalle. Kirisaki-San erklärt mir, dass man das mit den großen frischen Thunfischen gewöhnlich so macht. Ihr Wert sei nämlich so hoch, dass jede Sekunde zähle. Im Vergleich dazu sind unsere Kisten mit den Makrelen im wahrsten Sinne kleine Fische.

Unsere Kisten sind innen alle mit einem Schild mit dem Logo von Kirisaki-San versehen, sodass der Marktleiter sie ihm zuordnen kann. Er ist ein kleiner alter Mann mit einem langen grauen Bart und sieht sehr klug aus. Das muss gar nicht unbedingt stimmen, doch ich bin irgendwann so programmiert worden, dass ich alle Japaner mit langen grauen Bärten für klug halte. Die Kisten werden am anderen Ende von einer Gruppe Marktarbeiter ausgeladen und zusammen mit den Makrelen, die andere Fischer hergebracht haben, der Größe nach in Reihen aufgestellt. Insgesamt stehen schließlich rund 200 Kisten mit Makrelen in diesem Teil der Markthalle. Sie ist etwa so groß wie vier Tennisplätze und enthält jetzt Fische aller Art. Neben uns befinden sich auf der einen Seite die Tintenfische, auf der anderen die Schalentiere, der Lachsfisch, die Krabben, die Kammmuscheln und die Aale. So geht es immer weiter und dann auf der anderen Seite zurück, bis zu den Haien und Schwertfischen uns gegenüber. Ganz am Ende kommt das große Geld: der Thunfisch.

Die Versteigerung beginnt mit dem Thunfisch. Die Auktionatoren tragen alle weiße Hüte. Bieten dürfen nur die Händler, die rote Hüte aufhaben. Zu Beginn steht der Auktionator am Ende einer Reihe von zehn riesigen Thunfischen. Die 25 Käufer scharen sich um ihn, aus der Vogelperspektive muss die Szene wie ein chaotisches Snooker-Spiel aussehen. Er stößt aus dem Bauch heraus einen lauten Schrei aus und fängt an zu schnattern. Fünf Sekunden später stößt er erneut einen Schrei aus und zeigt mit einer raschen Handbewegung auf den Thunfisch. Dann befasst er sich mit dem nächsten. Es dauert nur zwei Minuten, bis er mit seinen Schreien das andere Ende der Reihe erreicht hat. Nach einem letzten Schrei geht er. Er hat zehn Fische versteigert, für Summen von 3 000 bis 7 000 Dollar. Das macht 50 000 Dollar in zwei Minuten. Obwohl ich das alles selbst miterlebt und die ganzen mysteriösen Handbewegungen der Käufer mit eigenen Augen gesehen habe, habe ich nicht die geringste Ahnung, wer was gekauft hat.

Die Abfolge bei der Versteigerung wird von der Hierarchie der Fische bestimmt. Die Makrelen stehen ziemlich weit unten, und als der Auktionator bis zu meinen Kisten gekommen ist, haben die Minilaster die Markthalle schon mindestens zur Hälfte geleert. Dabei ist es noch nicht mal vier!

Unser Auktionator ist ein großer, muskulöser Mann Ende 20. Er wartet am Ende der ersten Makrelenreihe ein bis zwei Minuten, damit alle Interessenten merken, dass er gleich anfangen wird, stößt dann einen lauten Schrei aus und legt los. Er bewegt sich gemessenen Schrittes an der Reihe entlang, bleibt nie wirklich an einer Kiste stehen und hält auch nie inne, um Luft zu holen. Er murmelt ständig mit monotoner Stimme Preise vor sich hin und stößt zwischendurch immer wieder einen lauteren Schrei aus, der offenbar „Verkauft!" bedeutet. Als er sich an der ersten Reihe entlanggearbeitet hat, geht es an der nächsten zurück. Bei jedem „Verkauft!" wirft der Käufer, der den Zuschlag bekommen hat, einen Zettel mit seinem Logo in die entsprechende Kiste und der Assistent, der den Auktionator begleitet, macht einen Vermerk auf seinem Klemmbrett. Nach nur fünf Minuten liegt in jeder Kiste ein Zettel von einem Großhändler – die Makrelen sind alle verkauft.

Wie ist es gelaufen? Kirisaki-San sagt, die Preise seien heute besser als in der letzten Woche. Wie ich erwartet hatte, haben der Streik und der angekündigte Taifun die Preise nach oben gedrückt. Habe ich einen Gewinn erzielt? Das lässt sich noch nicht sagen. Der Assistent des Auktionators geht jetzt mit seinem Klemmbrett ins Marktbüro, wo festgehalten wird, wer was von wem und zu welchem Preis gekauft hat. In etwa einer Stunde stehen die Beträge fest, erst dann werden die Fischer erfahren, was ihr Fang ihnen eingebracht hat. Bis dahin können wir nichts tun, als abzuwarten.

Mit der Antwort aus dem Marktbüro dauert es ein bisschen länger als gedacht. Um sechs weiß ich immer noch nicht Bescheid. Drei Reiher sind vom Hafen hergeflogen und schieben sich vorsichtig in die Markthalle, auf der Suche nach Fischresten. Ein Arbeiter, der den Boden abspült, richtet seinen Schlauch auf sie, als sie nahe genug gekommen sind, und sie breiten ihre großen Flügel aus und fliegen wieder hinaus, in Sicherheit. Die Sonne geht über dem Hafen auf, das Licht an der Hängebrücke erlischt.

Endlich kehrt Kirisaki-San zu mir zurück. Er hält einen braunen Umschlag in der Hand, in dem sich unsere Einnahmen aus der Versteigerung befinden. Ich bin körperlich und geistig ausgelaugt. Natürlich hätte ich in mein Hotel zurückgehen und mir das Ergebnis telefonisch durchgeben lassen können, aber die Sache ist zu wichtig für mich. Ich muss einfach einen Gewinn erzielt haben! Ich habe ja mit Kirisaki-San vereinbart, dass ich ihm 600 Dollar (60 000 Yen) zahlen werde. Was in dem Umschlag an diesem Betrag fehlt, werde ich aus meiner eigenen Tasche beisteuern müssen.

Kirisaki-San überreicht mir den Umschlag. Zuerst sehe ich nur japanische Schriftzeichen, die ich nicht entziffern kann. Dann erblicke ich das Endergebnis (das erkennt man in allen Sprachen): 60 150 Yen. Ich brauche ein paar Sekunden, um das zu verarbeiten. Da die ersten 60 000 Yen an Kirisaki-San gehen, bleibt mir ein Gewinn von 150 Yen oder 1,50 Dollar. Ich bin überglücklich, total begeistert, etwas übermüdet und auch ein bisschen emotional. Eigentlich müsste ich am Boden zerstört sein – ich war 42 der letzten 48 Stunden auf den Beinen, habe unter der grellen Sonne gelitten und mein ganzer Körper schmerzt von der bisher größten körperlichen Anstrengung auf dieser Reise … Doch ich zerquetsche Kirisaki-San beinahe durch die innigste Umarmung, zu der ich fähig bin. Wir lachen beide aus vollem Herzen und mich freut besonders, dass er versteht, was das Wichtigste für mich ist: dass ich keinen Verlust erlitten habe.

Kirisaki-San nimmt mir den Umschlag aus der Hand und holt seinen Anteil heraus, 60 000 Yen. Dann hält er mir die beiden Münzen hin, die übrig geblieben sind: „Ihr Wechselgeld!“ Nennen Sie es, wie Sie wollen – für mich sind die beiden kleinen Silbermünzen in meiner Hand ein Symbol dafür, dass man nicht aufgeben darf. Ich bete darum, dass sie auch für einen Wendepunkt bei meinem Abenteuer stehen.

Für Kirisaki-San war es ein durchschnittlicher Tag. Nicht unbedingt ein normaler, aber Sie wissen schon, was ich meine. Heute konnte er den Luxus genießen, zu wissen, dass er seine 600 Dollar erhalten würde, doch ich kann nicht vergessen, dass er jeden Tag so hart arbeiten muss. An manchen Tagen kommt er auf viel mehr, andere sind aber schlechter. Der steigende Ölpreis schränkt die Gewinnspannen der Fischer und vieler anderer Menschen auf der ganzen Welt immer weiter ein. Solange das Öl unsere Hauptenergiequelle ist, hängt der Lebensunterhalt von allen, von den britischen Lkw-Fahrern bis zu den japanischen Fischern, am seidenen Faden. Wenn sie es sich nicht mehr leisten können, ihre Arbeit zu machen, werden wir für unseren Fisch mehr bezahlen müssen.

Für mich persönlich habe ich jetzt allerdings das Gefühl, dass das Blatt sich gewendet hat. Ich habe das ganze Pech, das ich in Taiwan hatte, hinter mir gelassen und schreibe schwarze Zahlen. Ich habe wieder Oberwasser! Nun ist die Zeit gekommen, aus Japan abzureisen und in Amerika, 8 000 Kilometer entfernt, auf der anderen Seite des Pazifiks, wirklich gute Gewinne zu erwirtschaften. Dort sollten meine Surfbretter jetzt jeden Tag eintreffen.

20 Hola!

LETZTES GESCHÄFT:
- **Fisch: 1,50 Dollar Gewinn**

INVESTITIONEN:
- **Surfbretter: 12 156 Dollar**
- **Jade: 9 214 Dollar**

AUF DER BANK: 42 345 Dollar

Was macht eine Marke aus? Es handelt sich nicht nur um einen Namen, der uns verrät, wer der Hersteller ist – es geht dabei auch um die Mode, das Design, die Qualität und andere, nicht so enge Assoziationen, die dem Kunden den Kern von dem vermitteln, was ein Produkt repräsentiert. Ohne Marke wirkt ein Produkt billig. Über seine Marke kann der Anbieter den Käufern versichern, dass sie dem Produkt vertrauen können. Eine erfolgreiche Marke aufzubauen dauert seine Zeit, doch dann bringt sie mit Sicherheit gute Gewinne und lässt sich für die Expansion und Diversifikation nutzen. Jeder im Markt versucht, neue Marken zu etablieren, und wer einmal eine erfolgreiche Marke hat, wird mit aller Kraft um ihren Fortbestand kämpfen.

China, Indien, Brasilien, Mexiko und Südafrika gehören jetzt zum erweiterten Kreis der G-8-Staaten. Dank ihres schnellen Wirtschaftswachstums haben sie die meisten Entwicklungsländer weit hinter sich gelassen und sind Schlüsselmärkte für internationale Unternehmen geworden. Dem IWF zufolge ist Mexiko jetzt an der Kaufkraft gemessen das elftreichste Land der Welt. Die Kaufkraft ist der beste Maßstab dafür, wie viel Geld der Durchschnittseinwohner ausgeben kann. Der Erfolg von Mexiko beruht zu einem großen Teil auf dem Export, doch wenn die Menschen reicher werden, wollen sie auch Güter aus dem Ausland. Wenn man in Mexiko ankommt, merkt man sofort, dass man dort Waren mit starken Marken importiert – man sieht überall bekannte Marken, von der Kleidung bis zu den Autos.

Da ich über den Pazifik aus Japan gekommen war, hatte ich die Datumsgrenze überquert. Das ist ein ganz komisches Gefühl, denn man wacht morgens auf, fährt zum Flughafen, verbringt den ganzen Tag im Flugzeug und kommt dann zur gleichen Zeit am gleichen Tag wie beim Abflug an. Es kam mir vor, als hätte das Schicksal mir einen Extratag geschenkt – einen Tag, den ich nicht verschwenden durfte. Daher fuhr ich gleich an den Strand.

Ich wollte ja versuchen, einen Gewinn damit zu erzielen, dass ich aufblasbare Surfbretter (Boogie Boards) nach Mexiko einführte. Neben dem Öl und der Fertigung ist das dritte wichtige Standbein der mexikanischen Wirtschaft der Tourismus. Die meisten Familien mit geringem oder mittlerem Einkommen verbringen ihren Urlaub Jahr für Jahr an den mexikanischen Stränden, zusammen mit über 20 Millionen Ausländern. Ich traf im Hochsommer dort ein und wollte ein völlig neues Produkt verkaufen, das ich in China erworben hatte: 750 aufblasbare Surfbretter, für die ich einschließlich der Transportkosten und Steuern 12 000 Dollar gezahlt hatte. Jedes dieser Bretter hatte mich insgesamt 16 Dollar gekostet und war sorgfältig mit dem „Hola"-Logo versehen worden.

Der chinesische Hersteller hatte mir die Surfbretter ohne Markennamen geliefert: 375 blaue und 375 schwarze. Um ihnen ein Flair von Qualität zu verleihen, hatte ich Peter, einen Freund aus London, der für so etwas das richtige künstlerische Gespür hat, gebeten, ein Design für sie zu entwerfen.

Die Idee, sie „Hola“ – mit einem wellenförmigen „H“ – zu nennen, fand ich gut, weil hola auf Spanisch „hallo“ bedeutet und ola „Welle“. Geradezu genial, oder? Peter hatte ein tolles Bild entworfen, das jetzt auf allen Surfbrettern prangte. Dadurch waren sie in eine viel höhere Liga aufgestiegen.

Ich surfe selbst seit vielen Jahren, bin dabei allerdings nicht wirklich gut – ich kann ganz ordentlich auf dem Brett stehen, und die Wende nach links kann ich auch. Den Dreh bei der Wende nach rechts habe ich leider nie so richtig rausgekriegt, und bei Wellen, die viel größer sind als ich, bekomme ich Angst. Wenn jemand gut surft, sieht es wunderbar aus, doch wenn man es schlecht macht, kann man sich schnell verletzen und sogar ertrinken. Surfer blicken oft auf die Leute herab, die Boogie Boards benutzen, als wären sie minderwertig, doch meiner Ansicht nach ist es – egal, für welche Position man sich entscheidet – vor allem wichtig, nicht zu ertrinken.

Zunächst musste ich mir eine erstklassige Empfehlung für mein Surfbrett und damit auch für meine Marke besorgen. Es würde nicht reichen, mit einem Markenprodukt aufzutauchen und zu behaupten, es sei die große Neuheit – wie konnte ich, der ja nicht mal die Wende nach rechts hinbekommt, Surfbretter verkaufen? Ich musste mir jemanden suchen, der glaubwürdig sagen konnte, dass es sich lohnte, ein Hola-Boogie-Board zu kaufen. Wenn ich eine geeignete

Person fand, würde der Markt auf sie hören müssen. Meiner Ansicht nach war der beste Ort für so eine Suche der Strand, der auf der ganzen Welt für eine der größten Surfwellen überhaupt berühmt ist: die Mexican Pipeline.

Früher war Puerto Escondido ein menschenleerer, vor allem bei den Hippies beliebter Badeort, doch heute ist es ein Surfparadies von Weltrang. Das verdankt es der riesigen Welle, die sich den ganzen Strand entlangzieht. Dort gibt es ein Dutzend Bars, die Bier, Tortillas und Sushi verkaufen. Im Meer tummeln sich jeden Morgen und jeden Abend Surfer, die alles riskieren und die gigantische Welle bezwingen wollen. Diejenigen, die dafür nicht mutig genug sind, sitzen in der Abenddämmerung in den Bars, trinken ein Bier und sehen den kleinen dunklen Gestalten auf dem Meer zu, deren Kunststücke manchmal einfach atemberaubend sind.

Wenn man dort lange genug sitzt, wird man mit Sicherheit einen Mann sehen, der buchstäblich aus der Menge herausragt. Angel Salinas reitet jetzt schon seit fast 20 Jahren auf dieser Welle, anfangs als Surfer, jetzt aber als Powerboarder. Dabei steht man die ganze Zeit auf dem Brett (mithilfe eines Paddels), sodass Angel weithin sichtbar ist. Er paddelt zwischen all den Surfern hin und her und wartet auf die perfekte Welle. Man erkennt ihn außerdem an der mexikanischen Wrestling-Maske, die er fast immer trägt.

Ich hatte mich mit Angel in Verbindung gesetzt, weil er in Mexiko ein richtiges Idol ist. Er ist nicht nur seit 20 Jahren Profi auf der internationalen Surfbühne, sondern auch in der gesamten Surfergemeinde beliebt und geachtet. Ich hatte im Internet und in Fachzeitschriften unzählige Artikel über ihn gefunden, die alle sehr positiv waren. Außerdem besitzt er ein Surfgeschäft.

Central Surf liegt direkt am Zicatela-Strand. Angel war im Laden, als ich kam. Er ist ein starker, kräftig aussehender Mann, der auf die 40 zugeht und ein so warmes, ansteckendes Lächeln hat, dass man ihn einfach sofort mögen muss. Ich erklärte ihm, dass ich ihm die E-Mails wegen der aufblasbaren Boogie Boards geschickt hatte, und er schien gespannt auf sie zu sein. Natürlich lag mir viel daran, sie ihm zu zeigen, doch zuerst musste er mir versprechen, am nächsten Tag in der Frühe mit mir zur Pipeline zu kommen, um sie auszuprobieren. Ich sagte, ich würde gern wissen, was ein Profi davon hielt, und er sei ja der Beste in der Stadt. So etwas ist Musik in den Ohren aller Surfer.

Angel war einverstanden, und so pumpte ich eines der Bretter auf. Ich war ein bisschen nervös, weil ich bisher noch nie ein aufgeblasenes Board mit dem Hola-Logo gesehen hatte – würde es mir gefallen? Ich wurde nicht enttäuscht. Das Board füllte sich gut mit Luft, es wurde sogar richtig starr. Das Logo sah großartig darauf aus und Angel war offenbar sehr beeindruckt. Wir verglichen es mit den herkömmlichen Schaumstoffbrettern, die er in seinem Geschäft verkaufte. Die Preise dafür begannen bei 1 000 Pesos (100 Dollar), und als ich Angel das Hola-Brett für 300 Pesos (30 Dollar) anbot und ihm einen Ladenpreis von 500 bis 600 Pesos (50 bis 60 Dollar) empfahl, gefiel es ihm noch besser.

Ich war der Ansicht, dass ich mich gut auf dieses Geschäft vorbereitet hatte. Das Board war ja aufblasbar, damit die Touristen, insbesondere Kinder und Anfänger, es nach ihrem Urlaub mit nach Hause nehmen konnten, im Gegensatz zu den konventionellen Brettern. Die Sache konnte nur funktionieren, wenn der Preis für diese Zielgruppe attraktiv war, und deshalb hatte ich ihn bewusst bei etwa der Hälfte des Preises der konventionellen Boards angesetzt. Auch Angel hielt das für eine gute Strategie. Falls mein Board sich am nächsten Tag bewährte, würde er sogar 20 für seinen eigenen Laden kaufen. Es war also alles im grünen Bereich.

Am nächsten Morgen trafen wir uns am Zicatela-Strand, sobald es hell wurde. Die Wellen donnerten an den Strand und es waren schon ein Dutzend Surfer im Wasser. Auf ihrem Kamm war die Pipeline an die vier Meter hoch. Ich bemühte mich, vor Angel zuversichtlich zu wirken, doch bisher war ich nur auf viel kleineren Wellen gesurft.

Wir pumpten unsere Boards auf und besprachen unsere Taktik. Da es hier parallel zum Strand eine sehr starke Kabbelung gab, würde es besser sein, ein Stück weiter oben ins Wasser zu gehen. Danach mussten wir nach draußen paddeln, bis zu der Stelle, wo die Wellen sich brachen. Angel wies mich darauf hin, dass das „sehr heftig" sein würde und ich durch sie hindurchtauchen müsse. Dabei drückt man die Spitze des Boards unter die anrollende Welle, sodass man unter ihr hindurchgleitet und nicht von ihr zerschmettert wird. Angel befürchtete, dass das mit einem aufblasbaren Board schwieriger sein könnte als mit einem konventionellen. Ich versicherte ihm, dass ich dieses Manöver beherrschte, hatte aber trotzdem ein bisschen Angst.

Wir wünschten uns gegenseitig viel Glück, sprangen über die ersten Wellen und warfen uns dann auf die Boards. Wir paddelten fünf Minuten lang mit aller Kraft gegen die Kabbelung an. Meine Schultern schmerzten, doch allmählich näherten wir uns dem Bereich, wo die Wellen sich brachen. Aus einer so geringen Entfernung sehen knapp vier Meter Wasser viel größer aus – ich wusste, dass ich alles geben musste, um darunter durchpaddeln zu können. Auf der anderen Seite würde ich in Sicherheit sein.

Angel, der schwerer war als ich, war von der Kabbelung weiter abgetrieben worden und nicht mehr in Rufweite. Ich war ganz auf mich gestellt und schon fast dort, wo die gigantischen Wellen sich überschlugen. Ich paddelte auf eine Wasserwand zu, die rund vier Meter hoch war und mit furchtbarer Wucht auf mich zukam. Nach einer letzten Paddelbewegung drückte ich die Spitze meines Boards nach unten und trat so stark mit den Füßen, wie ich konnte. Die Front der Welle rauschte über meinen Kopf hinweg. Ich spürte, dass ich mich mitten durch sie hindurchbewegte, und klammerte mich mit aller Kraft an mein Board. Dann packte der Sog der Welle das Board und damit auch mich mit ungeheurer Wucht und riss uns nach unten und wieder nach oben. Ich kam mir vor wie in einer Waschmaschine, die auf die höchste Schleuderstufe gestellt war. Ich hatte keine Ahnung mehr, wo oben und unten war, meine Füße wirbelten direkt über meinem Kopf, die Arme wurden mir aus den Schultern gerissen … Ich hatte Todesangst und konzentrierte mich darauf, den Atem anzuhalten. Jetzt nur nicht aufgeben, Conor! Ich zwang mich, die Luft in meiner Lunge ganz auszunutzen. Irgendwann würde es vorbei sein …

Plötzlich war es tatsächlich vorbei. Ich spürte, dass Ruhe in das Wasser zurückkehrte, und richtete mich auf, indem ich die Füße auf den Meeresgrund setzte. Was für ein wunderbares Gefühl – ich stand auf Sandboden! Ich stieß mich ab, um an die Oberfläche zu gelangen, und rang dort keuchend nach Luft. Ich war noch am Leben! Was zum Teufel machte ich da eigentlich? Ich war nicht erfahren genug, um hier zu sein, und wäre beinahe ertrunken, als hätte ich den Beweis dafür erbringen wollen. Immerhin hielt ich das Board noch umklammert. Jetzt hätte ich mir gern in Ruhe überlegt, wie ich hier herauskommen konnte, doch dafür blieb mir leider keine Zeit – die nächste Welle rollte schon heran.

Ich wurde immer wieder in die Waschmaschine gezogen und jedes Mal heftig hin und her geschleudert. Es ging im Wasser rauf und runter, ich keuchte, würgte und klammerte mich an mein Leben. Zum Glück schob mich jede Welle ein Stückchen weiter, bis ich mich schließlich außerhalb der Überschlagszone befand, wieder in der flachen Brandung, mit der ich fertig werden konnte. Ich spürte den Sand unter meinen Füßen, sodass ich das Board aus dem Wasser heben und in die Sicherheit des Strandes zurückstolpern konnte. Ich hatte einen Krampf in einem Bein, rang immer noch nach Luft und übergab mich, sobald ich trockenen Boden erreicht hatte.

Als ich endlich wieder einigermaßen bei mir war, sah ich, dass Angel es durch die Überschlagszone geschafft hatte und zusammen mit anderen Surfern auf eine Welle wartete. Genau im richtigen Augenblick paddelte er mit seinen riesigen, kräftigen Armen und schob sich vor eine der Wellen, die fast mein Ende bedeutet hätten. Sie türmte sich auf, eine glatte Wasserfläche wurde sichtbar. Angel und das Hola-Board befanden sich auf ihrem Kamm und schienen dort für den Bruchteil einer Sekunde zu verharren. Dann drückte Angel die Spitze des Boards nach unten. Er neigte seinen Körper geschickt so, dass das Board über die glatte Fläche glitt, und blieb immer kurz vor dem Rand der Welle. Er schien kilometerweit auf ihr zu reiten, und als er näher an den Strand kam, konnte ich sein strahlendes, ansteckendes Lächeln sehen. Die Sache machte ihm Spaß!

Als er wieder am Strand war, gingen wir uns entgegen. Er machte sich Sorgen um mich und wollte sich davon überzeugen, dass mir nichts fehlte. Ich hatte mich inzwischen völlig erholt und wollte nur wissen, was er von dem Board hielt.

Die Worte sprudelten aus ihm heraus: „Da draußen haben alle zu mir gesagt: ‚Angel, was ist denn das? Damit kannst du doch nicht auf einer Welle reiten!‘ Aber das konnte ich sehr wohl. Ich habe eine gute erwischt.“ Was für ein Held! Das Surfen hat etwas Urtümliches an sich, jeden, der es gut kann, umgibt ein schlichtes, altes Heldentum. Ich war von tiefer Bewunderung für diesen Hünen erfüllt.

„Aber was ist mit dem Board?“

„Es ist gut, mein Freund!“ Er strahlte mich an. Erst jetzt sah ich, dass sein Board in einem schlechten Zustand war.

Einer der Griffe war gerissen, die Sicherheitsleine zerfetzt. „Ein großartiges Board für Kinder und Anfänger. Im weißen Wasser in der Nähe des Strandes ist es perfekt – für die Mexican Pipeline aber wohl nicht so gut. Es war sehr schwierig, aus der Überschlagszone herauszukommen."

„Ich weiß, Angel, ich weiß!" Ich schlug ihm auf die Schulter, weil er genau das Richtige gesagt hatte.

Angel kaufte 20 Boards für sein Geschäft. Ich gewährte ihm einen besonders günstigen Preis, 250 Pesos (25 Dollar), als Dank für seine Empfehlung. Jetzt konnte ich jedem in Mexiko wahrheitsgemäß erzählen, dass Angel Salinas auf dem Hola-Board die Mexican Pipeline bezwungen und sogar 20 Stück für seinen eigenen Laden gekauft hatte. Wer hätte da noch Nein sagen können?

Dank Angels positivem Urteil hatte ich genug Selbstvertrauen gewonnen, um mich an einen der wirklich Großen im mexikanischen Sportzubehörsektor zu wenden. Wenn ich die restlichen 730 Boards auf einen Schlag loswerden konnte, würde ich in Ruhe nach einem mexikanischen Produkt von hoher Qualität für mein nächstes Geschäft suchen können. Es würde außerdem eine Premiere sein, das erste Mal, dass ich ein Produkt leicht verkaufen konnte. Bisher lief alles gut, und daher war ich ziemlich zuversichtlich.

Ich setzte mich mit Chris Wall von UKTI (UK Trade & Investment) in London in Verbindung und erkundigte mich nach seinen Kontakten in Mexiko. UKTI ist eine staatliche Organisation, die britische Unternehmen dabei unterstützt, sich in Übersee neue Chancen zu erschließen. Chris, der jahrelang in Mexiko gelebt und gearbeitet hatte, war mir eine große Hilfe. Das galt auch für Hugo Martin, den Besitzer einer britischen Firma, der für mich einen Termin bei dem Chefeinkäufer der Marti Group, des größten Sporteinzelhändlers in Mexiko, in ihrem Markt in Acapulco vereinbarte.

Der Supermarkt für Sportzubehör lag außerhalb der Stadt. Er hatte eine Glasfront mit Türen, die sich automatisch öffneten. In einem der Fenster war ein Jetski ausgestellt, ein anderes war dem Tennis gewidmet – man konnte gleich sehen, dass es sich um ein Sportgeschäft handelte. Alejandro Gamez war extra aus Mexiko-Stadt hergeflogen, um sich mit mir zu treffen. Er versicherte mir, das sei bei ihm ganz normal, wenn es um ein großes Geschäft gehe. Er war ein hochgewachsener, spanisch aussehender Mexikaner, trug ein elegantes gestreiftes Hemd und eine Stoffhose und sprach sehr geschliffen Englisch.

Ich brauchte rund fünf Minuten, um ihm zu erklären, woher die Hola-Boards stammten und weshalb ich mich für „Hola“ als Markennamen entschieden hatte. Mir war ein bisschen flau im Magen – würde dieser Name in Mexiko wirklich gut ankommen? Da ich nur ein paar Brocken Spanisch spreche, war es durchaus möglich, dass mir irgendeine Doppelbedeutung des Wortes entgangen war. Vielleicht bedeutete es ja nicht nur „Hallo“, sondern auch „ertrinken“ … Zu meiner großen Erleichterung sagte Alejandro aber, der Name sei in Ordnung. Er ließ ihn sich auf der Zunge zergehen und machte eine Bewegung, die halb ein Nicken, halb ein Achselzucken war. „Hola. Hola. Ja, das gefällt mir. Wie ist das Board denn? Funktioniert es?“ Volltreffer! Ich erzählte ihm meine Geschichte von Angel Salinas und streute dabei immer wieder den Begriff Hola-Board ein. Ich schmückte die Sache genüsslich aus, doch Alejandro begann jetzt ungeduldig auszusehen. Er blickte mehrmals auf seine Uhr.

„Wie viel kostet es?“

„Bei einer kleinen Bestellung 300 Pesos [30 Dollar]. Falls Sie daran interessiert sind, sie mir alle abzunehmen, könnte ich aber auf 280 Pesos hinuntergehen. Das dürfte Ihnen bei einem Verkaufspreis von rund 500 Pesos noch eine große Gewinnspanne lassen.“

Jetzt war der entscheidende Augenblick gekommen. „Na ja, es ist kein Problem, sie alle zu nehmen, wir haben ja insgesamt 100 Geschäfte im Land. Ich würde allerdings lieber rund 250 Pesos [25 Dollar] dafür zahlen."

„Das ist aus meiner Sicht etwas zu wenig. Wie wäre es, wenn wir uns in der Mitte treffen?" Das wurde allmählich einer meiner Lieblingssätze. Natürlich hätte ich noch mehr fordern können, doch aus meinen Erfahrungen auf dem Jademarkt hatte ich gelernt, dass man ein Geschäft abschließen sollte, solange das möglich ist.

„Also 265 Pesos pro Board? In Ordnung!"

Als wir uns die Hände schüttelten, sagte er etwas, was ich nie vergessen werde: „Sehen Sie? Es ist leicht, in Mexiko Geschäfte zu machen." Dann verabschiedete er sich, denn er musste ja nach Mexiko-Stadt zurückfliegen. Er sagte noch schnell, ich solle ihm alle Details per E-Mail schicken. Sein Einkaufsleiter würde mir dann die Bestellung zusenden, die Lieferung solle in der nächsten Woche erfolgen. Er hatte seine Arbeit gemacht. Er hatte die Entscheidung getroffen, die für mich so wichtig war – im nächsten Monat würde das Hola-Board die neue Marke im Angebot sein.

Endlich war mal ein Geschäft glattgegangen! Von einem verregneten Tag in China an bis zu den Verhandlungen in einem Sportgeschäft mit Klimaanlage an einem glühend heißen Tag in Acapulco war alles nach Plan gelaufen. Na ja, zwischendurch wäre ich beinahe ertrunken, doch abgesehen davon gab ich mir für die Planung und Durchführung eine glatte Eins. Ich klopfte mir hochzufrieden auf die Schulter und zog los – ich wollte gleich einen Teil meines Gewinns von fast 8 000 Dollar dafür ausgeben, mich volllaufen zu lassen.

Ich befand mich wieder auf der Gewinnerstraße. Das Elend in Taiwan lag hinter mir, vor mir die Rückreise nach Hause. Ich begann wieder darüber nachzudenken, wie jenes so ungemein wichtige letzte Geschäft aussehen könnte, hatte aber das Gefühl, dass mein Gewinn dafür noch nicht groß genug war. Er betrug jetzt rund 21 000 Dollar – das reichte nicht, um durch eine Verdopplung auf 50 000 Dollar kommen zu können. Ich musste vorher noch ein anderes Geschäft einschieben.

21 Samba und Tequila

LETZTES GESCHÄFT:
- **Surfbretter: 7 719 Dollar Gewinn**

INVESTITIONEN:
- **Jade: 9 214 Dollar**

AUF DER BANK: 62 220 Dollar

Die Jimadore treffen eine halbe Stunde vor der Dämmerung am Agavenfeld ein. Die Männer klettern aus dem Bus, der sie aus der Stadt hergebracht hat, jeder mit einer Art Axt in der Hand, der Coa. Sie tragen alle Cowboyhüte, Stiefel, Denimhemden und Jeans und am linken Bein einen Lederschutz. Nachdem sie ihre Coas ein paar Minuten lang geschärft haben, ruft der Vorarbeiter sie zusammen. Die Destillerie Herradura, eine der ältesten Brennereien in Mexiko, wurde im Vorjahr von einer großen Firma aus den USA übernommen. Im Rahmen ihrer Gesundheits- und Sicherheitspolitik verlangt die amerikanische Muttergesellschaft jetzt, dass die Männer sich zunächst gemeinsam aufwärmen. Also legen sie ihre Coas beiseite, bilden einen Kreis und beginnen, mit den Hüften zu wackeln und ihre Schultern zu dehnen. Sie sehen etwas verwirrt aus – manche haben sich in 40 Jahren kein einziges Mal verletzt, auch ohne Aufwärmübungen.

Als die Männer für die Arbeit bereit sind, verteilen sie sich auf dem Feld zwischen den Agaven. Es handelt sich um blaue Agaven, die ihren Namen der Tatsache verdanken, dass ihre riesigen Stacheln einen ganz schwachen Blauschimmer aufweisen. Wenn man sich aus Versehen an einem dieser Stacheln stößt, ist der Schnitt so tief, dass Blut fließt. Der Jimador drückt seinen linken Fuß vorsichtig gegen die Agave, damit sie sich nicht bewegt, und entfernt dann mit ein paar geschickten Axtschlägen die Stachelkrone, sodass die Pflanze wie eine riesige Ananas aussieht; in diesem Zustand wird sie Pina genannt. Die Männer arbeiten mit unglaublichem Tempo, ein Team von 20 Jimadoren kann ein Feld von 8 000 Quadratmetern in vier Stunden (so lang ist ein normaler Arbeitstag) abernten. Sie werden nach dem Gewicht der Pinas bezahlt, die auf einen Lastwagen mit hohen Seitenwänden geworfen und zur Brennerei gefahren werden. Ein Jimador kann in der Woche mit durchschnittlich 500 Dollar rechnen – nicht schlecht für einen Vierstundentag, bei fünf Tagen in der Woche. Kein Wunder, dass man nur Jimador werden kann, wenn der Vater auch schon einer war.

José ist Jimador, wie sein Vater und sein Großvater. Er trägt einen riesigen weißen Stetson und soll mir heute alles zeigen, um mich dazu zu bringen, für mein nächstes Geschäft ein Produkt aus der Herradura-Palette zu kaufen. Mir schwebt etwas vor, was typisch mexikanisch und ein Markenartikel ist. Da meine beiden bisher besten Geschäfte auf dieser Reise Rotwein und Boogie Boards waren, will ich jetzt alles miteinander kombinieren, was ich gelernt habe, und Tequila nach Rio de Janeiro mitnehmen, wo es meiner Ansicht nach einen guten Markt dafür geben sollte. Traditionell trinken die Brasilianer zwar Cachaça, doch sie sind für ihre Aufgeschlossenheit gegenüber neuen Produkten bekannt. Die Bars und Klubs in Rio sollten für Mexikos berühmtesten Exportartikel bereit sein. Es dürfte jedenfalls einen Versuch wert sein.

Ich dachte immer, Tequila würde man vor allem dann trinken, wenn man bereits betrunken ist. Ich kann mir kaum eine Situation vorstellen, in der ich in nüchternem Zustand zu Tequila greifen würde. In einer Margarita oder einem Tequila Sunrise ist ja nichts gegen ihn einzuwenden, doch ansonsten ist er für mich das Getränk, das man im Wahnsinn des letzten Augenblicks vor Schließung der Bar hinunterkippt – und am nächsten Tag muss man unweigerlich dafür bezahlen. José möchte mir jetzt zeigen, weshalb man das hier ein bisschen anders sieht.

In Mexiko gibt es mehr als 100 Tequilasorten, die ganz überwiegend aus dem kleinen Teil des Landes nördlich von Guadalajara stammen, dem das Getränk seinen Namen verdankt: aus Tequila. Ich bin hierhergekommen, um mich etwas besser zu informieren. Ich will ja eventuell Tequila nach Brasilien exportieren und finde es faszinierend, dass es so viele Sorten gibt. Meiner Ansicht nach sind alle Tequilas gleich schlecht! Ich möchte gern wissen, was eine Marke teurer oder besser macht als andere.

In der Brennerei erklärt José mir den langen, komplizierten Prozess, bei dem die Agaven zweimal destilliert werden, damit weißer Tequila entsteht. Ich habe bisher nicht gewusst, dass alle Tequilas so hergestellt werden. Bei dem goldenen, den ich für „besser" hielt, handelt es sich in Wirklichkeit um denselben Tequila, der allerdings vor der Abfüllung in Flaschen eine Zeit lang in einem Eichenfass geruht hat. Dadurch bekommt er ein etwas anderes Aroma. José hat ein paar Tequilas bereitgestellt, um sie mir zu zeigen.

Wir setzen uns auf eine kleine Bank in der Hazienda, um die weißen, goldenen und alten (añejo) Herradura-Tequilas zu verkosten. José erklärt mir, wie man Tequila richtig trinkt: Man darf ihn nicht einfach hinunterkippen, sondern muss ein Schlückchen nehmen, es fünf Sekunden lang auf der Zunge lassen und es dann langsam hinunterschlucken. Wir absolvieren diesen Prozess mit einigen der edelsten Tequilas, die es gibt. José schwenkt jedes Glas mit einer ausladenden Bewegung, um mir die Unterschiede beim Körper und bei der Farbe zu demonstrieren, und steckt dann seine Nase in das Glas, um den Anflug von Schokolade und Zitrone beim Aroma zu genießen. Ich tue es ihm nach, und dabei überkommt mich ein starkes Déjà-vu-Gefühl. Sie erinnern sich doch an Kapstadt?

Es heißt ja, dass Probieren über Studieren geht, doch José hat das Pech, dass ich der falsche Mann dafür bin – für meinen Gaumen schmecken nun mal alle Tequilas gleich schlecht. Ich bemühe mich, nicht zusammenzuzucken und das Gesicht zu verziehen, ich kämpfe gegen meinen Würgereflex an, um der Hazienda keine neue, gelbgrüne Farbe zu verleihen … Es gelingt mir sogar, über das schlichte „abscheulich" hinaus ein oder zwei Aromen auszumachen, doch das nützt nichts. Die Sache erschließt sich mir einfach nicht. Die Mexikaner wissen dieses Getränk zu würdigen, und ich glaube José durchaus, als er sagt, ich könne das im Laufe der Zeit auch lernen, ich könne meinen Gaumen so schulen, dass ich diesen „mexikanischen Champagner" schließlich genauso schätzen würde wie er. So viel Zeit habe ich aber nicht, und der Rest der Welt vermutlich auch nicht. Die große Mehrheit von uns wird Tequila immer nur in letzter Sekunde bestellen, in dem unüberlegten Bemühen, noch betrunkener zu werden, bevor wir nach Hause gehen und vor dem Fernseher ins Koma fallen. Ich war mir ziemlich sicher, dass das in Rio nicht anders sein würde.

Ich muss zugeben, dass es José dank seiner Beharrlichkeit schließlich doch gelang, mich zu bekehren. Dafür war allerdings ein 20 Jahre alter Spitzen-Tequila nötig, der im Einzelhandel fast 200 Dollar pro Flasche kostet und, wie José mir versichert, das allerfeinste Gebräu ist, das Herradura jemals hergestellt hat. Ich nehme einen kleinen Schluck und lasse ihn im Mund herumwandern. Ich bereite mich auf das unvermeidliche Würgen vor, doch es bleibt aus. José hat es geschafft! Er hat einen Tequila für mich gefunden, der wirklich wundervoll schmeckt. Dank einer Vielzahl warmer Kakaonoten und einer echten Süße auf der Zunge ist dieser Tequila der einzige, den ich tatsächlich mit Genuss trinken könnte. Für meine Zwecke ist er jedoch entschieden zu teuer. Ich suche ja einen Tequila mit einem vernünftigen Preis, den die Leute ohne große Vorbereitung – pur und in Margaritas – trinken können, und niemand ist bereit, dafür 200 Dollar zu zahlen.

Das soll nicht heißen, dass die Marke Herradura kein Plus wäre. Auch wenn wir Tequila alle abscheulich finden sollten, existiert ein anderes Vorurteil, das erfolgreiche Marken für sich genutzt haben: dass ein guter Tequila uns einen besseren Kater beschert. Einen besseren Kater – jetzt habe ich es selbst gesagt! Meiner Ansicht nach ist die Behauptung, dass es Kater unterschiedlicher Schattierungen gibt, einfach lächerlich. Ich habe schon oft erlebt, dass uneinsichtige Trinker die Qualität der alkoholischen Getränke aus der Nacht zuvor für ihre Leiden verantwortlich machten, während die Wahrheit doch schlicht so aussieht, dass man von zu viel Alkohol einen Kater bekommt. Meine Ansichten sind hier aber nicht von Belang. José versichert mir, dass das strikte Destillationsverfahren den Tequila von Herradura zu dem einzigen in Mexiko macht, von dem man garantiert keinen Kater bekommt. Das ist doch mal ein richtig gutes Verkaufsargument!

Da José nicht über die Preise für die Tequilas von Herradura mit mir verhandeln darf, muss ich mich von ihm verabschieden und auf einen Anruf von seinem Chef aus den USA warten. Wenn José ihm einen Bericht darüber geschickt hat, an welchen Tequilas ich interessiert bin, wird er mit mir über die Preise sprechen.

Am nächsten Tag ruft mich der Mann von Herradura an und präsentiert mir seine Bestpreise. Die teuren Sorten kommen für mich nicht infrage. Ich habe mich für die beiden billigsten Tequilas aus der Palette entschieden, kann aber nur so viel dafür zahlen, dass ich sie in Rio knapp unter dem dort üblichen Preis verkaufen kann. Ich werde den Markt mit einer neuen Marke überschwemmen und brauche ein bisschen Spielraum beim Preis, doch er hat leider andere Vorstellungen.

Herradura ist eine auf der ganzen Welt ausgesprochen erfolgreiche Tequilamarke. Der Mann scheint die Idee, dass ich auf dem brasilianischen Markt – den sie sich ihrer Ansicht nach noch nicht ganz erschlossen haben – neue Kunden für sie gewinnen könnte, sehr interessant zu finden, doch meine Strategie gefällt ihm nicht. Wenn ich in Rio Herradura verkaufen will, soll ich die Marke respektieren, und das bedeutet, dass ich auch ihren Preis respektieren muss. Ich muss mich in Rio aber gegen andere Marken behaupten können, die für etwa 35 Dollar verkauft werden. Bei dem Preis, den er mir bietet, werde ich meiner Ansicht nach nicht konkurrenzfähig sein.

Leider gibt er nicht nach. Der Verkauf ihres Produkts zu einem so niedrigen Preis passt nicht zu der Marke, die sie aufbauen wollen. Wenn ich Herradura in Rio billig verkaufen würde, würden die Leute einen falschen Eindruck von der Marke bekommen, und das wollen sie nicht. Er ist sich sicher, dass ich Herradura in Rio über seine Qualität verkaufen und immer noch einen Gewinn von 25 Prozent machen kann. Ich bin anderer Meinung. Ich glaube, dass die meisten Leute in Rio, wie ich selbst, guten Tequila nicht wirklich zu schätzen wissen. Die Garantie, dass man von Herradura-Tequila keinen Kater bekommt, ist zwar ein guter Aufhänger, reicht aber nicht, um den Preisunterschied auszugleichen. Tut mir echt leid, Herradura, doch unter diesen Umständen kann meine Antwort nur Nein lauten.

Nach meiner Erfahrung mit Herradura weiß ich genau, was ich will: eine gute Tequilamarke, aber zu einem so niedrigen Preis, dass ich es mir leisten kann, sie in Rio für 30 oder sogar nur 25 Dollar pro Flasche zu verkaufen. Zum Glück habe ich eine Vielzahl von Optionen, und nach ein paar Anrufen stoße ich auf eine bekannte mexikanische Marke, die ihren Tequila sogar in Guadalajara in Flaschen abfüllt: Sombrero Negro. Ich rufe den Verkaufsleiter an und erkläre ihm, was ich vorhabe. Er erzählt mir, dass Brasilien bisher noch ein neuer Markt für sie ist. Sie haben zwar vor Kurzem mit dem Export dorthin begonnen, sich bisher aber ganz auf São Paulo konzentriert. Er lädt mich zu einem Gespräch ein.

Die Brennerei Del Señor, die den Sombrero Negro herstellt, befindet sich auf einer von Mauern umgebenen Hazienda in Guadalajara. Sie ist nicht so malerisch wie die von Herradura, doch da sie in der Stadt liegt, sind ihre Kosten niedriger. Es handelt sich um ein Familienunternehmen mit einer guten, fast ein Jahrhundert zurückreichenden Geschichte. Wie bei Herradura wird hier ein edler, 20 Jahre alter, teurer Tequila produziert, im Gegensatz zu Herradura aber auch ein billiger Tequila aus dem unteren Preissegment, der speziell dafür gedacht ist, pur oder in Cocktails getrunken zu werden. Er kostet nur umgerechnet 15 Real (zehn Dollar), und jede Flasche ziert sogar ein kleiner, natürlich schwarzer Sombrero.

Jetzt hatte ich vier Tage in Rio, um 400 Flaschen Sombrero Negro von Del Señor zu verkaufen. Ich fuhr nach Lapa, ins Herz der Altstadt, um mich dort umzusehen. Lapa ist der Stadtteil, wo die coolen jungen Leute aus Rio sich am Wochenende amüsieren. Über die Straßen sind Lampen gespannt, auf dem Pflaster bewegen sich zahllose Menschen im Takt der Sambamusik, die aus unsichtbaren Lautsprechern in den mit Graffiti bemalten Häusern schallt. Manchmal teilt die Menge sich und macht einem Paar Platz, das spontan zu tanzen begonnen hat. An Ständen werden gegrilltes Fleisch und kaltes Bier angeboten. Durch die Menschenmasse winden sich junge Männer mit Tabletts mit Limonen, Salz und, wie Sie sicher bereits erraten haben, Tequila.

Schon in den ersten zehn Minuten in Lapa wurde ich fünfmal von den Tequilaverkäufern angesprochen. Sie boten mir für rund einen Dollar ein „Gläschen“ an, in einem Plastikbecher, mit einer Prise Salz und einem Stück Limone. Das sah an sich ermutigend aus: In Rio trinkt man heute offensichtlich gern Tequila. Ich hatte angenommen, ich müsste mich vor allem gegen den einheimischen Cachaça behaupten, doch da hatte ich mich geirrt. Bei näherer Betrachtung erkannte ich, wer in Wirklichkeit mein großer Gegner war – alle Verkäufer auf dieser Straße verkauften dieselbe Marke, José Cuervo.

„Probieren Sie es doch mal mit dem hier!“ Ich nahm einem der Verkäufer seine Flasche Cuervo vom Tablett und hielt ihm dafür eine Flasche Sombrero Negro hin. Im ersten Augenblick sah er etwas verwirrt aus, dann wurde ihm klar, was da passierte: Ich bot ihm eine volle Flasche Sombrero Negro für seine halbe Flasche Cuervo. Würde er sich auf den Tausch einlassen? Keine Chance! Er nahm mir seine Flasche aus der Hand und machte sich wieder an die Arbeit.

In der ersten Bar, in der ich es später am Abend versuchte, erging es mir leider auch nicht besser. Ich sprach dort mit Marcelo, der eine Kaffeebar im Pariser Stil in der Nähe meines Hotels betrieb, Hängebacken hatte und eine Art Paradiesvogel war. Wir setzten uns an einen kleinen runden Tisch an der Straße und ich zeigte ihm meine Probeflaschen mit den beiden Tequilas.

„Sombrero Negro.“ Er las das Etikett und drehte die Flasche dann um. Ich glaube, ihm gefielen die kleinen schwarzen Hüte. „Ich habe aber einen Vertrag mit Cuervo. Tequila kaufe ich nur bei ihnen.“

Mit dieser Reaktion hatte ich schon gerechnet, doch jeder hat seinen Preis. Hier eröffnete sich mir die Chance, herauszufinden, mit welchem Preis ich Cuervo unterbieten konnte.

„Wie wäre es denn, wenn ich ihn Ihnen für 30 Real [rund 20 Dollar] pro Flasche lassen würde?"

„Nein. Ich kaufe nur Cuervo."

„Und wenn ich Ihnen einen Sonderpreis machen würde, 25 Real?"

„Nein."

„Bei welchem Preis würden Sie denn nicht Nein sagen können?"

„Selbst wenn Sie mich bezahlen würden, müsste ich immer noch ablehnen. Ich kann nur bei Cuervo kaufen, ich habe einen Vertrag mit ihnen. Sie werden feststellen, dass es bei den meisten anderen Bars in Rio genauso ist."

Das hieß, dass die Latte wirklich sehr hoch lag. Wenn Marcelo recht hatte, saß ich auf 400 Flaschen unverkäuflichem Tequila. Ich konnte nur hoffen, dass er sich irrte.

Hurra! Marcelo hatte sich tatsächlich gewaltig geirrt. Schon in der nächsten Bar, die ich aufsuchte, nahm man mir mit Vergnügen 48 Flaschen Tequila für 30 Real (20 Dollar) das Stück ab. Da die Bar auf der Website worldsbestbars.com unter den besten der Welt aufgeführt wurde, war ich ziemlich nervös, als ich zu meinem Termin mit dem italienischen Besitzer ging. Washington war ein Hüne von Mann, dessen Aussehen mich an Marlon Brando zur Zeit von Apocalypse Now erinnerte. Seine Bar, Scenarium, bestand aus einem Gewirr von mit Antiquitäten und Kuriositäten vollgestopften Räumen. Die Wände und Decken waren mit alten Sammlerstücken, Mannequins, Uhren und sogar einer Rikscha dekoriert. Washington war mit Recht stolz auf seine Bar, mit der der Aufstieg von Lapa begonnen hatte.

Ich zeigte Washington meinen Sombrero Negro. Ich rechnete damit, dass er ebenfalls auf einen Exklusivvertrag mit

Cuervo verweisen würde, und wurde auch nicht enttäuscht. Andererseits aber doch. Scenarium verkaufte zwar Cuervo, doch Washington war sein eigener Herr. Ihm hatte niemand zu sagen, was er verkaufen dürfe und was nicht, und angesichts seiner Größe glaubte ich ihm das unbesehen. Er sagte allerdings, wenn er etwas Neues ausprobieren solle, müsse sich das für ihn lohnen. Ich bot ihm 30 Real. Er sagte, das sei in Ordnung. Ja, es war wirklich so einfach! Ich brachte ihm 48 Flaschen und er überreichte mir 1 440 Real (960 Dollar). Die Sache lief also prima, ich hatte 100 Prozent aufschlagen können. Wenn ich meinen ganzen Tequila auf diese Weise loswerden konnte, würde ich einen ordentlichen Gewinn erzielen: 4 000 Dollar.

In den nächsten drei Tagen schloss ich zahlreiche weitere Geschäfte ab. Alle Bars, die ich aufsuchte, wollten etwas von dem billigen Tequila abhaben. Meine Strategie, Cuervo zu unterbieten, funktionierte. Gut, ich musste ein paarmal auf 28, 27 und sogar 25 Real hinuntergehen, doch das konnte ich mir leisten – auch bei diesem Preis erzielte ich ja noch einen Gewinn von zehn Real pro Flasche. Ich lernte João (mexikanisches Restaurant) und Padraig (irische Bar) kennen, Angelo (Texmex-Bar), Leo (Nachtklub), John (irische Bar), Anna (mexikanisches Restaurant), Michelle (Hostel für Rucksacktouristen) und schließlich auch Mila, die eine Bar- und Restaurantkette besaß und mir die letzten 120 Flaschen abnahm. Ich konnte meine 400 Flaschen Sombrero Negro für insgesamt 7 800 Dollar verkaufen. Nach Abzug aller Kosten blieb mir also eine schöne Stange Geld: ein Gewinn von rund 3 200 Dollar.

Aus dem Erfolg meines Geschäfts mit dem Tequila würde ich gern das Fazit ziehen, dass Marken eben sehr wichtig sind, doch die schlichte Wahrheit lautet, dass letztlich alles aufs Geld hinauslief. Bars und Restaurants arbeiten mit knappen Gewinnspannen, und mir war es gelungen, mit einem billigeren Angebot unter dem Radarschirm der großen Marken durchzutauchen. Die wirkliche Feuerprobe steht der Marke Sombrero Negro noch bevor: Werden die Kunden mehr davon wollen, wenn die 400 Flaschen alle durch durstige Kehlen gelaufen sind? Und was werden sie dann dafür bezahlen? Ich hatte die Tür geöffnet – nun musste Del Señor den Schwung aufrechterhalten.

Auch ich war gut in Schwung gekommen. Jetzt hatte ich so viel Geld auf dem Konto, wie ich für meine Pläne brauchte. Ich war fünf lange Monate unterwegs gewesen und konnte nun nach London zurückkehren. Vorher wollte ich aber noch ein großes Geschäft abschließen. Zu meinem Ziel, 50 000 Dollar, fehlte mir ja noch fast die Hälfte. Ich würde alles aufs Spiel setzen müssen, was ich bisher erwirtschaftet hatte. Bei meinem letzten Geschäft würde es sich um etwas handeln müssen, was ich hier in Brasilien kaufen und in der Heimat mit einer großen Gewinnspanne verkaufen konnte. Ich hatte jetzt genug Geld beiseitegelegt, um alles auf eine letzte Karte zu setzen – sofern es mir gelang, das richtige Produkt zu finden.

22 „Grünes“ Holz

LETZTES GESCHÄFT:
- **Tequila: 3 143 Dollar Gewinn**

INVESTITIONEN:
- **Jade: 9 214 Dollar**

AUF DER BANK: 65 363 Dollar

Wie bekommt man jemanden dazu, mehr für ein Produkt zu bezahlen, als es gekostet hat? Das ist die Frage, auf die jeder Unternehmer eine Antwort finden muss. Ich hatte in fünf Monaten über 80 000 Kilometer zurückgelegt und bekam allmählich das Gefühl, selbst ein paar Antworten entdeckt zu haben. Jetzt musste ich noch ein letztes Geschäft machen, bei dem es um alles oder nichts ging, und dabei einige dieser Antworten in die Praxis umsetzen.

Unternehmer müssen ihre Kunden davon überzeugen, dass sie etwas kaufen, was ihr Leben verschönern oder verbessern wird. Wenn sie ein Produkt haben, durch das der Kunde sich jünger, stärker, attraktiver oder glücklicher fühlt, sind sie auf der Gewinnerseite. Oft reicht es schon, das implizit zu vermitteln, zum Beispiel durch die Kraft einer Marke wie Ferrari oder, wenn ich das sagen darf, Hola. Ich wollte ein Produkt finden, bei dem all das zutraf, das von sich behaupten konnte, das neueste, aufregendste Produkt im neuesten, aufregendsten Markt unserer Zeit zu sein. Was für ein Markt könnte das sein? Einer, der schnell gewachsen ist, weil er seine Kunden mit Erfolg davon überzeugt, dass sie die Welt zu einem besseren Ort machen können.

Der Knackpunkt ist, dass unsere ethischen Entscheidungen sich am deutlichsten darin widerspiegeln, wie wir unser Geld ausgeben. Nehmen wir mal an, dass Sie sich Sorgen wegen der globalen Erwärmung und der Abholzung des Regenwaldes machen. Das können Sie natürlich leicht sagen. Was wäre aber, wenn ich Sie davon überzeugen könnte, dass Sie diese Sorge nur auf eine einzige Weise wirklich zum Ausdruck bringen können, indem Sie nämlich statt Ihres Mundes Ihr Geld sprechen lassen? Dass Sie, wenn die Zukunft der Erde Ihnen tatsächlich am Herzen liegt, umweltschonende Produkte kaufen und bereit sein müssen, dafür tiefer in die Tasche zu greifen? Solange Sie statt des Küchentischs aus Mahagoni nicht einen aus Kiefernholz kaufen (und einen doppelt so hohen Preis dafür bezahlen), sind das doch bloße Lippenbekenntnisse. Sie sollten Ihren Worten Taten folgen lassen oder den Mund halten!

In den letzten fünf Jahren hat sich im Westen der Trend entwickelt, dass immer mehr von uns genau das machen: Sie greifen ein bisschen tiefer in die Tasche, um „ethische Verbraucher“ zu werden. Das bedeutet einerseits, Produkte zu boykottieren, die negative Konsequenzen für die Gesellschaft haben (wie Mahagoni und „blutige“ Diamanten), und andererseits aktiv Produkte auszuwählen, die positive Auswirkungen auf die Gesellschaft haben (wie Energiesparlampen oder Gemüse aus biologisch-organischem Anbau).

Der Fehlschlag mit dem Elephant Pepper hatte mir in den letzten Monaten keine Ruhe gelassen. Ich wollte unbedingt ein Produkt finden, das in diesen grünen Markt passte. Damals war ich davon ausgegangen, dass die Leute, die Chilisoße aßen, mehr dafür bezahlen würden, wenn sie wussten, dass das ein paar Elefanten zugutekommen würde. Jetzt wollte ich ein Zeichen setzen und etwas Ähnliches machen wie mit Craigs Kaffee in Kapstadt, aber mit einem anderen Produkt. Und dieses Mal wollte ich es nach Großbritannien bringen, um mir meine „grüne Prämie" zu verdienen.

Das Beste an der grünen Prämie ist, dass sie oft viel höher ist als die zusätzlichen Kosten, die bei der Fertigung der Produkte anfallen, sodass die Hersteller und Einzelhändler noch größere Gewinne erzielen können. Die Unternehmen können, von den Energieversorgern bis zu den Produzenten von Chilisoße, schlicht deshalb höhere Preise verlangen, weil die Kunden davon überzeugt sind, dass sie ein „grünes" Produkt kaufen. Was bekommen sie denn konkret für diese Prämie? Wie wertvoll ist das Gefühl, die Welt zu einem besseren Ort zu machen? Das wusste ich auch nicht …

Wenn wir in einem kleinen Flugzeug sitzen, entsteht zwischen uns und unserer Umgebung keine so große Barriere wie bei einem Jumbo. Wir nehmen das Land unter uns dann viel eher so wahr, als würden wir es im Auto durchqueren. Ich hatte viel darüber gelesen, dass die brasilianischen Regenwälder abgeholzt und schon zu 50 bis 60 Prozent vernichtet worden waren. Seit der Jahrtausendwende war schon wieder ein Gebiet von der Größe Griechenlands kahl geschlagen worden. Doch diese Zahlen konnten mich nicht auf das vorbereiten, was ich nun mit eigenen Augen sah.

Im brasilianischen Bundesstaat Mato Grosso weist der Regenwald große Lücken auf. Dort wurden Bäume gefällt, um Ackerland zu gewinnen. Was einmal zu 100 Prozent Wald war, trägt jetzt die Wunden und Narben der Abholzung. Natürlich müssen die Menschen dort von irgendetwas leben, und das bedeutet, dass Nahrung angebaut werden und Vieh weiden können muss – und dafür müssen nun einmal Bäume gefällt werden. Dass ich das wusste, nahm diesem Anblick aber nichts von seinem Schrecken.

Das Flugzeug zog Kreise über dem Paraguay, der sich durch das Herz des Pantanals, eines riesigen tropischen Feuchtgebiets, schlängelt. Ein Schwarm leuchtend rosafarbener Vögel glitt über das Wasser und die Bäume am Ufer, wo zahllose Störche nisteten. Die Abholzung des Regenwaldes hat starke indirekte Auswirkungen auf uns alle, doch hier waren ihre verheerenden Folgen in aller Schärfe sichtbar.

Ich war hergeflogen, um mich mit Sylvio Coutinho und seinem Sohn Sylvinho zu treffen, zwei Männern, die begonnen hatten, sich ihre Brötchen mit Ethical Consumerism zu verdienen. Das schienen sie aber von der falschen Seite anzugehen, denn dazu gehörte die Abholzung von Bäumen – in Brasilien! Das klang so verkehrt, dass ich es mir einfach ansehen musste.

Sylvio hatte vor 15 Jahren angefangen, auf trockengelegtem Sumpfland in Mato Grosso einen Teakwald zu pflanzen. Als Sylvinho in seine Firma Floresteca eintrat, erstreckte dieser Wald sich bereits über rund 600 Quadratkilometer. Floresteca hatte Teakpflanzen aus Birma genommen und durch Klontechniken im Labor eine schnell wachsende Form entwickelt, die ihre volle Größe schon in 20 Jahren erreichte – im birmanischen Regenwald dauert das gewöhnlich 100 Jahre. Brasilien bietet Teak perfekte Bedingungen, obwohl der Baum dort nicht heimisch ist. Er wächst hier sogar besser, über 15 000 Kilometer von dem Ort entfernt, den die Natur für ihn vorgesehen hat.

Aus dem umfangreichen Entwicklungsprogramm sind bereits über sechs Millionen setzfertige Schösslinge hervorgegangen. Der Grundgedanke ist von bestechender Einfachheit: Für jeden Baum, der gefällt wird, pflanzt man einen neuen.

Als wir an der Landebahn losfuhren, fragte ich mich, ob es Sylvio wohl mit Zufriedenheit erfüllte, dass er sein Teil zur Erhaltung des Regenwalds beitrug. Vielleicht hatte er ja eine persönliche Verbindung dazu, vielleicht war er als Kind von wilden Tieren aufgezogen worden, nachdem er einen Flugzeugabsturz mitten im Regenwald überlebt hatte? „Sie wollen wissen, weshalb wir das alles machen?" Der Minivan holperte über den schlammigen Weg. „Nicht weil wir gute Menschen sind, sondern weil wir schon 1993 einen Markt dafür gesehen haben."

In Brasilien gibt es zwei Jahreszeiten: eine nasse und eine trockene. Im Augenblick näherte die Trockenzeit sich ihrem Ende. Große, schlanke Bäume hatten zu Abertausenden ihre riesigen Blätter abgeworfen, sodass wir jetzt über eine goldene Decke laufen konnten. Die Pflanzung war stückweise gewachsen, immer dann, wenn Geld für die nächste Erweiterungsphase zur Verfügung stand. Sylvinho und ich gingen durch das raschelnde Laub in einem der ersten Bereiche, die vor 15 Jahren angelegt worden waren. Dort waren die Bäume bereits über zwölf Meter hoch.

Wieder einmal befand ich mich an einem wunderschönen Ort und sprach über geschäftliche Angelegenheiten. Sylvinho war zwar erst 35, aber extrem gebildet und weit gereist. Er hatte sich dem, was er und sein Vater hier erreichen wollten, mit Leib und Seele verschrieben. Ich bewunderte die beiden – sie hatten schon vor 15 Jahren den Weitblick gehabt, all diese Bäume zu pflanzen, als die wahre Bedeutung des „grünen Dollars" noch nicht bekannt war, sie waren ein großes Risiko eingegangen und hatten seitdem geduldig darauf gewartet, die Ernte einfahren zu können.

Sylvinho redete schnell, denn er musste zu einem morgendlichen Polospiel nach São Paulo fliegen (so etwas ist in diesem riesigen Land durchaus nicht unüblich). Deshalb kamen wir gleich zur Sache. Mich interessierte vor allem die Chance, mir den britischen Markt des ethischen Holzes zu erschließen, und das bedeutete, dass ich gegen alle antreten musste, die bereits umweltschonendes Hartholz lieferten. Dieser Marktsektor wuchs schnell, doch bisher gab es kein brasilianisches Teakholz aus nachhaltiger Forstwirtschaft. Und Floresteca hatte sich mit dem britischen Markt noch gar nicht beschäftigt.

Meine Frage lautete, wie ich einem britischen Kunden beweisen konnte, dass das Teakholz tatsächlich aus nachhaltiger Forstwirtschaft stammte. Ich wusste, dass jedes Jahr viele Tonnen „schmutziges“ Teak nach Großbritannien gelangen. Dabei handelt es sich um Holz aus Birma, über das die EU zwar eine Einfuhrsperre verhängt hat, das aber über Drittländer wie Thailand und Malaysia kommt. Ich wollte nicht auf einer Ladung Holz sitzen bleiben, dessen Herkunft ich nicht beweisen konnte. Sylvinho hatte mit dieser Frage gerechnet. Das gesamte Holz war vom FSC, dem Forest Stewardship Council, zertifiziert worden. Dabei erhält jeder einzelne Stamm oder Block einen Stempel mit einem FSC-Code. Das ganze Holz, das in Großbritannien eintraf, würde eine lückenlos dokumentierte Geschichte haben, vom Frachtbrief bis zurück zur Pflanzung. Das konnte also die Marke sein, die ich so dringend brauchte.

Nun musste ich herausfinden, wie Sylvinho sich unser Geschäft vorstellte. Sollte das für ihn eine einmalige Sache bleiben oder wollte er eine langfristige Beziehung zu einem britischen Kunden aufbauen? Meiner Ansicht nach wäre eine einmalige Sache weder für ihn noch für mich besonders nützlich gewesen. Wenn ich einen Kunden finden konnte, der ihm noch mehr Holz abnehmen würde, konnte er mir jetzt einen besseren Preis bieten und ich konnte ihm für die Zukunft weitere Erträge garantieren.

Sylvinho wollte mir einen guten Preis machen, der es mir ermöglichen würde, in Großbritannien im Wettbewerb zu bestehen. Zum ersten Mal auf dieser Reise betrachtete ich ein Geschäft sogar als langfristige Chance für mich. Wieso denn nicht? Hier gab es ein großartiges Produkt mit einem bewundernswerten Ziel. Ich würde mich in Zukunft gern an dieser Sache beteiligen, doch wie das aussehen konnte, musste sich erst noch zeigen. Im Augenblick brauchte ich das Holz zu einem wirklich niedrigen Preis (es war ja klar, dass ich das sagen würde) …

Das Geschäft mit dem Tequila war für mich ein Bombenerfolg geworden, weil ich alle großen Marktteilnehmer unterbieten konnte. Ich hatte den Tequila sehr günstig bekommen, denn Del Señor war es so wichtig, in einen neuen Markt vorzustoßen, dass sie ihn mir zu einem Preis verkauften, der nur knapp über ihren Kosten lag. Da meine eigenen Kosten kaum ins Gewicht fielen, konnte ich den billigsten Tequila in der ganzen Stadt anbieten. Hier war die Situation ähnlich. Da Floresteca sich den britischen Markt noch nicht erschlossen hatte, würde ich das Risiko für sie tragen, und dafür mussten sie mich mit einem wirklich niedrigen Preis belohnen. Auch in Großbritannien würde viel Lauferei anfallen, doch in Rio hatte ich ja festgestellt, dass ein guter Preis Türen öffnet.

In den letzten fünf Monaten hatte es Zeiten gegeben, in denen ich unter großem Druck darum kämpfen musste, einen besseren Preis zu bekommen oder meinen restlichen Bestand loszuwerden, damit ich meinen Bus, Zug oder Flieger noch erwischen konnte. Dabei hatte ich aber einiges gelernt – aus dem Pferdehandel zum Beispiel, dass ich mich nicht in die Enge treiben lassen durfte, und ich hatte mir geschworen, dass mir das nie wieder passieren würde. Bei Holz besteht jedoch nicht die Gefahr, dass es schlecht werden könnte. Ich musste es nicht bis zu einem bestimmten Termin verkaufen, ich konnte abwarten, bis ich den richtigen Abnehmer dafür fand.

Ich hatte das Gefühl, dass sich mir hier die Chance bot, die Stärken meiner Erfolge miteinander zu kombinieren und andererseits nicht die gleichen Fehler zu machen wie bei meinen Misserfolgen. Ich hatte mein letztes Geschäft, bei dem ich alles auf eine Karte setzen würde, gefunden. Und ich war bereit, diese Gelegenheit beim Schopf zu packen.

Ich habe meine Reise mit 50 000 Dollar begonnen und bisher Gewinne von insgesamt 24 000 Dollar erwirtschaftet. Zu meinem Ziel, 100 000 Dollar, fehlen mir also noch 26 000 Dollar. Jetzt geht es um einen ganzen Container Teakholz aus umweltschonender Forstwirtschaft, und ein brasilianischer Unternehmer, den ich gerade erst kennengelernt habe, wirft mir Preise an den Kopf. Ich habe die Wahl zwischen ofengetrockneten Brettern, die ideal für Möbel und Fußböden sind, und luftgetrockneten Blöcken, die größer und daher vielseitiger verwendbar sind. Je nachdem, wofür sie benutzt werden, müssen die Blöcke später eventuell noch im Ofen getrocknet werden. Daher sind sie etwas billiger.

Sylvinho eröffnet mit einem Preis, der seinen Angaben zufolge nur knapp über den Kosten liegt. Er möchte 1 400 Dollar pro Kubikmeter für die Bretter und 1 000 Dollar pro Kubikmeter für die Blöcke. Dazu würden seiner Berechnung nach noch 1 000 Dollar für den Transport kommen. Ich weiß, dass ich in Großbritannien außerdem mehrere Tausend Dollar an Zoll und Gebühren bezahlen muss. Wenn ich die gesamten Kosten mit 5 000 Dollar veranschlage, kann ich für das Holz also 20 000 Dollar ausgeben.

Die übliche Feilscherei ist erfreulich kurz. Ich fordere einen Nachlass von 20 Prozent, weil ich hier ja ein großes Risiko eingehen werde, doch Sylvinhos Reaktion zeigt mir, dass seine Kosten dann nicht gedeckt wären. Er bietet mir rund zehn Prozent Rabatt, und wir einigen uns schließlich auf 1 300 Dollar für die Bretter und 800 Dollar für die Blöcke. Er wird sogar die Transportkosten übernehmen. Für meine 20 000 Dollar kann ich also insgesamt 24 Kubikmeter kaufen. Das entspricht der Größe des Containers, den Sylvinho für mich bezahlen wird. Da für mich nun keine Transportkosten anfallen, habe ich ihn um fast 5 000 Dollar unter sein ursprüngliches Angebot gedrückt.

Jetzt werde ich nach Hause zurückkehren, zu dem Markt, mit dem ich mich am besten auskenne. Ich habe ein Produkt, von dem ich überzeugt bin, zu einem Preis bekommen, bei dem eine große Gewinnspanne möglich ist. Vorausgesetzt, dass es unterwegs nicht zu einer Holzwurmepidemie kommt, kann ich meinen Container mit dem Teak in fünf Wochen in London abholen. In der Zwischenzeit sollte es mir gelingen, ein paar Kaufinteressenten zu finden – sofern die Welt dort der, aus der ich aufgebrochen bin, noch halbwegs gleicht.

23 Unter Dach und Fach

INVESTITIONEN:

- **Holz (einschließlich Gebühren und Transport in Großbritannien): 22 146 Dollar**
- **Jade: 9 214 Dollar**

AUF DER BANK: 43 217 Dollar

Es ist leicht, sich als ein Individuum zu betrachten, das in seiner eigenen Welt operiert. Wenn wir den Kopf gesenkt haben und ein Problem angehen, können wir uns so stark darauf konzentrieren, dass wir schlicht vergessen, dass unser Handeln Auswirkungen auf alles in unserer Umgebung hat und umgekehrt. Das gilt besonders, wenn wir mit erstklassigem Holz im Wert von 22 000 Dollar nach Großbritannien zurückkehren und feststellen müssen, dass wir uns mitten in einer Wirtschaftskatastrophe befinden.

Während mein brasilianisches Teakholz auf den Wellen des Atlantiks schaukelte, ist die westliche Welt in ein Desaster geschlittert. Eine Rezession hat sie im Würgegriff, der Immobilienmarkt ist abgestürzt, selbst Banken gehen bankrott. Die Stimmung ist – milde ausgedrückt – düster, also nicht gerade ideal dafür, einen Käufer für einen großen Posten Teak zu finden. Zudem ist das Pfund gegenüber dem Dollar gefallen, was das Holz auf einen Schlag 20 Prozent teurer gemacht hat, als es in Brasilien war. Wenn man alles zusammennimmt, könnte man sagen, dass die Welt in den letzten fünf Monaten einen noch längeren Weg zurückgelegt hat als ich.

Das ist ein Problem, dem sich alle Importeure gegenübersehen. Wenn das Pfund zwei Dollar wert ist, ist es viel leichter, Güter aus Amerika einzuführen, als wenn es, wie jetzt, 1,60 Dollar wert ist. Wenn ich vor ein paar Monaten ein Auto aus den USA importiert hätte, das 20 000 Dollar kostete, wäre das der Gegenwert von 10 000 Pfund gewesen. Jetzt sind es eher 12 500 Pfund. Um noch einen Gewinn erzielen zu können, muss man die Preissteigerung an die Kunden weitergeben, und wenn gerade eine Rezession herrscht, ist das nicht das, was sie hören wollen.

Für die Hersteller von nach ethischen Grundsätzen produzierten Gütern könnte sich das als besonderes Problem erweisen. Es ist ja schön und gut, die Leute aufzufordern, ein bisschen mehr auszugeben, um die Erde zu retten, wenn alle im Geld schwimmen. Wenn die Lage sich verschlechtert und die Leute anfangen, den Gürtel enger zu schnallen, kann das jedoch anders aussehen. Der Ethical Consumerism steht jetzt vor seiner bisher größten Bewährungsprobe.

Die gute Nachricht lautet also, dass das Holz mir bereits einen Gewinn von 20 Prozent gebracht hat, einfach, weil ich es vor zwei Monaten in Dollar bezahlt habe. Es gibt sogar eine noch bessere Nachricht: Ich habe einen Interessenten gefunden!

Sean Sutcliffe hat eine Möbelfabrik, die den Markt für hohe Einkommensschichten bedient. Er arbeitet mit Sir Terence Conran und anderen britischen Spitzendesignern zusammen und setzt bei seiner Marke sehr auf „Grün“. Am Telefon hatte er mir erklärt, dass er von sich aus alle tropischen Harthölzer boykottiert, auch Teak, weil er seine Möbel nur aus umweltschonenden Materialien herstellen will. Er bezieht sogar sein Sperrholz aus einer vom FSC zertifizierten Quelle. Er klingt ein bisschen skeptisch, ist aber trotzdem neugierig, als er hört, dass ich Teakholz habe, dem der FSC seinen so wichtigen Stempel zugestanden hat.

Das Wunderbare an Sean ist, dass er ausschließlich im Markt für „grünes" Holz arbeitet. Er setzt bei seiner Markenpolitik so stark auf Nachhaltigkeit, dass er seine Materialien auch bei schlechter Wirtschaftslage nicht durch „schmutzigere" ersetzen kann. Daher müsste er der perfekte Käufer für mein Teakholz sein. Wenn es dann eingetroffen ist.

Sie erinnern sich doch an den Jadebrocken, den ich seit China mit mir herumgeschleppt habe? Stellen Sie sich vor: Da ist noch nicht alles verloren!

Ich habe einen Jadehändler in London ausfindig gemacht. Sein Geschäft liegt in Mayfair, in einer der edelsten Straßen. Roger Keverne ist ein großer, gut aussehender und gekleideter Mann, der mit asiatischen Antiquitäten handelt – und er ist bereit, sich meinen Stein mal anzusehen.

Wir sitzen in seinem Geschäft, zwischen Vitrinen mit antiker Jade, die zum Teil jahrtausendealt ist. Damit verdient Roger sein Geld, doch er ist auch einer der führenden Jadeexperten in Großbritannien. Daher hat seine Ansicht dazu, welchen Preis ich hier mit meinem Stück erzielen kann, großes Gewicht. Nach all der negativen Kritik, die meine Jade und ich in Taiwan einstecken mussten, erwarte ich mir davon allerdings, milde ausgedrückt, nicht viel.

Roger öffnet das Kästchen und legt den Stein behutsam auf eine mit Filz überzogene Platte, die zwischen uns auf dem Tisch steht. Es folgt eine routinierte Überprüfung, er hebt ihn hoch und dreht ihn hin und her, um ihn genau betrachten zu können.

Schließlich legt er ihn auf die Platte zurück und sagt: „Ein wirklich gutes Stück. Wo haben Sie es her?"

Ich erzähle ihm, wie ich in den Besitz von Hotan-Jade im Wert von 4 500 Pfund gekommen bin und welche Reise wir zusammen zurückgelegt haben. Die Geschichte klingt in meinen eigenen Ohren fantastisch, wie ein Abenteuer, das jemand anders erlebt hat. Ich berichte von dem Angebot in Taipeh, das ich mir entgehen ließ, und davon, dass dort jeder sagte, der Stein sei nicht weiß oder nicht groß genug.

„Ha!" Roger schnaubt laut. „Das dürfen Sie gar nicht beachten. Diese Jadehändler sind bei Verhandlungen alle Gauner, sie lügen das Blaue vom Himmel herunter, um Sie beim Preis zu drücken. Darauf sollten Sie nichts geben. Es ist ein gutes Stück." Was für eine Erleichterung! Ich hätte glatt in Tränen ausbrechen können.

Mein Stein ist offenbar ein richtiger Star, ein schönes Exemplar weiße Hotan-Jade. Die Schnitzerei ist gut, wenn auch nicht perfekt. Vielleicht hätte der Schnitzer ein bisschen mehr Zeit gebraucht … Der Stein ist aber trotzdem erheblich mehr wert, als ich für ihn bezahlt habe. Bei der derzeitigen Wirtschaftslage wäre es allerdings schwierig, einen Käufer zu finden. Ich werde wohl abwarten müssen.

Wenn ich so viel Zeit habe, wäre es am besten, den Stein irgendwann im nächsten Jahr zu einer Versteigerung zu geben. Und meine Preisforderung? „Zwischen 10 000 und 15 000 Pfund." Wer hätte das gedacht? Er hat mich ja etwa 4 500 Pfund gekostet. Ich werde warten müssen, doch vielleicht kann ich doch noch einen Gewinn mit ihm erzielen. Roger hat auch einen tollen Vorschlag dafür, was ich bis dahin mit ihm machen könnte: „Stellen Sie ihn sich doch einfach auf den Fernseher und erfreuen Sie sich an dem Anblick!"

An einem kalten, klaren Morgen im November erschien ich zur verabredeten Zeit mit einer vollen Containerladung Teak bei Sean in Berkshire. Was für ein Unterschied zu der Gluthitze, die vor zwei Monaten im Pantanal geherrscht hatte! Der Laster fuhr auf den Hof einer ehemaligen Milchfarm, wo jetzt statt der Kühe Sägen und Holzlager stehen. Das Empfangskomitee war schon da: Die Fabrikarbeiter hatten sich versammelt und blickten mir neugierig entgegen – sie hatten noch nie Teakholz aus nachhaltiger Forstwirtschaft gesehen.

Sean war auch da. Er wollte schnell Proben von dem Laster holen und abhobeln. Zuallererst musste er aber überprüfen, ob das Holz die Grundanforderungen seiner Firma erfüllte. Wir maßen zunächst den Feuchtigkeitsgehalt. Dazu wurde ein elektronisches Gerät auf einige Proben der im Ofen getrockneten Bretter gelegt. Die Digitalanzeige musste unter 15 Prozent liegen – die Messungen ergaben zehn, elf und zwölf Prozent. Das hieß, dass die Trocknung gut durchgeführt worden war. Dann kamen die Dokumente aus Brasilien an die Reihe. Der FSC nimmt häufig Kontrollen vor und ist dabei enorm pingelig, die Papiere dürfen auch nicht die kleinste Lücke aufweisen. Nach ein paar Minuten im Büro gab Seans Buchhalter uns grünes Licht – die FSC-Zertifizierung war wasserdicht.

Nun musste noch eine Probe abgehobelt werden, damit sich zeigte, wie das Holz im Inneren aussah. Hier wurde es wirklich spannend, denn Sean und sein Partner Steve hatten noch nie Teak in ihrer Werkstatt gehabt. Für einen echten Holzliebhaber wie Sean war das wie ein neues Spielzeug. Bis dahin hatten sie statt Teak Tatachuba benutzt, und er ließ keinen Zweifel daran, dass er dieses Holz überhaupt nicht schätzte. „Teak ist der König der Wälder!“, versicherte er mir stolz. Da war ich ganz seiner Meinung.

Mein Teakholz bestand auch den letzten Test bravourös. Als die Hobelmaschine die oberste Schicht entfernte, wurde ein Spektrum erdiger Grün- und Goldtöne sichtbar. Dieses Holz hatte Charakter. Sean erklärte mir, dass sich beim Alterungsprozess viele der Grüntöne in Silbertöne verwandeln würden, was sehr erwünscht sei. Ich merkte, dass er richtig aufgeregt war. Dieses Teakholz konnte ihm ganz neue Wege eröffnen.

Da es bei der Qualität keinerlei Probleme gab, war es jetzt an der Zeit, über die Preise zu sprechen. Ich wollte 1 400 Pfund pro Kubikmeter für die im Ofen getrockneten Bretter und 1 000 Pfund pro Kubikmeter für die Blöcke, insgesamt also rund 27 000 Pfund. Erfreulicherweise hatte ich das Holz im August für Dollar gekauft, bei einem Wechselkurs von zwei zu eins. Es hatte mich also 20 Prozent weniger gekostet, als wenn ich es jetzt gekauft hätte. Dieser Gewinn war mir quasi in den Schoß gefallen, damit hatte ich beinahe so großes Glück gehabt wie beim Verkauf meiner Wohnung (zur Finanzierung meiner Reise) zu einem Zeitpunkt, als der Markt seinen Höchststand erreicht hatte. Diese eine Transaktion dürfte mir mehr Geld eingebracht haben als alle anderen zusammen.

Es war sinnvoll, von jetzt an mit britischen Pfund zu rechnen. Wie mein Ziel aussah, war klar: Ich wollte meine ursprünglichen 25 000 Pfund verdoppeln, und da meine gesamten bisherigen Gewinne in diesem Holz steckten, musste es mir 25 000 Pfund bringen. Ich forderte 27 000 Pfund, um mir noch ein bisschen Spielraum nach unten zu lassen. Leider hatte Sean ganz andere Vorstellungen.

Er spielte von Anfang an mit harten Bandagen. Mir wurde das Herz schwer bei dem, was ich da schon vor der Verhandlung zu hören bekam: Rezession, schlechte Zeiten, unsichere Zukunft, anderes Klima … Sie werden sich wohl daran gewöhnen müssen, dass man Ihnen so etwas erzählt, denn das ist ein Zeichen für die schweren Zeiten, die uns bevorstehen. Obwohl Sean sich in das Holz verliebt hatte, würde er mir nicht annähernd das zahlen, was es wert war. Er sagte unumwunden, 27 000 Pfund seien zu viel. Also ging ich auf 25 000 hinunter, unter der Voraussetzung, dass er mir das ganze Holz abnahm. Er bot mir 15 000 Pfund.

War das denn möglich? Dieser Mann hatte mir doch gerade erzählt, er benutze Tatachuba, würde es aber nicht mögen und viel lieber Teak verwenden. Er kaufte Tatachuba für fast 800 Pfund pro Kubikmeter. Trotzdem hatte er die Frechheit, mir ganz unverblümt zu sagen, für mein Teakholz würde er auch nicht mehr zahlen. Eins war klar: In der Zeit, in der ich weg gewesen war, hatte Großbritannien sich in einen Markt verwandelt, in dem die Käufer im Vorteil waren.

Unsere Körpersprache war nicht misszuverstehen: Wir hatten uns beide auf unseren Stühlen zurückgelehnt, die Arme gekreuzt, die Gesichter starr.

Wir befanden uns in einer Sackgasse. Sean war genauso entschlossen wie ich, und wir beurteilten den Wert des Holzes zu unterschiedlich, um uns einigen zu können. Es war Zeit für mich, zu gehen. So enttäuscht war ich seit Kapstadt nicht mehr gewesen. Aus meinen Erfahrungen dort hatte ich jedoch etwas Wichtiges gelernt: Wenn die Dinge nicht nach Plan A laufen, muss man einen neuen Plan entwickeln.

Der Misserfolg bei Sean bedeutete, dass ich mich in mehr als einer Hinsicht auf vertrautem Boden befand. Zum einen musste ich dringend einen Käufer finden, zum anderen war ich wieder in der Heimat. Als Erstes rief ich nun einige Bootsbauer – traditionell die größten Teakimporteure – in Großbritannien an. Sie haben im Augenblick große Schwierigkeiten, weil die EU den Import von birmanischem Teak seit dem März 2008 ganz verboten hat. Nach ein paar Gesprächen wusste ich, dass der Preis für Teakholz aus dem Regenwald in Großbritannien normalerweise zwischen 4 000 und 6 000 Pfund pro Kubikmeter liegt.

Mein Holz stammte ja eindeutig nicht aus dem Regenwald, sondern von einer Pflanzung. Es unterschied sich in mehrfacher Hinsicht von dem Regenwaldholz, da es viel schneller gewachsen war und einen anderen Saftgehalt hatte. Im Grunde lief die Sache aber auf zwei Punkte hinaus: Zum einen war mein Holz mindestens 50 Prozent weniger wert. Zum anderen war es für Bootsbauer nicht geeignet, aber ideal für Gartenmöbel.

Durch eine einfache Suche im Internet entdeckte ich zu meinem Erstaunen, dass es in Großbritannien noch zahlreiche Hersteller von Teakholzmöbeln gibt. Als ich begann, sie anzurufen, musste ich aber leider feststellen, dass viele von ihnen ihre Möbel in Fabriken in Vietnam produzieren lassen und dann einfach die Teile importieren und hier zusammensetzen lassen. Auf diese Weise können sie weiter mit „made in the UK“ werben.

Schließlich fand ich einen echten britischen Möbelhersteller, John Green. Seine in Nottinghamshire ansässige Firma Wood Newton war gerade damit beschäftigt, ein Haus im Norden von London instand zu setzen, und er hielt es für möglich, dabei mein Teakholz zu benutzen. Er konnte zwar nur die im Ofen getrockneten Bretter (rund die Hälfte meines Bestands) brauchen, doch wenn sie die Eigenschaften hatten, die ich ihm beschrieben hatte, konnte er mir 11 000 Pfund dafür bieten. Ich kündigte ihm gleich einen Besuch an. Er erwiderte, bevor er mir einen endgültigen Preis zusagen könne, müsse er das ganze Holz sehen. Nun hatte ich einen Plan B.

Ich organisierte den Transport der Bretter von Seans Hof nach Nottingham. Wenn sie dort waren, würde ich auch hinfahren und mich mit John treffen. Dank der Analysen, die Sean durchgeführt hatte, war ich mir ziemlich sicher, dass die Bretter von guter Qualität waren, und dieser Preis kam meinen Vorstellungen viel näher. In der Zwischenzeit musste ich einen der Blöcke selbst abholen und zu einer kleinen Werkstatt bei Portsmouth bringen (Plan C).

New Dawn Furniture gehört Dennis Wingham. Aufgrund der politischen Lage in Birma hat er seit 2002 kein Teakholz mehr in seiner Werkstatt gehabt. Wie Sean legt auch er großen Wert auf eine lückenlose Dokumentation, wegen des FSC („Die sind noch schlimmer als das Finanzamt!"). Er weiß, dass es beim Geschäft mit Gartenmöbeln einen Markt für Material aus nachhaltiger Forstwirtschaft gibt, und kann es nicht riskieren, seine FSC-Zertifizierung zu verlieren.

Dennis ist 60 und sieht aus, als würde er gern ein Bierchen trinken. Außerdem redet er wie ein Wasserfall. Er arbeitet jeden Tag in seiner Werkstatt, die er selbst neben dem Haus gebaut hat, das er ebenfalls selbst gebaut hat. Vom Pendeln hält er offenbar nicht viel … Bei meinem Besuch war er gerade damit beschäftigt, eine Bank für die Flower Show in Chelsea im nächsten Jahr anzufertigen.

Ich half ihm, den Block auf seine elektrische Säge zu legen. Er schnitt ein knapp drei Zentimeter dickes Brett ab, das er dann zu seiner Hobelmaschine brachte. Als er die Grüntöne in dem Holz sah, leuchteten seine Augen auf. Das hatte ihm in den letzten sechs Jahren sehr gefehlt! Volltreffer – hier witterte ich ein Geschäft. Die Frage war nun, wie viel er mir abnehmen konnte. Es handelte sich ja um einen Einmannbetrieb, und ich hatte ziemlich viel Holz – 13,5 Kubikmeter, um genau zu sein. Dennis zuckte nicht mit der Wimper. Wenn der Preis stimmte, konnte er mir meinen gesamten Bestand abnehmen. Dann würde er den ganzen Winter über zu tun haben. Ich blieb bei dem Preis, den ich von Sean gefordert hatte: 1 000 Pfund pro Kubikmeter. Das war nur ein Bruchteil von dem, was „schmutziges" birmanisches Teakholz kostete, und meiner Ansicht nach ein fairer Preis. Dennis strahlte. „Das ist ein wirklich guter Preis!"

„Wir sind also im Geschäft?"

„Ja, sind wir." Seine Hand schoss bereitwillig vor, um meine zu schütteln – ich hätte wohl auch mehr verlangen können.

„Abgemacht!" Er lächelte breit.

Ich muss zugeben, dass ich eine Schwäche für Handwerker wie Dennis habe. In Großbritannien sterben die gelernten Handwerker allmählich aus, auf dem Land bekommen sie kaum noch Aufträge. Vielleicht geht Dennis bald in den Ruhestand, doch im Augenblick stellt er in seiner Werkstatt noch Gartenmöbel für qualitätsbewusste Kunden her. Die meisten Teakholzmöbel werden inzwischen in Vietnam produziert, wo Arbeitskräfte billig sind, doch hier, in einem grünen Dorf in Hampshire, werden zumindest in der nächsten Zeit wunderbar gearbeitete Bänke und Tische entstehen. Wer weiß, vielleicht werden wir bei der Flower Show in Chelsea im nächsten Jahr sogar Gartenguru Alan Titchmarsh auf so einer Bank sitzen sehen …

Da ich in den letzten fünf Monaten versucht habe, mich allein durchzuschlagen, erwärmt es mir außerdem das Herz, dass ich mein vorletztes Geschäft mit einem Mann gemacht habe, mit dem mich eine Seelenverwandtschaft verbindet, mit jemandem, der die Welt der großen Unternehmen meidet und es vorzieht, sein eigener Herr zu sein, direkt mit seinen Zulieferern und Kunden zu verhandeln. Vielleicht verdient man dann nicht so viel Geld und hat auch weniger Sicherheit, doch auf eigenen Beinen zu stehen und auf diese Weise Geschäfte zu machen hat etwas an sich, was mir sehr gefällt. Ich glaube, Dennis sieht das auch so.

Dennis sagte, das Teakholz würde ihm helfen, die Rezession zu überstehen. Sean hatte die Rezession ja als Grund dafür angeführt, dass er mein Holz nicht kaufen könne, doch Dennis hatte genau umgekehrt argumentiert. Wer hat recht? Das kann nur die Zeit erweisen. Der entscheidende Faktor ist, wie die beiden das Risiko betrachten. Seans Kunden sind vor allem die großen Hotels und Bars, die Möbel für ihre Dachrestaurants und Terrassen wollen. Er hätte somit einen dieser Kunden dazu bringen müssen, sich für Teak zu entscheiden, und hätte auf einem großen Bestand gesessen, solange er das nicht schaffte. Dennis dagegen hat viele kleinere

Kunden, sein Risiko verteilt sich also. Er schien sich ziemlich sicher zu sein, dass seine ethisch eingestellten Kunden Teakholz wählen würden, wenn er ihnen die Chance dazu bot. Seiner Ansicht nach konnte er bei dieser Sache gar nicht verlieren.

Jetzt stand für mich noch ein letzter (zumindest hoffte ich das) Termin an, in drei Stunden, in Nottinghamshire. Also machte ich mich über die M1 auf den Weg zu Wood Newton, um mit John Green zu sprechen. Wenn alles glattging, würde das mein letztes Geschäft sein.

Es war schon dunkel, als ich in einem tristen Gewerbegebiet ganz in der Nähe von Nottingham ankam – nicht gerade die Umgebung, die ich mir für mein großes Finale vorgestellt hatte. Der Regen prasselte auf das Dach des Gebäudes, ich konnte die riesigen Buchstaben auf seiner Seite, die den Namen Wood Newton bildeten, kaum erkennen. Auf dem geteerten Platz dahinter standen zwei Lastwagen. Einer von ihnen hatte 9,5 Kubikmeter brasilianisches Teakholz geladen.

John Green war jünger, als er am Telefon geklungen hatte. Er trug eine warme Jacke und sein Lächeln war genauso warm. Offenbar fand er es sehr amüsant, dass ich auf gut Glück mit so viel Holz zu ihm gekommen war. Wir mussten gegen den ohrenbetäubenden Krach von Nagelpistolen anbrüllen – Wood Newton stellte gerade Häuser für eine Ökostadt bei Milton Keynes her. In ein paar Monaten wird die Firma Tausende von umweltfreundlichen Holzhäusern angefertigt haben, für einen Bruchteil des Preises, den gemauerte Häuser kosten würden. Hier könnte die Zukunft des britischen Hausbaus liegen. Diese Häuser sind so gut isoliert, dass man sie John zufolge warm halten könnte, indem man „einfach das Licht anmacht".

Der Gabelstapler beginnt, das Holz auszuladen, und John zieht ein paar Bretter aus der ersten Palette heraus. Die Lieferanten „frisieren“ das Holz nämlich gern so, dass die besten Stücke oben liegen, und damit hat er schon mal schlechte Erfahrungen gemacht. Durch Schaden wird man eben klug ... Wir bringen vier Bretter in die Werkstatt, um den Feuchtigkeitsgehalt zu messen. Da sie diesen Test bei Sean bravourös bestanden haben, wird das hier nicht anders sein, und so kommt es auch. Wir können also über den Preis verhandeln. Ich verlange 14 000 Pfund. Er bietet mir 10 000. Ich will 13 000. Er sagt: „Wollen wir uns nicht in der Mitte treffen? 11 000 Pfund.“ Inzwischen habe ich mich so ans Feilschen gewöhnt, dass es mir richtig Spaß macht und ich es ständig tue. Wer sagt, in Großbritannien könne man nicht feilschen, erzählt Quatsch – das hat John gerade erst mit seiner bewusst falschen Berechnung bewiesen. Auf diesen uralten Trick fällt doch wohl niemand mehr herein – zumindest ich nicht.

„Gut, 11 500 Pfund.“

„Abgemacht!“

Zum letzten Mal besiegele ich ein Geschäft per Handschlag, und zum ersten Mal habe ich nichts mehr zu verkaufen (abgesehen vom wuchtigsten und teuersten Briefbeschwerer in ganz England und einer Tüte Oolong-Tee im Wert von 750 Pfund). Es ist vorbei!

Die 13 500 Pfund von Dennis und die 11 500 Pfund von Wood Newton ergeben einen Gewinn von 25 000 Pfund für mich. Und wenn ich die Jade verkauft habe, könnte noch ein erkleckliches Sümmchen dazukommen. Ich habe mein Ziel erreicht und meinen Einsatz verdoppelt. Was für ein wunderbares Gefühl!

Vor fünf Monaten bin ich aufgebrochen, um einen Gewinn von 25 000 Pfund zu erwirtschaften, doch bei meiner Reise ging es um mehr. Wenn ich das Geld einfach in Dollar umgetauscht und es mir in den letzten sechs Monaten unters

Kopfkissen gelegt hätte, hätte mir das einen Gewinn von fast 7 000 Pfund beschert. Ich wollte jedoch wissen, ob es immer noch möglich ist, auf die alte Weise Handel zu treiben, in einem Land etwas zu kaufen, es in ein anderes mitzunehmen und dann dort zu verkaufen. Ich hatte geglaubt, dass das möglich war, und war ausgezogen, um es zu beweisen. Dabei hatte ich herausgefunden, dass die Welt nicht so von den großen Unternehmen beherrscht wird, wie ich dachte. Ja, die großen internationalen Unternehmen streichen die großen Gewinne ein, doch der Handel auf der Welt ist überwiegend das Ergebnis kleiner Firmen, die Menschen wie John und Dennis, David Lu und Craig Shiel gehören. Natürlich kann man noch auf die alte Weise Handel treiben, denn so wurde es ja schon immer gemacht. Wenn man in einem Büro im Zentrum von London sitzt, glaubt man leicht, dass sich alles ums große Geld dreht; in Wirklichkeit ist das große Geld aber nur die Summe all der kleinen Beträge, die im System herumwirbeln und von Menschen erzeugt werden, die sich ihren Lebensunterhalt verdienen. Und eben darum geht es letztlich – um das Leben.

In diesen fünf Monaten habe ich mehr Herausforderungen erlebt, mehr Erfolge und Fehlschläge, als in fünf Jahren bei meiner Arbeit in London. Wenn ich mich irrte, musste ich im wahrsten Sinne dafür bezahlen, doch andererseits habe ich auch das süße Gefühl verspürt, Gewinne zu erzielen, wenn ich richtiglag. Und all das war viel intensiver, weil es sich um mein eigenes Geld handelte.

Ist das die Zukunft? Derzeit verlieren im ganzen Land Tausende von Menschen ihren Arbeitsplatz. Da es nicht genug Stellen für sie alle gibt, müssen sie andere Wege finden, Geld zu verdienen. Wenn Not tatsächlich erfinderisch macht (und das glaube ich), werden diese Menschen sich ökonomisch neu erfinden müssen. Es heißt ja oft, Rezessionen seien für die Kunst gute Zeiten, da die Leute kreativer seien, wenn sie unter Druck stehen. Der letzten großen Rezession in den 1970er-Jahren verdanken wir den Punk, dem starken Konjunkturrückgang in den frühen 1990er-Jahren die Britart. Werden die beiden nächsten Jahre als Zeit wirtschaftlicher Düsternis zu einer vergleichbaren Renaissance führen, bei der Arbeitslose die Unternehmer der Zukunft werden? Ich denke, dass es so kommen wird.

Dank

An erster Stelle möchte ich Dick Colthurst und dem ganzen Tigress-Team für die hervorragenden Ideen und die Unterstützung während der gesamten Produktion danken. Sie waren von entscheidender Bedeutung für den Erfolg des Projekts, vom Anfang bis zum Ende. Außerdem möchte ich meinem Verleger und größten Anfeuerer, Jon Butler, danken, meinem Agenten Gordon Wise und meiner Mutter für die zahllosen Anmerkungen und Vorschläge, durch die alles, was ich geschrieben habe, immer wieder verfeinert und verbessert wurde; Steve Shearman, Belinda Cherrington und Matt Cole, die mir geholfen haben, diese Sache überhaupt in Gang zu bringen; Bertie Jenkins, der mir die ganze Zeit über ein wunderbarer Freund war, und meinem Vater, der einfach großartig war.

Es gibt unzählige andere Menschen, denen ich dafür danken möchte, dass sie mir im letzten Jahr ungemein nützliche Ratschläge zu Bereichen gegeben haben, mit denen ich mich überhaupt nicht auskannte. Dave Azam möchte ich für all die Weintipps zuprosten; Grant Rattray erklärte mir die afrikanische Kaffeebranche in Rekordzeit, Paul Wilson und Jonny Bealby standen mir mit ihrem profunden Wissen über Mittelasien zur Seite. Tony Wang schulde ich Dank für seine Unterstützung in Schanghai, Dunstan Kessler für die schönen Poster, die er so schnell anfertigte, und Peter Ayres für die Gestaltung des Hola-Logos. Herbert Gleiss und Roger Keverne danke ich für all die Informationen über Jade, Fernando Lomeli Ortega, meinem Mann in Mexiko, für seine Hilfe. Außerdem muchas gracias an Chris Wall, der mir sein dickes schwarzes Buch mit den Ansprechpartnern in Lateinamerika lieh. Dank auch an Paola und Ben von HSBC. Sie dürften mir alle viel Zeit und Geld erspart haben.

Mein besonderer Dank gilt natürlich Paul, Ed, Nicki, Kirsty, Zoe und Clare, die auf dem ganzen Weg mit mir gelacht und geweint haben.